プレゼンを制する者が、ビジネスを制する

プレゼン思考

Presentation Thinking

クリエイティブ・ディレクター
コピーライター
小西利行

JN088968

かんき出版

はじめに

新時代に必要となる「プレゼン力」

2020年初頭から始まった、新型コロナウイルスの蔓延を機に、様々な仕事がテレワークになり、リモート会議も増えました。この傾向はおそらく加速し、近いうちには多くの人が会社に行かずに仕事をするようになるでしょう。

テレワークになると、これまでの仕事上のコミュニケーションのあり方は大きく変わり、パソコンやスマホの前でたくさんの人と意思疎通をしなければならなくなります。クライアントへのリモートプレゼンはもちろんですが、同僚との打ち合わせ、部下へのアドバイスをはじめ、彼女への告白や、遠く離れた親との会話、果ては「ゴルフバッグ買っていい？」といったような妻へのおねだりまでリモートになるかもしれません。

それはつまり、**これからのコミュニケーションの形式はかなり制限される**、ということです。実際に会って話すよりも、「画面」は小さく、また話す時間もきっちりと決まってきます。さらにこれまで身振りや手振り、目の動きや細かな表情の変化など、様々な情報を通じて伝わっていた「思い」や「感情」が伝わらなくなるので、**よりいっそうレベルの高いプレゼン技術が必要になります。**偉い人も、これまでのように会議室で腕組みするだけでは威厳や風格などが伝わらず、しかめっ面をしているだけで何も話さない、ただの「いらないおじさん」になるでしょう。だから、頑張って「外国人のように身振りを大きくして話そう」という人もいますが、いきなり外国人のようにはなれないし、日本人には恥ずかしくて、ハードルが高いと思います。

そこで必要となるのは、これまでは何気なくやっていたコミュニケーションを、**少しでも「カンタン」にして「相手が聞きたいもの」に変えること**です。

「興味が持てる！」「楽に理解できる！」そんな会話や提案ができるなら、コミュニケーションがどんなツールで行われるようになっても恐れることはありません。

でも、そのためには努力が必要になります。提案をカンタンにするためには、話すテーマや課題を明確に理解し、自分なりに咀嚼《そしゃく》する必要があるし、相手の立場に立ち、相手が理解しやすいように話す必要も生まれるからです。

ただ、そう考えて行動することで、あなたのコミュニケーション能力は高まり、アイデアが「伝わる」ようになります。さらに、相手に自分の思いが届くようになれば、面白い人として周りから評価されます。そしてそのスタイルでどんどんアイデアを考え出し、どんどんプレゼンしていけば、社内はもちろん、社会からも評価される人になるでしょう。

プレゼンを制する者が、ビジネスを制する

ビジネスマンはよく、「プレゼン」について語りますが、その中身は、社外や社内の「イベントとしてのプレゼン」の話がほとんどです。でもそれは、プレゼンの中のごく一部の話。実は、上司へ稟議を通すのも、日々の営業活動も、販促のチラシをつくることもプレゼンなら、企画会議での発言、家族との話し合い、子どもへの教育、町内会の仕切りも、プレゼンです。

プレゼンとは、目的達成に向けて、やるべきことを考え、相手にその思いを届け、共感を生み、ともに行動するきっかけとなるものです。そう考えれば、プレゼンはビジネスのすべてに必要だし、人生のあらゆるところにも必要だとわかるでしょう。

まさに、**プレゼンを制する者が、ビジネスを制し、人生を制する**のです。

でも、日本ではこのプレゼン技術が、まだまだ未熟だと言えます。それは、日本人が、欧米の人に比べて、自分の意思を強く伝える機会が少なかったからでしょう。「以心伝心」などの

言葉もあるように、日本では、「思い、思われる」ことで通じる高度なコミュニケーションが発達してきました。会話も芸能も、もちろんビジネスも、言わなくても通じるのが高等で、言いすぎると良くないという、良い意味での「なあなあ」でつながってきたわけです。

でも、時代が変わり、人の個性もビジネスのあり方も、ターゲットも、目的も、すべてが多様化し、バラバラに動き出し始めると、「言わなくてもわかるよね」ということが通じにくくなりました。

じゃあこれからは、欧米のようにすべてをロジカルかつストレートに話して、契約して進めましょう……となるかと言うと、それも違う。きっと日本の美意識の上で、ちょうどいいところを探すことになるでしょう。

僕は、現代のプレゼンでも、昔と同じように「言わなくても通じるのが最高だ」と思っています。でもそのためには、**相手の立場で考え、相手が「なるほど!」と思えるアイデアを生み出す必要があります。**そのアイデアがあれば、くどくど伝えなくても、思いは伝わるからです。それがプレゼンの極意です。

相手の立場に立って考えられれば、実はみんなにとって気持ちいい、「最高のプレゼン」ができます。そして、その内容に強い共感が生まれると、みんながそれぞれの立場で動き、大きな波となって、豊かな未来へ時代を変えていくことも可能になります。

これからお話しする「プレゼン思考」は、そのような「最高のプレゼン」の方法論に即して考えることで、ビジネスや人生のすべてを良い方向へと導く方法です。デザイン思考[※](Empathize（共感）→Define（定義）→概念化（Ideate）→試作（Prototype）→テスト（Test））が、デザインだけではなく、科学や政治など様々な領域に良い効果をもたらすように、**「プレゼン思考」は、プレゼンだけではなく、ビジネス、政治、芸術、人生などあらゆる領域を円滑にし、かつ、画期的なアイデアをもたらすきっかけとなります。**

僕は何事も、**「伝わらなければ意味がない」**と思っていますが、この「プレゼン思考」を読むことで、伝わらなくて困っていたすべてが、伝わるようになります。それはきっとあなたのビジネスを前に進める力となり、そして**あなたの人生を輝かせる力にもなるはず**です。

インプットは、アウトプットで完成する

僕は、これまでに数万本のキャッチコピーを書き、５００以上のテレビＣＭをつくり、１００以上の事業ブランディングを行い、ホテルや街づくり、国や行政のコミュニケーション

※ハッソ・プラットナー教授が提唱したデザイン思考の５段階モデル

デザインをいくつも手掛けてきました。そして、そんな仕事の役割上、これまでに少なくとも1万回以上のプレゼンをしてきたと思います。

でも実を言えば、最初からプレゼンが好きだったわけでも、話すのがすごくうまかったわけでもありません。そもそも、目を見て話すのが苦手だし、みんなで話しているときに、たまにふと逃げたくなるぐらいだったのです。でも、僕は、今、常に百件以上の案件を抱えて、日々プレゼンに明け暮れています。それがどうして可能になったのか？　それは、プレゼンを楽しむようになったからです。

ワクワクして楽しんで事に当たれば何事も面白くなり、アイデアもたくさん出るようになります。だから、僕はそれを目指し、プレゼンで困ったら、それを課題にしてクリアするという「ゲーム」にしてきました。さらに、解決したことはすべて、わかりやすいキーワードや方法論にしてきたのです。そしてそこから生まれたいくつかの方法論を実践して、今も、プレゼンというゲームを（真面目に）楽しんでいるのです。

本書には、そうして生まれた方法論を網羅しました。そこには、僕が、過去から今までで悩んだことや苦しんだこと、そして困難をクリアしたやり方やアイデアを凝縮していて、しかも楽しく実践できるようにしてあります。ゆえに、**本書を読めば、初心者からプロまで、どんな**

状況の人にとっても、そのときの悩みに応じてわかりやすく理解できると思います。


第1章では、プレゼンで勝つための究極の「型」をお教えします。

第2章では、プレゼンに必要な「課題」と「ビジョン」の作り方がわかります。

第3章では、より共感を生むための「心の動かし方」を学びます
第4章では、ビジネスを加速させる「アイデアの作り方」を知ります。

第5章では、さらに「伝わる」プレゼンを目指して「ストーリー」を考えます。

第6章では、もっと広い視点から、新しい時代に「愛着」を生み出すプレゼンを探ります。


以上が本書の中身です。これをすべて読んで実践すれば、あなたも最高のプレゼンができるようになるでしょう。

ただし、大切なのは、**読むだけではなく、試してみること**です。僕の経験上、インプットはアウトプットすることで血肉となり、自分らしく使えるようになります。ゆえに、まずは焦らず、理解できることを理解するという姿勢で読み、できるだけ実践してみてください。そうすることで十分に思考が深まり、「伝わる」企画・提案ができるようになります。

さあ、気軽な気持ちで、新しいプレゼンの世界へ足を踏み入れてください。「プレゼンが苦手と思っているあなた」から「面白いことをどんどん提案するあなたへ」の変革が、はじまります。

2021年6月　小西利行

もくじ

はじめに　新時代に必要となる「プレゼン力」

第1章　プレゼンの「型」を知る

プレゼンには「必勝方程式」がある

第2章 ビジネスの「ゴール」を決める

新時代の「ビジョン」を提案しよう

第3章 提案に「共感」を入れる
心を動かす3つのポイント

第4章 アイデアは「人生」から考える

聞き手と世の中を動かす秘訣は「人生のそば」にある

第5章 「伝わる」「売れる」を強化する

共感は「ストーリー」で広がる

ブックデザイン：宮内賢治・伊東陽菜
イラスト：ぷーたく
編集協力：竹村俊助（WORDS）
DTP：小林祐司

第1章

プレゼンの「型」を知る

プレゼンには「必勝方程式」がある

プレゼンは、ゴールではなくスタートです

プレゼンには、正しい「姿」があります。

それは、**「目的達成に向けて、やるべきことを考え、相手にその思いを届け、共感を生み、ともに行動するきっかけとなること」**。これは、プレゼンだけでなく、ビジネス全般や人生にも通じる大切な考え方だと思います。でも、一般的なプレゼンでは、プレゼンすることに力を注ぎすぎて、その後に「行動を生み、成果を出すこと」を忘れがち。プレゼンの席上で「いいね！」と評価されて浮かれていたら、そのまま放置されて何もなく終わった、なんてこともよくありますが、やはり、その場での共感や盛り上がりだけではなく、実際の行動を生み、成果へと向かうことが必要です。

それをしっかりと意識するためにも、僕は毎回のプレゼン前に、**「この提案はゴールではなく、スタートだ」**と意識するようにしています。「10年後に、商品の価値を10倍にします」と約束することもあります。そう意識することで、10年以上お付き合いする仕事もたくさん生まれ、実際、商品の売上が10倍や１００倍になったモノも、多く生まれました。それもこれも、ただそのときの1時間のためではなく、そこからの1年、10年、50年を考え「行動を生み、成

果を出す」プレゼンをしたからだと思います。
プレゼンは未来をつくるためにあります。〝その場で提案して終わり〟ではありません。今のことはもちろん大切ですが、数年後の未来は、それ以上に大切だと僕は思います。だからこそ、今だけを乗り切るカンフル剤ではなく、今の課題を解決しつつ、ワクワクする未来を実現するプランを提案するようにしたほうが良いのです。

「うわあ、なんだか邪魔くさくて、大変そうだな」と思った方……、正解です。クライアントや自社の未来を決めるプレゼンが、大変でないはずはありません。でも、本当にやりがいがあることですし、意外にもそんなに難しいことではありません。**あるパターンさえ**覚えれば、そ

プレゼンとは、人の心を動かすもの

↓

目的達成に向けて、
やるべきことを考え、
相手にその思いを届け、
共感を生み、
ともに行動するきっかけとなるもの

れだけでも未来をつくるプレゼンができるからです。

プレゼンを成功させる「必勝方程式」を知ろう

では、そのパターンとは何かをお話ししていきましょう。

実は、未来をつくるプレゼンには、ひとつの「型」、いわば**「必勝方程式」**があり、僕のプレゼンはすべてこの方程式にのっとっています。

プレゼン
必勝方程式

課題
↓
未来
↓
実現案

これが僕の、プレゼン「必勝方程式」です。

まず、課題（タスク）の整理からスタートし、次にゴールとしての未来（ビジョン）を描き、最後に、その未来を実現するための実現案（コンセプト＋プラン）を提案する。この流れこそが、僕が多くの経験で生み出した「必勝方程式」であり、僕の必勝パターンなのです。

　3つのシンプルなテーマしかないので、提案の内容は至ってシンプルです。実際のプレゼンでも、この方程式にのっとり、**「あなたの会社は、いまこうですが、将来はこうなりましょう。この方法なら実現できます」と伝えるだけ。**この骨格がハッキリしているとプレゼンの論旨もはっきりするので、聞いている人も理解しやすくなります。

いまこうですが（課題）
↓
こうなりましょう（未来）
↓
この方法で（実現案）

「え、それだけ？」と言われそうですが……、そうです。

実際に僕はこの方程式でプレゼンしていますし、これに沿って提案すれば、プレゼンは共感されやすくなります。また、この方程式に沿って考えるようにすれば、これまで一回一回、頭を悩ませていた**プレゼンのカタチを考える必要がなくなり、中身も飛躍的に考えやすくなります。**これも重要なポイント。つまり、提案するときと、考えるときの両方で、この「必勝方程式」は使えるのです。

　まずは「プレゼンは難しい」という固定概念を捨て、この必勝方程式を実践するようにしてください。それだけで、プレゼンは成功します。

プレゼン必勝方程式

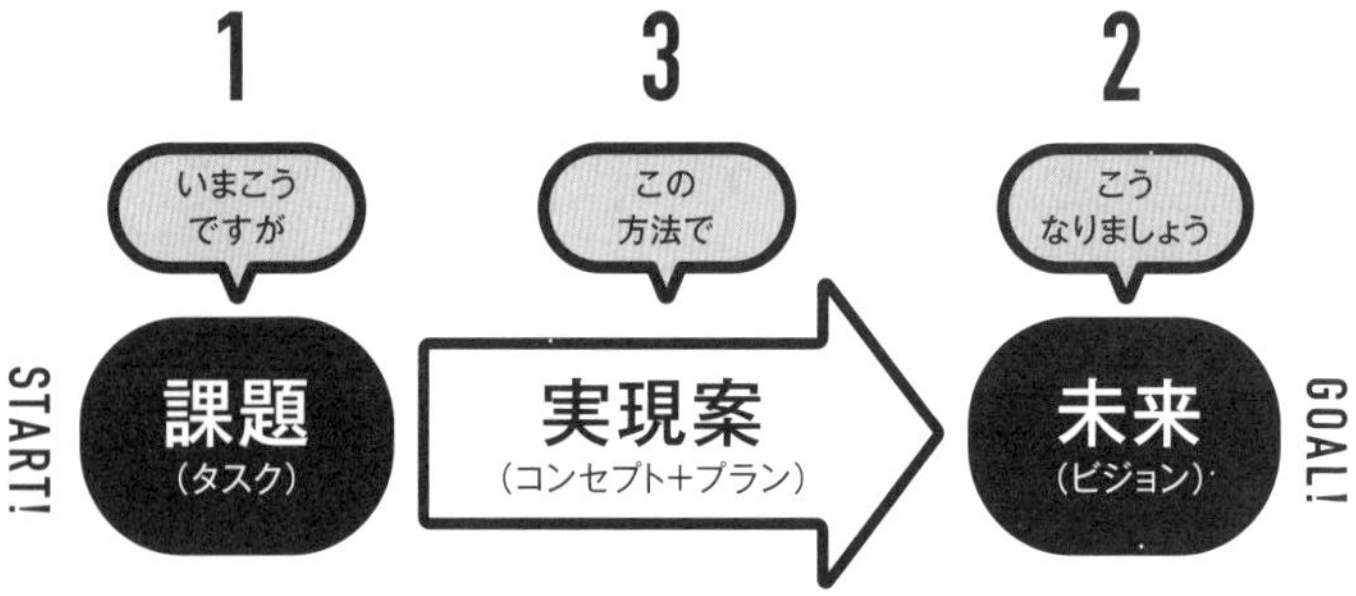

この必勝方程式を図で表すと、上記のようになります。これを見れば、プレゼンに必要な**「骨格」と「言うべきこと」**がわかりやすくなるうえに、これに沿って提案するだけで、人々の納得が得やすくなります。

ちなみに、あなたの普段の暮らしの中でも、「提案されて納得する」ことはあると思いますが、実は**そのほとんどが、この「課題→未来→実現案」というロジックで成り立っています。**

たとえば病院でも、

「あなたは胃にガンがあります」

「えっ、先生なんとかしてください」

「大丈夫です。一カ月後は元気にお子さんと遊べますよ」

「どうすればいいんですか？」

「この方法で摘出すればいいのです」

「じゃあお願いします」

という会話をするはずです。

いま体はどうなっていて、将来的にちゃんと治るのか？　どのぐらい元気になれるのか？　課題がわかり、未来のビジョンを明確にしてから、治療法を伝えられるほうが、安心して身を任せられます。

これとは反対に、現状も伝えず、治るかどうかも言わないで、手術しましょうという医者がいたら、きっと不安になるはず。体のどこが悪いのかもわからないのに「胃を摘出します」と言う医者からは逃げたくなるでしょう。

しかし意外なことにビジネスの場では、このようにいきなり「胃を摘出します」のような提案がよくあります。プレゼンでアイデアやプランだけを押し込もうとする人たちがそれです。「御社がうまくいくにはこのアイデアしかありません！」とか「この商品にはこういうキャンペーンが最適です！」というようなことだけを話し続けても、相手はピンと来ないどころか、「こちらの事情、ほんとにわかってる？」と不安にもなるでしょう。だから、**「御社の状況はこうです」「将来的にはこうなりましょう」と伝え、そこに共感を得ることが大切なのです。**ちょっと回り道に見えても、未来を提示することで、プレゼンを聞く目的が明確になり、提案するプランも共感されやすくなるので、決定までのスピードは逆に上がります。

「伝える」より「伝わる」

さて、プレゼンの基本とは何でしょう？

それは人の心を動かすことです。そして、そのためには難しいことをカンタンにして話したり、相手が興味を持つように話すことが必要です。思いが相手に届き、共感されるプレゼンができれば、ビジネスも人生もうまくいきます。そのプレゼンの核にあるのが、**「人の心を動かす」というシンプルな目的なのです。**

僕は、プレゼンが苦手だった若い頃、その目的を意識するだけで、相手が共感する提案ができるようになりました。そして、そのときに生まれた僕の指針が、**「伝える」より「伝わる」**。自分は伝えたから後は知らない、という責任逃れをやめ、相手にしっかりと伝わるまで諦めずに提案をする、という意識改革が、すべてを変えたのです。

ちなみにその頃から、僕は、**「ムズカシクする人はアホ。カンタンにする人が天才」**だと思うようになりました。世の中には難しい言葉や難解なロジックを使って「頭が良いように見せる」人もいますが、本当は、難しいことを誰もがわかるカンタンな内容にするほうが、頭の良いことだし、数百倍は困難だと思います。

でも、僕はその困難なほうへ向かうようにしたのです。なぜなら、そうすることで、たくさんの人に買ってもらい、たくさんの人に愛してもらい、そしてたくさんの人を幸せにすることができるからです。

商品や思いをより多くの人に共感してもらうためには、まず、より多くの人に伝わることが大切です。そして、そのためにはカンタンであることが必須です。だから僕は、難しい話をカンタンにして、誰もが共感できることを目指すのです。

難解なことの面白さや、不可解なことの楽しさもわかったうえで、それでも、**できるだけカンタンに、わかりやすく、興味がわくように書き換える。**それが僕のやり方であり、本書のベースになっている考え方です。

ちなみに、僕が徹底してそこにこだわるのは、**それこそが、プレゼンの本質だと思っているからです。**僕が**プレゼンで目指すのは、提案内容が相手に深く伝わり、その人たちが「自分ごと」として考えるきっかけとなり、さらに周りの人に話したくなること。**そのためには、カンタンでわかりやすいことが必須というわけです。そしてその意識は、これからの時代にとても大切なことだと思うのです。

「話し手」ではなく「聞き手」の立場で話す

僕は、「プレゼンが苦手なんです」という人から、相談されることがよくあります。学生から経営者まで、いろんな人がいろんな立場で「プレゼンがうまくなりたい」とやって来ます。そんなとき、僕はまず、**「聞き手になって話してください」**と言うことにしています。なぜならそれが、最高のプレゼンへの最初のステップであり、それだけでも十分に、プレゼンがうまくなるからです。

「どう話せばスムーズに理解できるか?」「何を話せば興味を持てるか」といったことを、相手側の立場に立って考え直してみるだけで、自分のプレゼンの中身を客観視でき、「これじゃわからない」「興味が湧かない」「長く話しすぎ」などの気づきが生まれ、プレゼンがわかりやすくなります。言い換えると「相手の立場に立って」考え、つくり、話すということ。ただそれを意識するだけでも、プレゼンががらりと変わります。実際に、それを部下にアドバイスするだけで、すごくわかりやすく面白いプレゼンになったことが何度もありました。

「答えは相手の中にある」は、僕の口癖のひとつですが、長い経験から見ても、それは真実だと思います。どんなときも、届けるのは「自分の思い」なのですが、相手の立場に立てば、**思いの届け方に「答え」があるとわかる**のです。

僕の大好きな落語家である立川志《たてかわし》の春《はる》さんも「お客様がどう思っているかで、話す内容も、話し方も変える。そうすることで、相手がもっと面白がってくださるんです」と話されていました。相手の立場に立つことは、芸を極める答えでもあるのでしょう。ちなみに演劇には「我《が》見《けん》」と「離見《りけん》」という言葉があり、その中でも、客席側からの視点を指す「離見」が大切だと教えられるそうです。いずれも、相手の中に答えがあるということだと思います。

これはもちろんプレゼンでも同じこと。大切なのは「離見」です。相手の立場に立って自分のプレゼンを見るスキルをモノにすれば、最高のプレゼンに一歩近づけます。

もちろん「相手の立場で考えるのが大切だなんて知ってるよ」という人も多いと思います。そんなに珍しい考えではありませんし、「お客さま発想」のようなキーワードも多くの会社のスローガンとして掲げられています。なのになぜ、本書の最初にこの話をしているのか？　それは、この「相手の立場に立つ」ということこそが、企画やプレゼンでもっとも大切なことであり、ほぼすべての企業や人ができていないことだからです。

「相手のために」話すのは、間違い

相手の立場に立とうというと、よく「相手のために話せば良いのですね？」と返す人がいますが、それは大きな間違いです。「相手のためにすること」と「相手が望んでいること」は同じではありません。相手のために**考えても、結局は自分たちが考えた、自分たちがやりたいことを押し付けること**になりがちです。

2020年の春には、コロナ禍で窮地に追い込まれた飲食店を救うために金銭的な支援をする活動が多くありましたが、実際に飲食店のシェフに聞くと、「気持ちはうれしいけれど、施しだとプライドが傷つく。プロとして美味しいものを提供して対価をもらいたい」と話していました。**「助けたい！　だから相手のためにお金を寄付します」というのは、ある意味「出し手の論理」**です。でも、相手の立場に立てば、しっかりと美味しい料理を食べてもらい、納得して対価をもらいたいという本音が発見できます。そうすれば違うアイデアも生み出せるわけです。

人は、プレゼンでも、会議でも、後輩へのアドバイスでも、子どもへのしつけでも、さらにはプロポーズですら、**「相手のために」と思いながら、ついつい自分のエゴを出してしまいます。**

「自分の思いを必死で伝えれば、それを相手も受け止めてくれるし、相手のためにもなる」と自分に都合よく解釈してしまうのです。相手側にすればそんなエゴに付き合うのも嫌なので、ニコニコしながら軽くあしらったりもするでしょう。

付き合って間もない恋人のように、相手を理解しようとしているなら別ですが、普段の会話で一方がエゴを押し付けると、「まあ適当に聞いておこう」で終わるのが現実。これがプレゼンとなると、お金のやり取りや仕事上の責任が発生するので、相手のエゴなど聞くはずもなく、「自分や会社に都合良いこと以外は、すべて突っぱねよう」という壁が生まれ、意思疎通がさらに難しくなります。普通の話し合いでも難しいのですから、プレゼンでは、内容のほとんどが「うまく伝わらない」と考え

相手のために
することは、ほぼ、
自分がやりたいこと
だと意識しよう

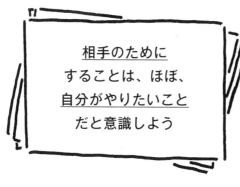

たほうが良いでしょう。

僕は、すべてのプレゼンが、いわば「不相思不相愛」から始まると思っています。そして**興味がないことを興味があることへ逆転するのがプレゼンの本質**だとも思っています。だからこそ、自分から歩み寄り、相手に伝わるように努力すべきなのです。「いやいや、相手も歩み寄るべきだ」という人もいると思いますが、**プレゼンの成功を相手任せにしないためにも、まずはあなたから行動すべき**だと思います。

そもそも相手は聞いていないという前提

相手に歩み寄るためには、「相手は聞いていない」という前提から考え始めることが大切です。残念ながら、「プレゼンを聞いてもらえている」と思うのは幻想です。たとえ出席者全員がうなずいていても、本当にあなたの話を聞いているとは限りません。興味のない話だと思ったらうなずきながらスルーするでしょうし、「今日の夜ご飯、何食べようかな？」と別のことを考えている人もいるでしょう。リモート会議では、画面に向かって相槌を打ちながら、違うメールに返信している人なんてザラ。それらはもちろん聞いていないのと同じことです。聞いていなければ共感もされず、もちろん合意もされません。だから大切なのは、聞いていない人に聞いてもらうことです。なんだか禅問答のようですが、つまり、**「相手は聞いていない」というスタンスを持って、聞いてもらうにはどうするかを考えることが「伝わるプレゼン」の第一歩**になるのです。

プレゼンは相手があるものです。だから「プレゼンは水ものだ」と言う人もいます。でもその考えは絶対に間違いだと僕は思います。相手が決めることであっても「絶対に成功させる」という思いこそが、あなたのプレゼンを変えます。

「聞いてもらえる」という姿勢は、プレゼンの成否を相手に委ねています。逆に、**聞いてもらえないという前提で「絶対聞きたくなるプレゼンにする」という発想は、プレゼンの成否をあなた側に引き寄せる**のです。

では聞く気がない相手が、聞くようになるにはどうすればいいか？

その答えは簡単です。**「相手が聞きたくなるように、話せばいい」**のです。

「なあんだ、本当に簡単ですね！」と思った人は……あまりいませんよね？　そうです。理屈は簡単ですが、かなり難しいことです。そもそも相手が聞きたくなることが何なのかわからないし、本当に相手のために提案するなら、相手の耳が痛くなることも話さなきゃならない。それをすべて「相手が聞きたくなるように」するなんて、本当に難問だと思います。でも、そうした難問があることを理解することからすべては始まります。そして、**相手が聞きたいことも聞きたくないことも、聞きたくなるように変換する**努力を始めれば、誰にとってもカンタンで聞きやすく、納得できるプレゼンができます。それだけでも、あなたの提案は通り始め、ビジネスは飛躍的に成功へと進み始めるでしょう。

聞きたいことも、
聞きたくないことも、
聞きたくなるように
話そう。

プレゼンでもっとも大切なことはシンプルさ

さて、相手が聞きたくなるように努力するとして、さらに、そのプレゼンを成功に近づけるには、何を大切にすれば良いのでしょうか？

アイデアの質？　データ分析？　事前の情報量？　話し方？　営業力？　社長の娘さんの好

きなタレントの情報？　それとも、気合と根性？

もちろんそれぞれ大切なことだと思いますが、僕が**プレゼンの成功のために最も重要視しているのは、実は「シンプルさ」**です。

僕が過去に体験した、先人たちの「最高のプレゼン」は、どれも、相手に「無関心でいることを許さない」ほど興味深い内容でしたが、そのすべてに共通していたのは、数年たっても覚えているほどの「シンプルさ」でした。シンプルなプレゼンは、カンタンに理解でき、深く共感され、長く記憶されるのです。もちろん、ここで言う「シンプルさ」とは、「一枚の紙」でプレゼンするといった形式やビジュアルのことではありません。

では、どういったシンプルさなのか？　その答えは**「ロジック（論理展開）のシンプルさ」**です。論旨が明解かつ、論理展開がクリアで、トントントン……と、立て板に水が如く話が進み、聞きたいなと思ったことや欲しいなと思った情報が、次々に提示され、最終的に提案のポイントがクリアに記憶される……。それが、**僕が理想とする最高のプレゼン**です。

そして、その理想に近づくために考えたのが、先ほど説明した「必勝方程式」です。あの方程式を骨格にすれば、論理展開がシンプルになり、納得度の高いプレゼンができます。つまり「必勝方程式」を使えば、誰でも最高のプレゼンができるようになるのです。

どんなに派手な映像でカッコよく見せても、途中でロジックがつながっていなければ、相手に混乱を生みます。お金をかけたきれいなプレゼン資料でも、話があっちこっちにいっては聞き手の理解が追いつきません。クライアントや上司を置いてけぼりにしたり、理解のために相手に努力を強いるのは最悪のプレゼンです。

逆に、ロジックがシンプルで、思わず覚えてしまうほどカンタンであれば、派手な演出や丁寧すぎる説明がなくても「良い提案だった」と思ってもらえます。

「わかってもらう」ために必死に説明を加えるのではなく、流れを聞くだけで、「わかってしまう」くらいカンタンな提案にしていく。それこそが、私たちが目指す最高のプレゼン。新しい時代にふさわしいプレゼンのスタンダードです。

「でも、そのシンプルなプレゼンが難しいんだよね」と

× 説明過多で
「わかってもらう」プレゼン

⇩

◎ ロジックがシンプルで
「わかってしまう」プレゼン

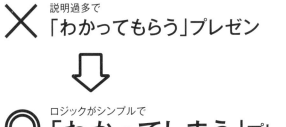

思われる方も多いでしょう。もちろんその通りです。

そこで次にお話しするのが、その論理展開のシンプルさを、カンタンに検証できる方法。僕が考案し、実践している**「矢印チェック」**です。

そのプレゼン、矢印でつながりますか？

「矢印チェック」は、僕がプレゼン内容を考えるときや企画書を検証するときに、実際にやっているメソッドです。このチェックをするだけで、いとも簡単にロジックが明快になり、理想のシンプルプレゼンに行き着けるのです。


「矢印チェック」でやることはカンタンです。

ただ、**プレゼンの内容を「↓（矢印）」でつなげて、つながるかどうかを確認するだけです。**

プレゼンの流れができたら（内容が詰まっていなくても良いので）、「課題↓未来↓実現案」の順でどんどん「↓」でつないでいってください。すると「矢印ではつながらない箇所」が出てきます。それが、ロジック（論理）が破綻している箇所ですから、直さなければなりません。

矢印チェックをすれば、
ロジックの「破綻」がカンタンに見つかる

「……あれ？　矢印がつながらないぞ」という気づきがあったら、そのギャップを埋めるように考えてみてください。たとえば、アイデアを付加したり、ロジックをつなぐためのページをつくったり、とにかく矢印がつながることを考えながら、何度かチェックを繰り返せばクリアなロジックが手に入ります。もし、あなたが上司として若手のプレゼン資料の直しをするなら、「矢印チェックをするように」と指示してください。ほぼ間違いなく良いプレゼン内容になります。

実は、**世の中のプレゼンのほとんどが論理破綻していて、**理解されにくいまま提案されているので、ロジックが通っていることだけでも良いプレゼンの仲間入りができます。

矢印を書くと、人は誰でも「前後のつながり」

を意識します。そうすれば、論理のギャップを感じやすくなり、ロジックの破綻が見抜けるようになります。ここで大切なのは、**「つながってるかも……」程度のつながりはすべて「破綻」だと考えること。**さらに、その「破綻」の箇所について、完全につながっていると思えるまで何度も考え直すことです。それをクリアすれば、ロジックがつながり、誰が聞いてもわかりやすいプレゼンになります。

実際のケースで説明しましょう。

数年前、社内の若手チームが**「東北コットンプロジェクト[※]」**という事業へのプレゼンをしたとき、事前の資料確認でこの「矢印チェック」を行いました。そして、そのチェックにより新しい企画が生まれ、シンプルで明快な提案となったのです。

「東北コットンプロジェクト」は、東日本大震災によ

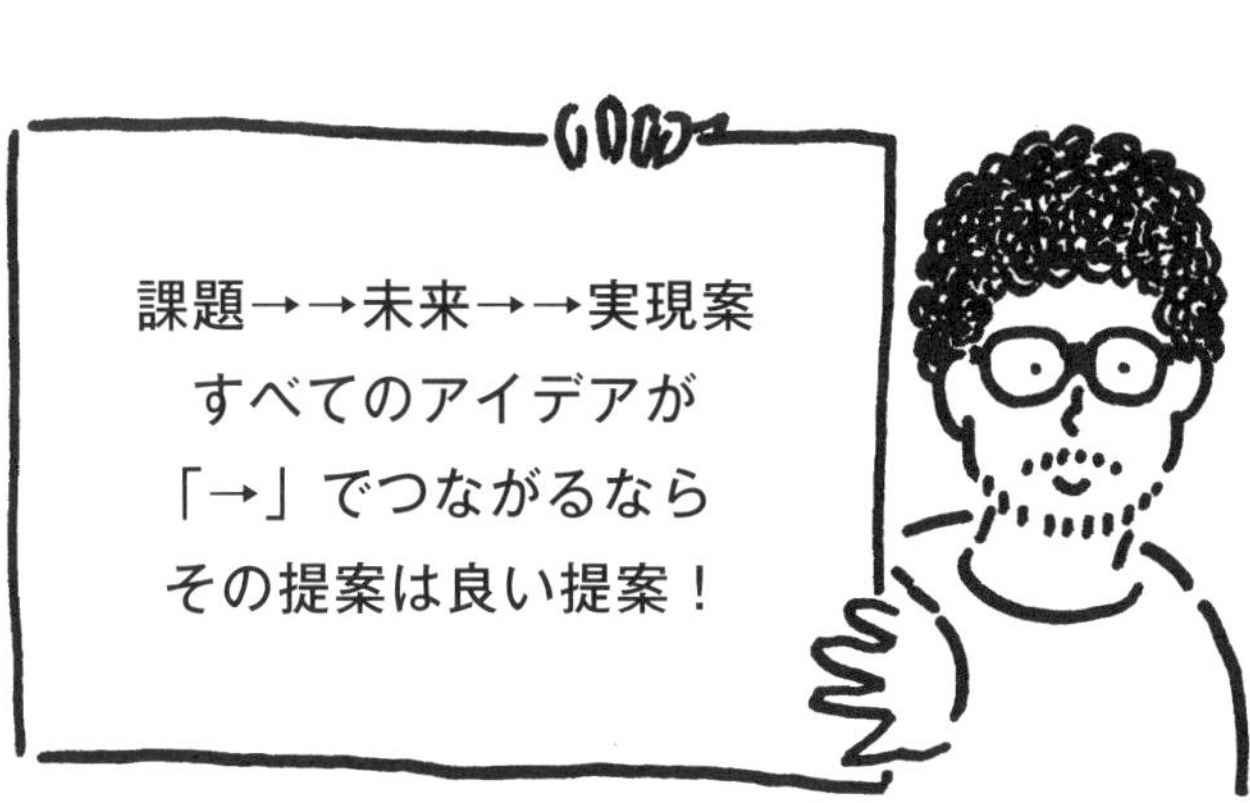
課題→→未来→→実現案
すべてのアイデアが
「→」でつながるなら
その提案は良い提案！

※ http://www.tohokucotton.com/

る塩害で農作物がつくれなくなった土に、塩に強い綿を植えて農地として復興しようという活動で、音楽プロデューサーの小林《こばやし》武史《たけし》さんが旗振り役となって生まれたものでした。僕は震災直後から、この復興プロジェクトに関わっていましたが、今回の依頼は、東北コットンが、「復興」とは関係なく、**売れ続けるアイデア**を提案してほしいというものでした。たとえば、「今治タオル」のように、ブランディングを成功させて、将来も売れるものにするという提案を求められたわけです。

この依頼に対し、当初、若手チームがプレゼンしようとした内容は、簡単に言えば「毎年、東北コットンフェスをやって、人を集め、売りにつなげる」というものでした。このプロジェクトを主催しているのが小林武史さんということもあり、なかなか良いアイデアに思えましたが、ここで「矢印チェック」を行ってみると、ロジックの一部がつながっていないことがわかりました**（41頁図）**。

イベントをやれば人が集まって、一時的にコットン製品は売れるかもしれません。でも、フェスの参加とコットンのブランド化は、「↓」でつなげると、直接結びつきません。

そこで僕は、若手チームに、矢印でつながらない部分を埋めるアイデアを考えるように指示しました。すると後日、フェスそのもののアイデアを残しつつ、新たなアイデアを追加した提

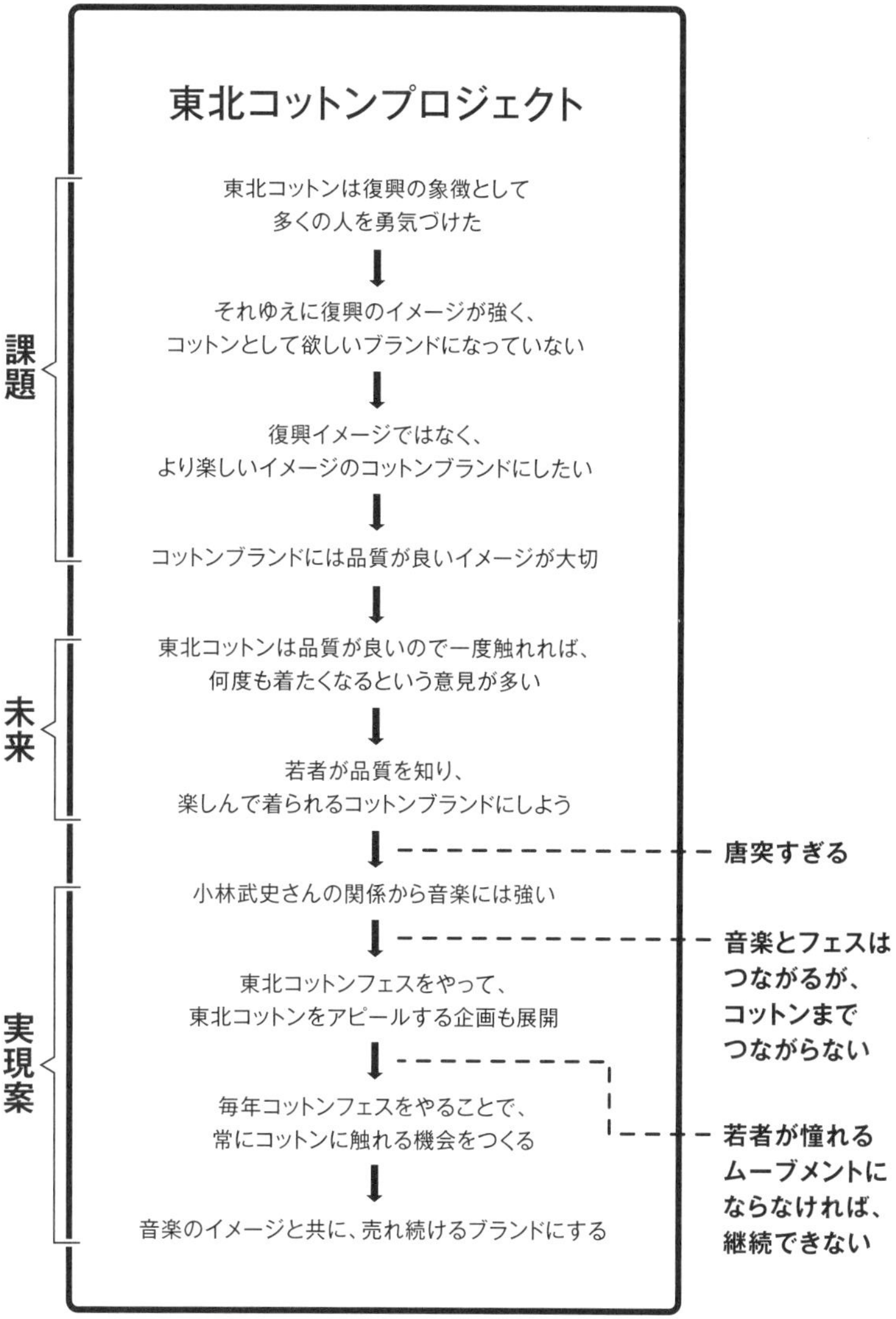
東北コットンプロジェクト
課題
東北コットンは復興の象徴として
多くの人を勇気づけた
それゆえに復興のイメージが強く、
コットンとして欲しいブランドになっていない
復興イメージではなく、
より楽しいイメージのコットンブランドにしたい
コットンブランドには品質が良いイメージが大切
未来
東北コットンは品質が良いので一度触れれば、
何度も着たくなるという意見が多い
若者が品質を知り、
楽しんで着られるコットンブランドにしよう
唐突すぎる
実現案
小林武史さんの関係から音楽には強い
音楽とフェスは
つながるが、
コットンまで
つながらない
東北コットンフェスをやって、
東北コットンをアピールする企画も展開
若者が憧れる
ムーブメントに
ならなければ、
継続できない
毎年コットンフェスをやることで、
常にコットンに触れる機会をつくる
音楽のイメージと共に、売れ続けるブランドにする

東北コットンプロジェクト(改定)

課題

東北コットンは復興の象徴として多くの人を勇気づけた

↓

それゆえに復興のイメージが強く、
コットンとして欲しいブランドになっていない

↓

復興イメージではなく、より楽しいイメージのコットンブランドにしたい

↓

コットンブランドには品質が良いイメージが大切

↓

未来

東北コットンは品質が良いので一度触れれば、
何度も着たくなるという意見が多い

↓

若者が品質を知り、楽しんで着られるコットンブランドにしよう

↓

実現案

Tシャツ(コットンブランド)と音楽の親和性は高いので、
音楽イメージをつければ楽しいブランドになる

↓

小林武史さんの関係から音楽には強い

↓

東北コットン製の白Tを着ることがチケットになる「白Tフェス」を開催

↓

実際に白Tを買い、着ることで数万人がコットンの良さに触れる

↓

全員白なのでSNSでシェアされるのは確実

↓

音楽+ムーブメントで、かっこいいブランドになれる

↓

毎年コットンフェスをやることで、常にコットンに触れる機会をつくる

↓

音楽のイメージと共に、売れ続けるブランドにする

案書が上がってきました（42頁図）。

それは、東北コットン製の白Tシャツを着ることがチケットになる「白Tフェス」で人を集め、購買を加速する、というものでした。

矢印チェックでの破綻の発見から、ロジックをつなぐ新しいアイデアが生まれたのです。

たしかに、これで、数万枚の東北コットン製Tシャツを売るきっかけにもなり、東北コットンの素材に触れ、良さを感じ、さらに白Tの集団が映えてSNSでの広がりやムーブメント化のイメージもつくれる良い企画になりました。飛躍していた論旨に気づくことで、逆に、面白い活路が見出せたわけです（残念ながら、実際の開催はできなかったのですが）。

面白い、の本当の意味

さて、ここまでに、「面白い」という言葉を何度か使いましたが、ビジネスやプレゼンにおいて「面白い」とは一体なんでしょう？　奇抜なアイデアのこと？　想像もしていなかったこと？　それとも、腹を抱えて笑うこと？

世の中で使われる「面白い」という言葉の意味は、きっとそのどれかを指すでしょう。でも、ことプレゼンに関して、「面白い」という意味はひとつ。それは、**「課題解決に有効な、オリジナルなアイデアだ」**ということです。

プレゼンで勝つには、見かけの驚きじゃなく、解決方法の驚きを追求しよう

派手なものや、革新的なものでも、企業や社会の課題を解決するものでなければ「面白くない」わけです。「なんかすごいけど課題は解決できません！」なんてアイデアに、企業は価値を見出しません。一方、「こんなやり方で解決できるのか！」という驚きのある企画は、企業にとってとても「面白い」もの。ゆえに、課題を解決して、未来をつくるオリジナルアイデアを出す「必勝方程式」や、そのつながりを明確化する「矢印チェック」が重要になるわけです。

ところで、プレゼンの企画書をつくる際、多くの人は、ロジックの破綻を気にして、最初から緻密なロジックを

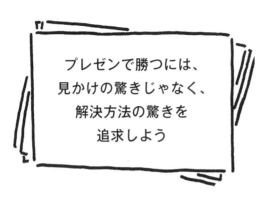

組もうとして悩みますが、僕は、まずざっくりと課題やアイデアを並べるようにしています。なぜならそのほうが、スピードが上がるし、いくつもの解決策が見つかったり、「面白い」アイデアを生むきっかけになったりするからです。

実は、僕の経験上、始めにロジックの破綻があるほうが「面白い」アイデアを生み出しやすくなります。人は、課題が見えるとそれを解決するアイデアを考えやすくなるし、また、**破綻したロジックを直そうと思うことで、ゼロからでは考えもつかなかったことが発想できるようになるからです。**実際に日々の仕事でも、先ほどの「白Tフェス」のように、**矢印チェックで破綻を見抜くことで、想像していなかったアイデアに出会うことが多々あります。**まさに僕がそうであったように、ロジックをつなげる練習をしているうちに、面白いアイデアを考えられるようになるのです。

ゴールに行き着かないものはプレゼンとは呼ばない

突然ですが、一本のロープをイメージしてください。

スタートからゴールへ続く、一本のつながり。途中で、素材が変わり、色が変わり、面白い質感やカタチとなっていきますが、でも確実にゴールへとつながっているロープ。

実は、これが、良いプレゼンのイメージです。

良いプレゼンは必ず、現状の課題から、それが解決された未来の姿までが、一本の強固なロジックでつながっています。逆に言えば、**ロジックさえしっかりつながっていれば、途中にどんなに奇抜で斬新なアイデアがあっても、意図が相手にしっかりと伝わる良いプレゼンになる**ということです。一方、ロジックが途中で破綻していたり、スタート（課題）やゴール（未来）が曖昧なものは、いくら面白いアイデアであっても、相手との合意を得られず、プレゼンも成功しません。これが、先ほどから話している「必勝方程式」と「矢印チェック」が大切になる理由です。まさに一本の強固なロジックのロープの上に、課題、未来、そして実現するためのアイデアが描かれるのが最高のプレゼンなのです。

ゆえに、まずは、**プレゼンに出席しているみんなで、この「一本のロープ」をイメージできるようにすること**が大切になります。そうすれば、課題を解決して未来に向かうというロープから、本当に面白いアイデアへとみんなでジャンプできるようになるからです。

たまに、「スタートとゴールをしっかりと決めてしまうとアイデアの幅が狭まる」とか「一本のロジックだけではプレゼンが窮屈になってしまうんじゃないか？」という疑問を持つ人

**ルールがあるほうが
面白いアイデアへと跳びやすい！**

もいますが、それは逆だと僕は思います。

矢印チェックの項でも触れましたが、考えるポイントを絞ったり、できることを限定するなど、**考える自由度を下げると、「面白い」アイデアの自由度は逆に上がる。つまり、「面白い」ことが考えやすくなります。**

子どもたちに100色のクレヨンを与えるよりも、3色だけのクレヨンを与えるほうがより発見のある絵を描くと言われていますし、ハーバード大学でのビジネスプレゼンでは、1万ドルの元手があるよりも、元手が0ドルのほうが、画期的なビジネスが生まれていました。自由はもちろん大切ですが、**自由すぎるとアイデアが出にくくなる**のです。

プレゼンでも「現状→未来→実現案」の骨格に沿って考えるほうが、フリーハンドで考えるよりも数倍考えやすくなりますし、結果的に、プランの数もグンと増え、面白い提案ができるようになります。

このように「必勝方程式」をベースにすると、提案のアイデアが考えやすくなるのですが、実は、聞く側に「安心を生む」というメリットも生まれます。プレゼンではもちろん、相手を不安にさせてはダメ。だから、**プレゼン中のすべての話が「ちゃんとゴールに向かっている」と理解してもらうことが大切なのですが**、そのためにも、「必勝方程式」に沿って、一本のロープをイメージしてもらいながらプレゼンを進めるのが効果的なのです。

行き先がわからないミステリーバスはワクワクするのですが、いかに楽しい内容でも、**ミステリープレゼンには誰も乗りたくありません。**長い時間ガマンして聞いていたのに、「着いてみたらゴールが違った！」なんて、まっぴらごめんです。だから、提案を受ける側からすれば、**ゴールがわからないままに、「派手で、楽しい」提案を受けると、逆に不安になるわけです。ここはしっかり意識しなければいけません。**

あなたがもし、すごく「面白い」案を提案しているのに、なかなかプレゼンで採用されないとすれば、それはそのプレゼンでのゴールが共有されていないからかもしれません。ゴールがわからなければ、その案が「面白い」のかどうかもわからないし、不安になるので、不採用というケースは意外と多いのです。

さてこのように、プレゼンの目標として、ゴール（未来）が設定されることは極めて重要なのですが、逆に、**安易なゴール設定をするとビジネスそのものがダメになる**のも事実なので、気をつけるべきです。たとえば、過去の成功事例のコピペ（コピー&ペースト）がプレゼンのゴールになると、新しいアイデアをほぼ必要としませんし、過去を知っている人が偉いということになるので、ビジネスは進化しません。若手のアイデアはなかなか通らないからモチベーションも下がり、社員が疲弊するという弊害が生まれます。「かつて成功した方法で、売上を2倍にしよう！」とか、「流行りの色を取り入れればよい！」のように、ついついやってしまう安易なゴール設定は、プロジェクトやその企業の価値を台無しにする恐れがあるのです。

逆に、**プレゼンでのゴール設定をしっかりとやれれば、**

成功事例のコピペは、
未来に何も生み出さない。
過去の成功経験者が、
未来の成功経験者とは
限らない

ビジネスでの成功にも近づけるのですが、安易なゴールには強い引力があるので、そこから離れるのは至難の業。ではどうするか？　実は、ある「問い」を持てば良いのです。

ゴールとは目指すべき未来です。その未来は、あなたも、あなたがプレゼンする相手も、実際に生きている世界でもあります。そう考えれば、自分は、「無条件に売上を2倍にした未来」や「カラバリが増えた未来」に生きていたいか？　という「問い」が生まれます。この「問い」から目を背けず、しっかりと意識して、考えることがすべての始まりです。安易なゴール設定では、きっと、自分にも会社にも、あまりうれしくない未来が待っています。**「本当にその未来に生きていたいか？」**。その問いを、自分ごととして考えることが、実は、ゴールをどう設定するかの答えにもなるのです。

時代は複雑です。ビジネスも十年前と比較にならないほど難しくなっていて、変化のスピードも日増しに上がっています。

さらにコロナ禍を超えた未来ではこれまでの成功は通用せず、新たな価値観に対応したビジネスが求められるでしょう。だからこそ「安易なゴール」の設定や、そこから生まれる既視感のある実現案ではなく、まさに本質的な課題の設定と共感できるゴールの設定が必要です。そして、それを実現するために、過去の成功者だけではなく、若者など、新しい価値観を持つ人々の積極的な登用や、新しいアイデアへの挑戦も必要となるのです。

激変するこの時代では新しい価値観でつくった、革新的な「実現案」であっても、すぐに陳腐化してしまいます。だからこそ、大切なのは、目先の答えを探すのではなく、より**本質的なゴールを設定すること**。本質的なゴールが設定できれば、「なぜそこへ向かうべきなのか？」「なぜ今実現できていないのか？」などの良質な「問い」が生まれ、その時々で本当に必要な「実現案」を生み出し続けられるようになります。

このように、いきなり**アイデアを探すのではなく、本質的なゴールを見つけることから始めることが、良いアイデアを考える最良の道筋**だと僕は思います。

まずやるべきは、
答えを探すことではなく、
本当のゴールを
見つけること

最高の提案のための「究極の型」を覚えよう

さて、本章の最後に、必勝方程式の3つの中身を詳しく説明しつつ、誰もが「その通りやれば良いプレゼンができる」、必勝方程式の**「究極の9項目」**をお話ししましょう。

究極といっても、中身は実にカンタン。本章の最初に話した、**「いまこうですが→こうなりましょう→この方法で」を細分化して深めるだけ**です。「究極の9項目」は、提案時のひな形でもあるし、考えるための指針にもなりますので、一度見ながらプレゼンをつくってみてください。

なお、ビジョンやコンセプトなどまだ説明していない用語は、117ページから詳述しているので、今はさらっと見ておき、本書を読み返すときに、しっかり理解するようにしてください。ではさっそく、話を進めましょう。

このまま作れば、最高のプレゼンになる!
必勝方程式［究極の9項目］

【 課題 】

①**社内課題**　過去から現在までの問題点を洗い出し、企業として克服すべき点（商品・プロジェクト・人事など）をピックアップしたもの
②**社会課題**　プレゼンテーマと関連する、SDGsやSociety5.0などの社会目標、高齢化、環境問題、人員不足などの社会的課題を抽出したもの
③**本質課題**　社内・社外課題から選定された最重要課題。「実は○○がほしい（解決したい）」と表現できるもの。人生共感図（190ページ）から発見できる

【 未来 】

④**隠れニーズ**　誰もが共感するが、まだ世に出ていないニーズ。世の中の兆し。人々や社会に潜む「隠れ不満」から見つかる
⑤**ビジョン**　関係する誰もがワクワクして、強く共感できる未来。企業、プロジェクトが向かうべき中・長期目標
⑥**プロジェクトゴール**　ビジョンに向かうための、短・中期的目標。プロジェクトのマイルストーン（節目）

【 実現案 】

⑦**コンセプト**　ビジョン（もしくはプロジェクトゴール）への向かい方。企業のリソースを踏まえたリアルな戦略。ex）対比コンセプト（139ページ）
⑧**アクションプラン**　コンセプトを具現化して、人の心を動かすオリジナルのアイデア（商品・サービス・プロモーション・PR・イベントなど）
⑨**実行スキーム**　コンセプト、アクションプランを実行するためのチームづくり、人員の配置など

課題↓未来↓実現案

まずは、プレゼンの最初に必要な「課題パート」から。

「課題」を抽出するには、プレゼン相手（クライアントや自社、所属するプロジェクトなど）の過去から現在までに蓄積している問題を洗い出し、そこから「解決すべき課題」を抽出することが必要です。「課題」の中には、①**社内課題**に加え、②**社会課題**（ＳＤＧｓのような、社会的に課題とされていること）があり、また、③**本質課題**があります。

「本質課題」とは、与えられた課題や顕在化している表層的な課題ではなく、その名の通り、「本当に解決すべき課題」のこと。①や②の課題を踏まえて発見すべきもので、提案においても重要なポイントになります。本質課題については、73ページでも詳しく説明しますが、カンタンに言えば、**「実は○○がほしい」「実は○○が解決したい」に当てはまるような「発見」を伴う課題**だと考えてください。これからの時代においては、アイデアの発見よりもこの「本質課題」の設定が重要になると思いますので、ぜひ、覚えておいてください。

課題
↓
未来
↓
実現案

次に「未来」パートですが、これは「目指すべきこと」です。プレゼンの相手が「将来こうなりたい！」「これならワクワクする」と共感できる未来のイメージとも言えます。「未来」の中には、**④隠れニーズ**（誰もが共感するがまだカタチになっていないニーズ／第4章で詳しく解説）と、**⑤ビジョン**（社員や世の中の人々がワクワクして、強く共感できる未来／中・長期の目標）、さらに、**⑥プロジェクトゴール**（ビジョンに行き着くまでに到達すべき、いくつかの関所／短・中期の目標）があります。

課題
↓
未来
↓
実現案

最後に「実現案」ですが、これは文字通り、課題を解決し、未来を実現するための方法です。世の中や社内の状況を踏まえ、どうやれば本当に実現できるかを考えた「実現可能案」とも言

必勝方程式＋[究極の9項目]の図

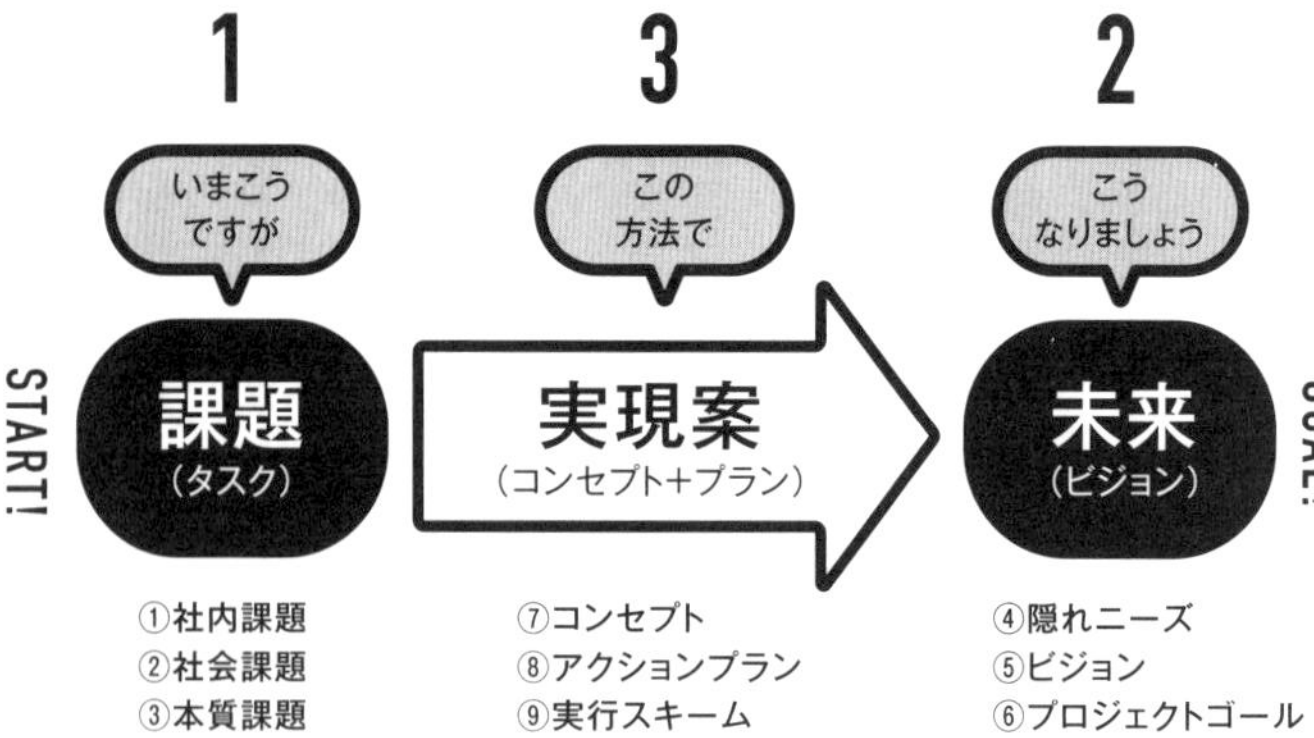

えます。実現案には、**⑦コンセプト**（中・長期の考え方・戦略）と**⑧アクションプラン**（実施策）があります。また、最後にそのすべてを推進するための人員の配置やチームビルディングを含めた、**⑨実行スキーム**（計画を実行する枠組み、人員の配置）が必要となります。

以上の究極の9項目が揃ったプレゼンは、説得力が高くなり、最高のプレゼンに近づきます。また先ほど、必勝方程式があると「考えやすくなる」と話しましたが、この9つのテーマに則して考えると、ノールールで考えるよりも、はるかに考えやすくなると思います。この9つをそれぞれに考え、設定していけば、自動的にプレゼンは成立するわけです。

上に、必勝方程式の図に「究極の9項目」を加えておきましたので参考にしてください。これをイメージしながら、先ほどの「究極の9項目」を見てみると、さらにわかりやすくなるでしょう。もちろん、この9項目に忠実にプレゼンしても良いですし、自分流にアレンジしてもかまいません。

いずれにせよ、この図に書かれていることを踏まえていれば、これまでよりもはるかにしっかりとした、シンプルなロジックのプレゼンができるようになります。

プレゼンサイドストーリー①
未来が過去をつくる

僕には、企画や提案でもっとも大切にしている座右の銘があります。

それは、**「未来が過去をつくる」**という言葉です。

宇宙物理学者の佐治晴夫《さじはるお》先生の言葉ですが、それを聞いた日から、僕の行動は大きく変わりました。様々な書籍でも、講演でも伝えてきましたが、これこそが僕の人生の行動指針と言えます。

当たり前のことですが、過去の先に未来はあります。

だから過去が積み重なることで、未来が変わるのは当然でしょう。

でも、間違いなく、過去は未来で変わります。

未来が良くなれば、すべての記憶が前向きになり、過去が正当化され、楽しいものに変わるからです。この言葉を知るまでは、僕は、ウジウジと過去を後悔するタイプだったと思います。

でも、今ではどんなに苦しいときでも、なんとか未来を向いて提案できるようになりました。

それは過去の苦しみも、悲しみも、未来を変えれば良いストーリーへと変化し、自分を押し出す力になると考えるようになったからです。

だからこそ、僕のプレゼンでは、**課題の後に、常に「未来」を描くのです。**

たとえ、今の課題がとても苦しく、不利益を生むものだったとしても、未来が良くなれば、その課題は、**明るい未来を生んだ「きっかけ」に変わります。**

僕はいつも課題と未来を行ったり来たりして、今の課題から地続きの、でも、ワクワクする未来を妄想します。なぜならそれが、過去も未来も幸せにする唯一の方法だからです。

ぜひ皆さんも、今の課題だけに振り回されず、しっかりと、ワクワクする未来を妄想してください。そうすることが、ワクワクする未来を本当に生み出す力になります。そしてそれこそが、感動を生み、共感を生み、強いコミットを生み出す力となるのです。

第2章

ビジネスの「ゴール」を決める

新時代の「ビジョン」を提案しよう

「問い続けること」が、成功への近道

前章で、「安易なゴール設定が、ビジネスをダメにする」「いきなりアイデアを探すのではなく、本質的なゴールを見つけることから始めるのが、良いアイデアを考える最良の道筋」だと述べました。

では、「安易なゴール」を避け、目指すべき「本質的なゴール」を設定するには、どう考えればいいのでしょうか？

この答えのひとつとして、前章では、「本当にその未来に生きていたいか？」と問い続ける方法をお話ししました。まさに、良質な「問い」を生むことが、本質的なゴールへの近道だからです。また、スタートアップ企業ではとにかく「つくりながら問う」ことで安易なゴールに縛られないようにしています。机上の議論に終始せず、**研究し、つくり、検証し、失敗し、悩み、壊し、またつくる。それを繰り返すことで、最初は見えなかった「本質的なゴール」を探る**わけです。

ちなみに、最近よく耳にする「デザイン思考」も概ねこのスタイルを指します。観察、課題設定、プロトタイピング、検証を繰り返すことで、本質的なゴールに向けた開発を、「つくりながら」していくからです。

ただし、デザイン思考はなかなか扱いが難しく、うまく成果が出せない企業も多いと言われています。おそらくその理由は、観察や検証から導く**「課題設定」**がうまくできず、結果的に間違ったゴールへ向けたプロトタイピングを繰り返し、疲弊してしまうからだと思います。そこで僕は、難しいと言われる「正しい（本質的な）課題設定」と「目指すべきゴール設定」の両方を、よりカンタンに行う思考法を考え出しました。

その思考法が、**「そもそも思考」**です。

当たり前を疑い、目先の答えにしがみつかず、たとえ結論に近づいたと思っても、「そもそもさあ……」と問いを続け、あえて、ふりだしに戻ってみる思考法です。僕は、本質的な問いを生む様々な「思考法」を試し、この「そもそも思考」に行き着きました。そしてそれから25年もの間、実際に多くの仕事で使い、多くのＣＭや商品開発、さらに、プレミアムフライデーやホテル開発など、評価の高い実績をいくつもあげることができました。

先ほど、良質な「問い」を生むことが大切だと話しましたが、**その方法こそが、この「そも**

そも思考」です。「そもそもこの商品がなぜあるのか?」「そもそもなぜ売れてないのか?」「そもそもこの解決策で良いのか?」と考えるだけで、安易なゴールへの呪縛を抜け、良質な問いが続けられます。正直、周りの関係者にはちょっと邪魔くさい思考法ですが(笑)、結論を急ぎたくなる気持ちを抑え「そもそも思考」をすれば、視野が広くなり、より本質的なゴールが見つかるようになります。

僕は、クライアントや上司などからオリエンを聞く場でも、報告を聞く場でも、「そもそも、皆さんは何を目指していますか?」という質問をします。さらに「そもそもなぜその商品をつくったのか?」「そもそもその商品は人を幸せにするか?」などを繰り返し、繰り返し聞きます。相手はおそらく「邪魔くさいな」と思っているでしょうし、「そんなことを聞いて意味あ

本質的なゴールを
見つける合言葉は、
「そもそもさあ……」

るの？」という反応もあります。でも僕は怯《ひる》まず聞き続けます。なぜなら**この問いこそが本質的な課題とゴールを見つけ出す方法であり、後で説明する「ビジョン」の設定にとって大切な考え方**だからです。そして、この邪魔くさい回り道が、結果的には成功への最短ルートを見つける方法になるのです。

安易なゴールは蜜の味がします。先人がつくったコースを歩いたり、上司から言われたように走ったりすれば責任が発生しないし、何よりラクです。きっと多くの人がその蜜に惹かれ、その道を行きたいと思うでしょう。でも、今は一歩先すら予測できない時代。安易な思考からは何も生まれないことは明白です。

まさに、**「そもそも私たちはなぜ存在するのか？」「そもそも私たちは何を目指すのか？」「そもそもこの商品でどんな地球をつくるのか？」**。そんな哲学のような自問自答を繰り返すことでしか、本当のゴールを見つけられない時代になったのです。

「なぜやるか」を問い続ける力が、問われる時代になった

プレゼンと言えば「企業の課題を解決するためにアイデアを提案するもの」と思われがちですが、実は、それだと半分しか正解ではありません。そこで本章では、もう半分の答えをしっかり意識できるようにお話ししていきたいと思います。

まず、企業の課題解決をするプレゼンについて考えましょう。たとえば、一般的なプレゼンのやりとりはこういうものだと思います。


「我社には××という課題があるんだが」

「では、その課題解決をしましょう」

「でも、何をやれば良いのかわからないよ」

「あ、それなら、[redacted]をやれば良いと思いますよ」

「なるほど。でも、どうやるの？」

「はい、こうやってできます」

「お、それは良いね」

このやりとりには「課題設定」「戦略提案」「戦術提案」の3つが入っていますし、一見するとこれで良いと思えるのですが、実はこのやり方では不十分な答えしか出ていません。

なぜならここには、必勝方程式の「課題」「実現案」だけで、「未来」の提示がないからです。未来がないとゴールがないプレゼンになり、一本のロープが引けません。つまり、未来へ向けた課題解決にならないので、提案として不十分というわけです。前章でも触れたように、**向かうべき本質的なゴール（未来）がわからなければ、提示された案そのものが良いのか悪いのかも判断できません。さらに、間違った答えを提案してしまう可能性も高くなるのです。**

例を出して説明しましょう。たとえばあなたが、「１００万円で、人材が集まるアイデアを考えてください」という依頼を出して、その提案として、「１００万円でSNSに広告を出しましょう。ビジュアルアイデアはこれです」というプレゼンがあったとしたらどうでしょう？　きっと、求められている課題に対して解決策を提案されているから、やり方は正解で、あとは中身のアイデア勝負だな、と考えると思います。おそらくほとんどの人がこのプレゼンの仕方が間違っているとは思わないでしょう。

ただ、これを、前章でお話しした**「そもそも思考」で考えると、話が変わってきます。**「そもそもこの会社は何を目指しているのか?」「そもそもこの会社にはなぜ『人が集まらない』のか」という「問い」を追求すると、この会社に眠っている、より本質的な課題と、その課題を解決して向かうべき本当のゴール(未来)が見えてきます。

まず、そもそも思考を使って、**「そもそもなぜ100万円で人集めを?」という問い**を始めてみましょう。すると、

「だって人が集まらないからね」

「そもそも、なぜ人を集めたいのですか?」

「事業に人が足りないし、それに若者がいないと活気が出ないしね」

「そもそもなぜ若者が必要なのですか?」

「若い人のほうが新しい企画が考えられるでしょ……」

と続いたりします。ここまで聞き出せれば**「なるほど、若者を集めて新しいアイデアを出したいのですね」**というゴールにたどり着けます。**これが、本当のゴール設定。つまり、プレゼンの相手が本当にワクワクする未来の設定の仕方です。**

この思考プロセスを経ていないと、たとえば「リタイアした人を集めましょう!」というアイデアも出てくるわけです。でもそれでは、提案先のゴールと違っているから、相手が納得するはずも、ワクワクするはずもありません。だからプレゼンターが誠意を尽くしても、結果的

にプレゼンは失敗に終わるのです。

本当に向かうべきゴールを設定する秘訣は、**提示された課題やゴールを安易に飲み込まず、「そもそも思考」で考え直すことです。**「そもそも思考」は、近視眼的に考えがちなプレゼンを、より手前から、より広い思考へと変えてくれます。考えるスタート地点が少し手前になるとイメージすると良いでしょう。そうすれば、足元に隠れて見えていなかった本質的な課題が見え、本当のゴールに行き着ける道筋がわかるようになります。

では、66ページのやりとりを、「そもそも思考」で正しいやりとりにしてみましょう。


「我社には××という課題があるんだが」

「なるほど。でも、そもそもなぜ、××の課題を解決したいのですか？」

課題

「それを解決すれば、○○がうまくいくからだよ」

「では、そもそもなぜ、○○をうまくいかせたいのですか？」

「それは、○○がうまくいけば、将来的に会社がうまくいくからだよ」

「うまくいったとして、そもそも会社は、何を目指しているのですか？」

「そうだね、将来的には☆☆になると良いね」

「では、その☆☆というゴールに向けた、課題解決をしましょう」

未来

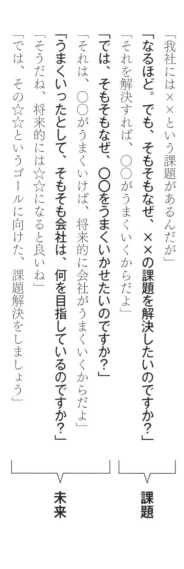

「でも、何をやれば良いのかわからないよ」

「あ、それなら、■■をやれば良いと思いますよ」

「なるほど。でも、どうやるの?」

「はい、こうやってできます」

「お、それは良いね」

実現案

これで、「課題→未来→実現案」となり、しっかりとゴールに向かったプレゼンとなります。「そもそも思考」はこのように、本質的な課題とゴールを「問いかけ」で見つける、いたってカンタンな方法です。

なにしろ、**そのとっかかりは、普段使っている「そもそも」と「なぜ?」だけ。**「そもそも」で、思考をいったん手前に戻し、「なぜ?」という疑問で本質を見極めるのです。まさに、「どうやるかではなく、なぜやるのか?」を見極めることで、本質的な解決に向かう思考法。「そもそも思考」を始めると、普段の仕事にありがちな「とりあえず考えよう」という癖がなくなり、本質的なゴールに向かう目を持つことができるのです。

ところで、TEDトークで話題となった、サイモン・シネック氏の『WHYから始めよ!』(原題『Start with Why』)も、この「そもそも思考」と同じスタンスの思考法です。彼は、

WHAT（何をするか？）、HOW（どうするか？）から発想していた従来の安易な思考をやめ、**「WHY（なぜそれをやっているのか？）を起点に、Purpose（パーパス／存在する意義）」から発想することで、企業やビジネスが革新する**と説いています。

WHYから考えれば、「安易なゴール」にしばられないため効果も出やすく、かつシンプルな思考法なので、欧米で大流行したわけです。

ただ、日本人にとって「WHY」や「Purpose」は使い慣れている言葉ではないため、誰もがすぐにビジネスに活用できるかと言えば、そうではないかもしれません。事実、「パーパスとは何か？」という議論を数時間している会議にオブザーバーとして参加して結局何も決まらなかったという苦い経験もあります（笑）。それに対して「そもそも思考」は、日本語ゆえに考えやすく、本質的な課題やゴール（後で解説する「ビジョン」）の設定もしやすいため、誰もが日々のビジネスに活かせると、僕の25年の実践経験から実証されています。まさに、**「そもそも」という言葉から始めるだけ。でも、それだけで深い考察ができ、**これからのビジネスを正しい方向へと進めるための本質的な発見ができるので、絶対に使うべき思考法だと思います。

さて、僕が以前に担当した**「はなまるうどん」**でも、この「そもそも思考」は活躍しました。

オリエンテーションで最初に聞いた仕事の課題は、「50円引きの紙のクーポンを発行するから、それのデザインを頼む」というものでした。これに「はいこれがデザイン案です」と出せば仕事は終わるのですが、「そもそも思考」だとそうなりません。

「そもそもなぜ、このクーポンを発行するのですか？」「それは集客したいからだね」「そもそもなぜ、この時期に、集客を？」「春だし、新入社員とか新しい顧客を取り込まないと」「なるほど、では新入社員を集客したいというわけですね」「できるならそうしたいね」「ところで、なぜ紙のクーポンにするのですか？」「店頭のポスターだと広がりがないし、財布に入れていつでも使ってもらえればいいじゃない」「なるほど……では、アイデアを考えてみます」

世界初！うどんに
健康保険証適用
2013年4月1日(月)～4月30日(火)
サラダうどん
50円引き！
レタス1個分の食物繊維を含んだ、はなまる食物繊維麺の全国発売を記念して、「サラダうどん」をご注文のお客様で「健康保険証」を提示した方に、会計時50円、お値引きします。
レジで見せるだけ！
保険証割でお願いします！
50円引きになります。
はなまる
みんなに、おいしい驚きを。
Sanuki Udon HANAMARU

そうしてできたのが、**「健康保険証でサラダうどん50円引き」**のアイデアでした。春には、新入社員が健康保険証を初めて手にして財布に入れています。それ

を「クーポンに見立てる」だけで50円引き施策が実現でき、かつ、新入社員などの顧客が取り込め、かつ、話題性があって広がり、かつ、健康的なサラダうどんまで売れるアイデアが生まれたわけです。

さらにこのアイデアの画期的な点は、**クーポンの印刷代がかかっていないこと**です。クーポンも全国で展開すればバカにならない費用がかかります。でもこのアイデアなら、ポスターだけ。しかもＳＮＳで広がって、話題にもなるわけです。まさに、「そもそも思考」から生まれた革新的なアイデアでした。

「本質課題」を発見しよう

「そもそも思考」を実践する上で大切なことは、難しく考えず、まず始めてみることです。ぜひいつもの仕事を見回してみて、やりやすそうな仕事から、「そもそもなぜ？」という問いを始めてみてください。先ほどのように、そもそもなぜ「人を集めたいのか？」→「この部署に人が足りないから」→そもそもなぜ「その部署に人が欲しいのか？」→「若手に新しいアイデアを考えてほしいから」というように、どんどん「問い」をかぶせていければ、本当の課題が見えてきます。慣れてくればとてもカンタン。まずはやってみることが大切。そうすれば、少し遠回りに思えても本当の課題がわかり、本当に向かうべきゴールもわかり、最短で成果の出るアイデアが提案できるようになるでしょう。

この「なぜ?」を繰り返す手法は、トヨタの「なぜ」を5回繰り返す「なぜなぜ分析」など、有名な改善方法と原理は同じです。ただ、先ほども触れたように、「そもそも思考」の場合は、「そもそも」というワードで、常識や通例のさらに**「手前」から思考をスタートできる**ので、より本質的な課題の発見が可能になります。

以前、ある建築家から面白いことを聞きました。それは「橋をデザインするときに大切なことは、橋をデザインしないこと」という話です。

なんのことかわからなかったのでさらに聞いてみたところ、**「橋をデザインするときに大切なことは、橋をデザインせず、橋を渡る人の行動をデザインすることです」**と言われたのです。

僕は、膝をポンと叩きました。これはまさに「そもそも思考」です。

橋をデザインするだけなら、人が渡れないほど奇抜で、とにかく目立つ橋もつくれるわけです。しかし、**「そもそもなぜ、橋は必要なのか?」**と考えれば、たとえば、「すべての村人の生活に必要」という課題がわかり、「老若男女、すべての村人が心地良く渡れる橋をつくる」と

**「そもそもなぜ、橋は必要なのか？」を問おう！
同じ橋でも、生活インフラなのか
観光目的なのかで課題が変わり、ゴールも変わる**

いう本質的なゴールが見えます。でも、もし「過疎で困っていて観光で人を集めたい」という課題なら、「世界中から人が観に来るような奇抜な橋をつくる」というゴールのほうが正しいことになるのです。

この違いを考えずに、いきなり橋をデザインすることが、いかに滑稽で、本当のゴールから遠いか、わかっていただけると思います。それなのに普段のプレゼンでは、この「そもそも」のプロセスを無視して、いきなり「どうやるか？」を考えてしまうのです。

このように本当に向かうべきゴール（未来）へと行き着くためには、与えられたスタート地点を鵜呑みにせず、**さらに手前から「課題」を見る意識が必要**です。「どうやるか？」ではなく、「そもそもなぜやるか？」。その問いかけをすることで、本当に必要とされる課題へとたどり着くわけです。

ところで、54ページでも話したように、一般的な課題には、企業やプロジェクト内の問題から抽出した「社内課題」と、自然環境やSDGsなどをも含めて解決すべき「社会課題」があります。もちろんこのどちらも重要な課題ですが、さらに重要なのが、その2つを突き詰めることで発見できる、その企業やプロジェクトが「本当に解決すべき課題」、すなわち**「本質課題」だと僕は考えています。**

本質課題は、その名の通り「企業やプロジェクトの本質的な課題」のこと。社内や社会の課題に目を向けつつ、「そもそもなぜ？」という問いかけを続けることでたどり着きます。**先ほどから話しているように「本質課題」に行き着ければ、その課題を解決した未来、すなわち、その企業やプロジェクトが目指すべき本質的なゴールも見えてきます。**僕の経験上、「本質課題」を精度高く導く一番の方法は、「そもそも思考」なの

本質課題が
本当のゴールへの
スタートになる

で、まずはそれを実践して、自分のものにしてください。目の前にある課題や成功事例をそのまま使うよりも大変ですが、確実な前進になります。

企業、プロジェクト、個人、すべての指針となる、「ビジョン」

先ほどから話しているように、ビジネスを前に進めるときには、安易なゴールに飛びついたり、目の前の課題にしがみついたりしてはいけません。得意先や上司から課題を受け取ったら、すぐに、「どういうプランにしようかな？」と考え始めたくなりますが、今日からはそれをグッとこらえ、**まず、与えられた課題を疑い、「そもそも思考」で一歩下がって考える癖をつけてください。**一歩下がれば、より大きな視野で課題を捉え直すことができます。

皆さんも一度やってみると驚くと思いますが、どんなに悩んでいても、行き詰まっていても、「そもそもなぜ？」を突き詰めると、霧が晴れるように本質課題が見つかります。

そして、企業やプロジェクトが向かうべき、本当のゴールが見えてくるのです。

僕は、**そうしたプロセスで見つけた本当のゴールを「ビジョン」と呼びます。**

ビジョンは、必勝方程式「課題→未来→実現案」の「未来」のことです。

ビジョンが見えれば、そのプロジェクトに関わるすべての人が、そこへ向かって走り始めます。**ビジョンはすべての人の行動指針となり、同時に判断基準になります。**プロジェクトを左右する大きな判断から個別会議の小さな判断まで、**すべて「ビジョンに対して正しいか、正しくないか」という判断ができるようになる**ので、先ほどの「安易な人材募集広告」のような間違った判断もなくなります。さらに、ビジョンがあると、人々の思いが一つになるので、企業を成功へ導く強い力となるのです。

とはいえ、プレゼンで「ビジョン」を大切にしてください、と言うと、だいたい「回りくどいなあ」と言われますし、これまでに聞いてきた様々な人たちのプレゼンにも、「ビジョン」を提示したものはほとんどありませんでした。

でも、その中でも、記憶に残るプレゼンや成果を上げた提案には、しっかりとしたビジョンがあり、それを実現するための案が提案されていました。ここから考えても、やはり、未来の提示はプレゼンにとって必須なのだと思います。

前章でも話したように、「未来」が提示されないと、プレゼンは成立しません。課題を設定しても、解決する実現案の方向性が定まらないからです。逆に、プレゼンに「ビジョン」が入っていると、それだけでも良いプレゼンに近づくことができます。

今、もし「プレゼンにビジョンなんて邪魔だな」と思っている人がいたら、それは、悪いプレゼンの習慣が染み付いているからかもしれません。まずはその悪習慣を取り除き、提案相手とともに未来を見て提案するクセをつけてください。

未来は勝手に決まるのではなく、強い意思が決めます。企業の未来も、あなたの未来も、実は、あなたが決めるビジョンがつくるのです。ぜひ、ワクワクするビジョンを見つけ、その未来を指し示すプレゼンをしてください。きっと、回りくどいどころか、最高の成功へと近づけます。

ビジョンとは、「ワクワクする未来」のこと

ビジョンについて辞書を引くと「未来像、理想像、展望、見通し」と出てきますが、僕は、

ビジョンを「ワクワクする未来」と定義しています。

ビジョンと言うと難しく思われる人が多いですが、「ワクワクする未来」なら誰にもわかりやすいでしょう。大切なのは、ただの未来ではなく、「ワクワクする」未来であるということです。今の人々にとって「ワクワクする未来は何か？」と考えれば、もちろん、過去の焼き直しのアイデアやその場しのぎのゴール設定では論外ですし、**環境問題やジェンダー問題にも配慮した、新しい視点が必要だとわかるでしょう。もちろん、使い古された考えではない、オリジナリティのある未来の提示がのぞまれます。**当然、それを考えるのは難しいのですが、でも、「ワクワクする未来」を生み出せれば、**世の中の人々を巻き込む強い力となり、かつ、社員やチーム員など、内部からの強い共感も得られるので、大きなムーブメントを生み出せるようになるのです。**

ビジョンがあれば、
強いモチベーションと
ブレないアイデアが
生まれる

もしあなたがプレゼンしようとするとき、相手の企業やプロジェクト内にビジョンがなかったり、自分の提案にビジョンがないと感じたときは、まず「そもそも思考」に戻り、本質的な課題を設定し、それを解決した未来を妄想することを始めてください。そして、その未来を上司やクライアントと共有することにトライしてください。それがうまくいけば、相手と強い絆で結ばれ、さらにワクワクする未来へ向けて一緒に動き出す強いモチベーションを生むことができると思います。

ところで、ここで僕の言う「ビジョン」とは、美辞麗句を並べた言葉ではありません。「美しい地球に貢献する」とか「世界平和へ邁進する」というような、普段使わない言葉や使い古された言葉では、本当のビジョンとは程遠いものだと思います。

ビジョンは、今を生きるたくさんの人が共感する言葉でなくてはいけません。ゆえにできるだけ、**誰もがわかるように、いつも使っているような普通の言葉を使うのが理想です。**さらに、今の時代の気分を反映しつつ、未来でも共感できる言葉である必要もあります。つまり、プロジェクトに参加している誰もが、今「良いな」と思い、30年後、50年後も「良いな」と共感し続けられる言葉が最高のビジョンというわけです。

そもそも「ビジョン」とは、その言葉の意味通り**「目に見えるもの」**であるべきです。思い描ける絵があること、シーンを思い浮かべることが大切なのです。だから、**子どもから大人まで誰もが、カンタンにその未来をイメージできて、かつ、その未来にワクワクできる**のがビジョンの役割です。

その視点で、皆さんの仕事や企業で使われている「ビジョン」をもう一度、見てください。それが難しい言葉だったり、古い考え方だったり、シーンがイメージできなかったり、そもそも「ワクワクする未来」でないならば、ビジョンを作り直す必要があると思います。

ビジョンがあれば、迷わない

ビジョンは、国や自治体や企業などの大きな組織はもちろん、家族や学校のクラスなどの小さなコミュニティにも必要です。ビジョンがあるかないかで、関係者のコミット度合いも、目的の達成度合いも違ってくるからです。さらに先ほども触れたように、ビジョンがあると、判断すべきときに適切な意思決定ができるようになります。たとえ小さな仕事であっても、判断基準があるか、ないかで、未来は大きく違ってきます。

以前、コスメや輸入雑貨を扱うセレクトショップを担当していたとき、周年記念キャンペーンの企画会議で「お客様への感謝として、割引セールをしてはどうか？」という意見が出まし

自分の好きな写真でラッピングする「I WRAP YOU」
Designed by Do Be Company Inc.

た。これは、短期的な売上の貢献には効果的に見えますが、**本当に商品の販売方法として正解なのかどうかは、実は、この時点では判断できません。**「安売り」は、たしかに注目を集めるし、たくさんのお客さんも来るでしょう。**でももし、憧れのブランドでありたいというビジョンがあったとしたら、値引きのプロモーションはむしろ逆効果の施策になるからです。**

そのショップは少額の雑貨も扱いますが、憧れのストアを目指していましたし、当時から、ブランド毀損のリスクがあるため、「安売り」で興味を引くのはやめようという方針が徹底されていました。ゆえにその場で「安売り」は却下され、新しい企画を考えることになったのです。このとき、代わりに生まれたアイデアが「I WRAP YOU」というラッピングキャンペーン。自分や家族や愛犬の写真でプレゼントをラッピングして、手渡そうという企画です。かわいい見た目が大きな話題となり、集客としても成功しました。安易な「安売り」をせず、ビジョンを優先して良かったわけです。

今や超大企業となったナイキやアップルも最初はなかなか商品が売れない小さな企業だったわけですが、実は、値引きや福袋などの販促施策をほとんどやっていませんでした。それは最初からブランドとして、「憧れられる存在になる」というビジョンがあったからに他なりません（ナイキの「Just Do It」は、一歩を踏み出すアスリートを後押しするという崇高な姿勢であり、安売りとはかけ離れています）。

たとえば、ナイキジャパンでは、売上が落ち込んだときであっても、プロジェクトのビジョンをつくり、そこに向けた努力を重ねると聞きました。2021年1月の箱根駅伝で、「名門チーム選手のほとんどがナイキを履く」という圧倒的なブランド力を見せつけたナイキですが、実は、そこに至るまでには、「Breaking2（ブレイキング2）」、つまり「マラソンで2時間の壁を超える」という不可能とも思えるビジョンに向けた取り組みがあったのです。ナイキではそのビジョンに向け、長距離選手と一緒に検証と開発を繰り返し、地道なプロセスを経て、今までの常識を覆すイノベーションを生み出し、日本を始めとする世界のマラソン記録を更新するという華々しい成果へたどり着いたわけです。まさに、ビジョンが生み出したゴールといえるでしょう。

また、現代のトップ企業の一つ、グーグルにも「ワンクリックで世界の情報へアクセスを可能にする」というビジョンがあります。ゆえに、すべてのサービスが「情報へアクセスする」ことを前提として開発されています。だからどんなに流行りであっても、単独のビジネスとして農業やレストラン事業へ参入したりはしません。必ず情報を経由するサービスの一環として開発し、グーグルの情報戦略の一翼を担うのです。

このように、ビジョンは実際に、企業の明確な判断基準であり活動指針となっています。**ビジョンは、ワ**

**ビジョンは、
プロジェクトの北極星であり、
日々の仕事の
道標でもある**

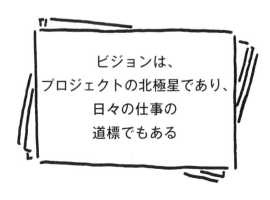

クワクする「未来」を指し示す北極星でもありますが、迷ったときにどうすれば良いのかを教えてくれる「道標」にもなるというわけです。

良い仕事には「ビジョン」がある

ところで、あなたは今、誰かの仕事に嫉妬《しっと》しているでしょうか？

嫉妬なんか良くないよ、という人もいるでしょうが、実は、ニュースやSNS、友人との会話に登場する「誰かの良い仕事」を気に留め、「悔しい！」とか「してやられた！」と思うことは、とても良いことだと僕は思います。なぜなら、**嫉妬は、自分の理想と、今の自分とのギャップを認識することにつながる**からです。そのギャップを意識しないと、人はそれを埋める努力をしないし、成長もしません。まずは理想と現実の違いに気づ

良い仕事への嫉妬が、
良い仕事のはじまり

き、その溝を埋める意識を持つことが大切です。

あなたが嫉妬した仕事の「ビジョン」を、あなたの仕事に応用すれば、きっと、新しい視点が生まれ、自分の仕事がより良くなるきっかけになります。些細な仕事の中に、世界を変えるようなビジョンが隠れていることはよくあります。それに気づけるように、世界を見ることはとても重要です。

「そうは言っても、知らない仕事のビジョンなんてわからないじゃないか」と言う人もいるでしょう。でも、わからなくても良いのです。まずは、自分なりにその仕事のビジョンを考え、想像してみることが大切。間違っていても大丈夫と思って、自分流のビジョンを考えまくってください。

あなたの周りを注意深く見渡せば、きっと多くの「良い仕事」が見つかります。国家規模のプロジェクトや大流行した商品などはもちろんですが、日々の商談や会議、さらには何気ない日常生活の中にも、「良いな」と思うことは潜んでいます。そして、その**「良いな」の中には、あなたの仕事をバージョンアップするヒントがいっぱいあるのです。**企画やアイデアを模倣することは良くないけれど、その背後にあるビジョンを模倣するのは、新しいアイデアを生むきっかけになります。だから良い仕事には嫉妬して、じっくり観察し、その中にあるビジョンや考え方を自分のものにする努力をしたほうが良いわけです。

たとえば地元の公民館の予約がしやすくなったとか、帰り道が明るくなったとか、学校の先生が優しくなったということですら、実は良いビジョンが裏にあります。些細なことであっても、**そこには必ず、世の中を良くしようと思った人が描いた、嫉妬するほど素敵で、強く共感できる未来のビジョンがあり、その未来を実現しようと考えたコンセプト**（第3章で詳しく説明します）**が存在する**のです。

ある病院では、WEB予約システムを導入したにも関わらず、多くのお年寄りが待合室にいる現実を見て、中断していた電話予約の運用を再開し、すべての患者さんの待機時間をゼロにしたと聞きました。自分たちのアイデア（WEB予約）を信じたい気持ちを抑え、お年寄りも含めたすべての人に対して「待つ苦痛をなくす」というビジョンを優先することで、それを解決する「電話予約の復活」というコンセプトを生み出したわけです。

でも、この話を聞いて、「ただ便利になったな」とか「おじいちゃん良かったね」というだけでは自分をアップデートできません。その良い仕事に気づき、嫉妬し、それをつくった課題やビジョンを考えることで、ようやく誰かの良い仕事が自分の血肉となるのです。

もしあなたが、今の自分の仕事を良くしたいなら、ぜひ、身の回りにある「良い仕事」を見

つけ、嫉妬してみてください。その嫉妬こそが、今の自分に足りていない考え方やモノの見方など、あなたの仕事を良くするたくさんのヒントをくれます。まずは、「隠れているビジョンは何か？」と妄想するだけで良いです。自分なりにビジョンを考えられるようになれば、面白いほど仕事がうまくいくようになります。なぜなら、嫉妬という強いモチベーションが、あなたを突き動かし、あなたの仕事に目指すべきゴールと指針を生んでくれるからです。それが積み重なれば、あなたは、カンタンにビジョンやコンセプトを生める人になるでしょう。

アップルを躍進させた、「ビジョン」

成功するプロジェクトに必要なものには、才能のある人材や新しい発想、技術力、マーケティング力、さらには営業力や資金力などいろいろありますが、実は、それらだけが揃っていても決して成功することはできません。なぜならそれらの力を束ね、成功への大きな推進力にするためには、確実に「ビジョン」が必要だからです。**良いビジョンがあれば、放っておくとバラバラになる力がひとつになって動き出し、うまくいけば、数十年もの間、力を発揮できるようになります。**

たとえば、音楽体験に革新を起こした「iPod」にも、ビジョンの力が寄与しています。実は、発売当時、iPod の中身に使われていた小型のハードディスク技術を使った商品は他にもあり、どのブランドが〝iPod〟をつくってもおかしくない状況でした。でも、最終的にアップルが「ハードディスクを音楽のために使う」という判断をしたことで iPod は誕生しました。それは当時のアップルに、**「すべての音楽コンテンツを持ち歩けるようにする」というビジョン**があり、そこに技術と人材を集中させたからだと言われています。そしてそのビジョンが本質的であったからこそ、誕生から10年以上も音楽文化をけん引できたのだと思います。

1979年に登場したSONYのウォークマンも同じ。当時は誰も考えていなかった、「音楽を持ち歩けるようにする」という画期的なビジョンがあったからこそ生まれた商品です。たった数十分のカセットテープを持ち歩いて再生するあの商品がなければ、iPod も iPhone も生まれていないだろうし、もしかすると未だに、街の中で音楽を聴くという文化すらなかったかもしれません。そういう意味では、当時のSONYのビジョンには、長い間人を動かし続け、様々な企業に影響を与える力があったと言えるでしょう。そう考えれば、その当時のSONYには、感謝しかありません。

さて、アップルのエピソードをもうひとつお話しましょう。それは、以前にアップルで働いていた人から聞いた「修理」に対する意識。その人はこう言いました。「アップルでは、**『商品を修理するのではなく、お客様との信頼関係を修理する』と思ってお客様と話すのです**」と。

きっとそのようなビジョンがあるからこそ、アップルの店頭では、あの顧客の立場に立った接客が生まれているのでしょう。僕はこの話から、企業や商品開発だけでなく、日々の営業活動やサービスにも「ビジョン」が大切だと教わりました。

そして今や、すべての仕事にビジョンを生み出すように心がけているのです。

ビジョンは１００円の商品を救い、１００億人も救う

さて、ビジョンの話といえば、木こりと教会の話をご存じでしょうか？　ある山で木を伐っている二人の男に、あなたは何をしているのかと訪ねたところ、ひとりは「木を伐っている」と答え、もうひとりは「教会を建

ただ木を伐るより、
教会を建てるほうが
成功へと近づく

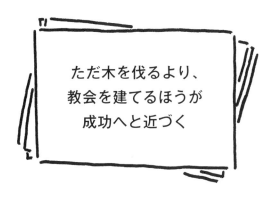

てようとしている」と答えました。先の男は、ただただ作業として辛そうに木を伐り、後の男は、活力がみなぎりながら幸せそうに木を伐っていたそうです。

この話でわかるのは、単なる作業では人は高いモチベーションを保てず、反対に、共感できる目的があればモチベーション高く仕事ができるということです。もし自分の仕事を「作業」だと思っているなら、その仕事のモチベーションを維持する手段は、高い給料や良い待遇などになるでしょう。でもそれでは、どこかで不満がたまったり、逆に「楽をしよう」とか「逃げよう」という感情が生まれたりもします。

それに比べ、「教会を建てる」というビジョンがあれば、**作業であってもモチベーションが上がり、給与や待遇とは違った動機で積極的になると思います。**そしてたくさんの人がその思いを持てば、そのプロジェクトに成功をもたらす大きな原動力となるのです。

このように、ビジョンには、人のやる気そのものを強くしたり、たくさんの人の思いを束ねる力があります。だからこそ、企業でもプロジェクトでも、ビジョンの設定は必要だと言われるのです。

ところで、ビジョンと聞くと高尚なイメージを持つ人がいますが、それは間違いです。先ほども、カンタンな言葉で誰でもわかるようにするのがビジョンだと話したように、カジュアルな言葉のほうがビジョンには適していますし、その内容は、**ごく身近な小さな未来でも良いのです。**たとえば、ギターの習得なら「あの曲が弾きたい」と思って練習するほうが上達は早いと言います。ダイエットも「あの服が着たい」と思えば我慢できる。苦手なテスト勉強も、好きな女の子にモテるためならがんばれるでしょう。このような個人のビジョンであれば、自分自身がその未来にワクワクできることが大切。それが強いモチベーションになって、努力できるからです。

たとえば、１００円ちょっとのサインペンをつくるときも、「小さな子どもからアートの世界まで、『描くことの楽しさ』を生み出す」と思えば、三菱鉛筆のポスカのような新しいアイデアが生まれ、数十円のアイスを開発するとき

2020年に発表された水道を使わずどこにでもおける独立型の手洗いシステム「WOSH」。

も、「子どもがよろこぶ『夢』いっぱいのアイスを」と願えば、ガリガリ君の、あのガリガリ食感、鮮やかな色、当たりつき、そして、画期的（やりすぎ!?）な味へのチャレンジが生まれるのです。

もちろん少人数で起業する「スタートアップ」にも、ビジョンは不可欠です。２０２０年のグッドデザイン賞大賞（内閣総理大臣賞）をとった、話題のスタートアップ企業「ＷＯＴＡ」は、その**「世界中のあらゆる人を水の問題から解放する」**という壮大なビジョンを持っていますが、そのビジョンがあるおかげで、向かうべき方向が定まり、新しいアイデアが生み出しやすくなる上に、日々の大変な作業にもモチベーション高く取り組めると聞きました。

彼らはすでに、小型モジュールによる排水の再生利用（なんと98％以上！）に成功し、その技術を使って、被災地でのシャワー利用など、重要な社会課題の解決をしていますし、２０２０年には水道を使わずどこにでも置ける独立型の手洗いシステム「ＷＯＳＨ」を発表。公衆衛生に寄与すると期待され、各地で導入が進んでいます。そして今後も、「水」に関わる新しい発明を次々としていくでしょう。まさに、ビジョンでチームの思いをドライブし、世界を変える開発を加速しているのです。

　このように、ビジョンによって企業内の人のやる気も情熱も行動も変わります。だからこそ、人が関わるすべてに対してビジョンは大切になるのです。大きな事業も小さな仕事も、会社の経営も個人の夢も、もちろん、あなたのプレゼンにもビジョンは必要です。**人をやる気にさせる良いプレゼンには、「こうなると良いよね」というワクワクする未来と、「そのためにこうしましょう」という実現案があり、その2つがうまく噛み合っています。**つまり「必勝方程式」の2つを意識すれば、説得力のある、良いプレゼンになるということです。

現代版「鬼退治」をしよう

　さて、僕の会社POOL INC.は、ビジョンをベースにすべてをクリエイトする会社として、「VISION CREATIVE COMPANY」を標榜していますが、その「VISION CREATIVE」に共感し、応援していただいている吉野家の田中安人《たなかやすひと》CMO（チーフ・マーケティング・オフィサー）から面白い話を聞きました。皆さんご存じの『**桃太郎**』についてですが、ちょっと視点が違うのです。田中さん曰く、

『桃太郎』はとてもビジョン・クリエイティブな物語です。なぜなら、「鬼を退治して国を平和にしたい」という「ビジョン」を掲げたことで家来の動物たちが集まり、強いモチベーションとコミットメントが生まれ、鬼を退治して、宝も持ち帰ることができたからです。ちなみに、この桃太郎の話は、現代でもまったく同じように受け継がれていると思います。たとえば、スタートアップは、まさに現代版の桃太郎。現代の鬼を「社会課題」として、その鬼を退治することをビジョンに掲げ、思いを同じにする仲間を集め、「株」という名の「団子」を渡し、努力して社会課題を退治し、その結果、ＩＰＯを果たして「宝」を得るわけですからね。

「たしかに！」と、僕は、膝を叩きました。「桃太郎」がビジョン・クリエイティブで、さらにスタートアップが「桃太郎」とそっくりとは驚きです。きっと、**世の中は常に、その時代の「鬼」を退治してくれるヒーローを求めていて、それが現代では、スタートアップのＣＥＯなのでしょう。**本当に興味深い話です。

でもこの話を聞いて、僕が強く感じたのは、「鬼退治」という普遍的なビジョンの存在です。つまり、いつの時代にも「社会課題」となる「鬼」はいて、それを「退治」しようとすれば人が集まり、世界を変えるほどの熱狂を生むこともできるというわけです。

たしかにインターネットの普及によって生まれた「検索難民」を、いち早く救ったグーグルやヤフーも、人とのつながり不足を解消したFacebookやLINEも、まさに現代版の鬼退治と言えます。世の中を見渡せば、他にもたくさんの企業が「鬼」を見つけ、それをやっつけることで、人を集め、大成功しています。もし、あなたがビジネスで成功したいなら、現代版の桃太郎となって、鬼退治をすべきだということでしょう。

ところで、以前から僕が『桃太郎』で納得がいかなかったのは、どうして「団子」ごときで家来たちは命をなげうったのか？　ということでした。でも、先ほどの話で納得しました。家来になった**犬と猿と雉は、団子に釣られたのではなく、「鬼退治」というビジョンに「ワクワク」したからこそ動いた**のです。これが「鬼を説得しよう」というビジョンなら、犬も猿もついてこないでしょう。「鬼と仲良しになる話」ならさらに共感がない。「鬼は悪い。退治すべき！」という思いがあるから強く共感できた。団子はそのきっかけでしかなく、退治された後のワ

「現代の鬼」を見つけ、
退治すれば、
世界的なビジネスになる

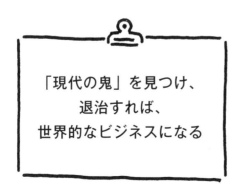

クワクする未来のために命をなげうったわけです。

これを現代の企業に当てはめてみると、社会課題をしっかりと解決しているスタートアップの社員はモチベーション高く働いているのに、給料が高い有名企業からは、若者が次々と辞めていくという事実にも通じる気がします。いま多くの企業の課題として「若者が仕事に情熱を注がない」「すぐに辞めてしまう」などの話をよく聞きますが、その理由のひとつは、**鬼退治に当たる、ワクワクするビジョンがその企業の中にないから**だと僕は思っています。

昭和の日本には「いい学校を出て、いい会社に入り、お金を稼ぎ、家を建てて、家族で暮らしていく」という幸せなビジョンがありました。だからそれに向かって若者は必死で働いていたわけです。でもそれは、壊れた。

今や、それぞれの個性に合わせて、いろんな生き方をする時代です。そしてその新しい時代の空気を吸って育った若い世代は、昭和風のビジョンでは働けないし、やる気も出ないのです。とはいえ、すべての若者が、自分が本当に求めていることを自覚して行動できるわけではないし、会社から「ワクワクする未来」を提示されたりもしない。だから何をするか迷い、個人でボランティアなどを始めて思いを満たしたり、SNSで悪口を吐き出したりしながら、結局は、会社に絶望して辞めてしまうのだと思います。

でももし、**企業側から、若い社員が共感するような社会課題と、それを解決するビジョンを提示できたらどうでしょう？**　ソーシャルグッドのために労力を厭《いと》わない彼らは、情熱を燃やし、自己実現しながら、革新的なアイデアで会社に利益をもたらすかもしれませんし、もしかすると、世界を変えるアイデアを生むかもしれません。もしあなたの会社やプロジェクトで、**若者のやる気がないと思ったら、社会課題を解決する「ビジョン」をつくってみると良い**でしょう。きっと今よりもイキイキとした若者たちが見られると思います。

ただし、「こんな夢があるから一緒にやろう」と口にするだけでは、誰も参加しません。大切なのは、**その夢を語る桃太郎が、いかに本気で、リアルに鬼を退治するアイデアを持ち、それに向けて努力しているかにかかっています。**でなければ、たとえその夢に前向きだったとしても、苦労してまでも一緒にやりたいという決断はできないでしょう。でも反対に、そのビジョンを掲げるリーダーが並々ならぬ決意と実行力を提示できれば、それが途方もない夢であっても、賛同者は増え、実現することができるのだと思います。

「テスラ」のビジョンに学ぶこと

世界には、誰もが共感する「鬼退治」をやってのけ、世界を変えた「桃太郎」がたくさんいます。それが、本田宗一郎であり、スティーブ・ジョブズであり、ジェフ・ベゾスであり、ウォルト・ディズニーであり、孫正義《そんまさよし》であり、その他、数百数千の偉人たちです。彼らの言葉はとてもビジョナリーで、人を熱くして、心を動かす力がありました。

そして今、ビジョンの提示力という意味で僕がもっとも興味を持っているのが、**イーロン・マスク**という人物です。

イーロン・マスクは、皆さんもご存じの電気自動車「テスラ」や、宇宙開発事業の「スペースX」、さらに「ソーラーシティ」などを指揮する超有名経営者ですが、実は、最初の会社創業から今まで、まさにギリギリでなんとか生き延びてきた「超努力系まぐれ当たり経営者」でもあります（笑）。

すでに[※1]多くの出版物や記事でも取り上げられていますが、イーロンは、事業を興す度に無謀とも思えるビジョンを掲げ、そこに殺人的なハードワークで臨み、自己資金を惜しみなく投入することで圧倒的なリーダーシップを発揮し、常に破産や倒産ギリギリの土壇場で起死回生の

※1「Elon Musk: Tesla, SpaceX, and the Quest for the Fantastic Future」

逆転満塁ホームランを打ってきた奇跡の人です。先ほど挙げたような天才的な経営者たちとは違い、まったく今っぽくない、泥臭い仕事をする経営者だとも言えるでしょう。そしてそんな姿にこそ、僕は強く興味を惹かれるのです。

ただ、僕がイーロン・マスクに惹かれる一番の理由は、彼が常に**多くの人を巻き込み、そして常に、起死回生の一発を打つ準備をしているからです。そしてそのエンジンこそが、彼の描く「ビジョン」なのです。**

いまでこそ、トヨタの時価総額を抜くニュースが出るほど有名となった「テスラ」も、彼が参加した当時は、夢のまた夢の事業とこき下ろされて、誰からも相手にされていませんでした。電気自動車も自動運転も、当時はまだSFの領域を超えておらず、まさかこんなにも一般的に普及し始めると思っていなかったのです。

でも、彼はそれをまるで「すぐそこにある未来」のように語り、そして人を説得して回っています。夢を夢として語らず、必ず実現するものとして語る。そのために血のにじむような努力で開発を行って実証し、徹底的に地道な営業活動で広めていくのです。ビジョンはカンタンに広まるものではありません。そこに熱量と努力が必要になる。それを教えてくれたのがイーロン・マスクでした。

ところで、僕はこれまでに何度も、彼の未来を見通す力とビジョンをつくる力に驚愕してきましたが、その中でも一番なのは、2016年の「マスタープラン・パート2（Master Plan, Part Deux）」[※2]というプレゼンテーションでした。なぜなら、その場で彼が**「テスラをエネルギー企業にする」というビジョンをぶち上げた**からです。

このときのプレゼンでは他にも、初のコンパクトSUVや「テスラ・セミ」というトラック、さらに自社製品の完全自動運転化などの発表もしていましたが、**「Energy Positive」**（太陽光パネルで発電し、バッテリーとテスラで蓄電し、運転や家庭で電気を使っても、エネルギーが余る状態）の発表で、僕には他が霞《かす》んで見えました。それはつまり、電気を使う会社から、電気を生む会社になることを意味していたからです。この、エネルギー企業へ転換するというビジョンは、すでに買収していた「Solar City」と合わさって、実現性を帯びていました。いや、もはや、実現するかどうかは関係なく、会場はイーロンの熱量に押されてワクワクしてしまって

技術が世界を変えるのではなく、共感を生む「ビジョン」が世界を変えるのです

※2 https://www.tesla.com/jp/blog/master-plan-part-deux

いました。世界中の屋根にソーラーパネルを持ち、世界中を走り回る大量のバッテリー（クルマ）と、世界中至るところにある充電施設（スーパーチャージャー）も持ち、さらに、世界最大級の発電と蓄電施設までも持った巨大エネルギー企業の誕生が見えたのです。クルマ会社が、石油やガスや原子力を凌駕する、再生可能エネルギー企業となるのです。これはまさに、テスラの社員や株主はもちろん、世界中のメディアから、全世界のテスラオーナー（僕もそうです！）までも巻き込む巨大なビジョンの提示であり、ここへ向けてどんどん技術やアイデアをつくっていこうという号令であったとも思います。

このように、ビジョンを先行させ、そのビジョンに合わせて技術を次々に生み出していく姿勢は、まさに、**ビジョン・ドリブン**。ビジョンは、企業内や世界の人に夢を与えるだけでなく、それを実現するために様々な開発を進める力にもなるのです。

いま、世界は、混迷の時代に入り、誰もが目指すべき光を求めています。その時代に必要なのは、ちょっと無謀でも「ワクワクする未来」を提示して、そのために努力し汗を流し続けるリーダーたちの姿だと思います。イーロン・マスクをはじめ、僕が尊敬する経営者に共通するのは、**「ワクワクする未来」を妄想し、その未来へ「一緒にいこう」と手を差し伸べる力を持っ**

ていること。前例やルールよりも、やりたいことをやろう！　と導いてくれる力こそが、人の心を動かし、世界も動かすビジョンを生むのだと思います。

僕らが彼らから学ぶべきことは、「ワクワクする！　一緒にやりたい！」と思えるビジョンをつくることの大切さです。それはきっと、経営者だけではなく、あなたの仕事やプロジェクトチーム、そして家族や友人という小さなコミュニティのリーダーにも当てはまることだと思います。ぜひ皆さんも、日々の仕事の中で、恐れず、恥ずかしがらず、ビジョンを提案してみてください。きっと、少しずつ、世界は変わっていくと思います。

ビジョンは「つくり方」より「選び方」が勝負

さて、この章では、プレゼンのゴールであり、ビジネスのゴールでもある「ビジョン」について深く話を進めてきました。

ただ、皆さんも心の中でうっすら思っていることがあるでしょう。それは、結局のところ、「ビジョンなんて使えない」「自分の仕事とは関係ない」ということ。いかに「ワクワクする未来」であったとしても、「日々の業務やプロジェクトにおいて、ビジョンに立ち戻ることは考えづらい」と思う人も多いでしょうし、「会社が『大事だ』と言うから、仕方なく『大事そうに』ビジョンを扱っておこう」という人もいると思います。

ビジョンにとってもっともやっかいなのは、この**「他人事」感覚**です。この「他人事」感覚が払拭されないと、ビジョンをつくるときも「無責任」になるし、ビジョンが生まれても、「無関心」を決め込むことになるからです。この「他人事」感覚をなくすためには「自分ごと化」するしかありませんが、それもまた、なかなか難しいことです。まず、無関心な人に関心を持ってもらうのが大変ですし、人がたくさん関わっているプロジェクトだと、それだけ思いも多種多様で共感することも違うからです。

でも、そうしてビジョンについて話し合ったり、関心を持ってもらうために悩んだりすることこそが、企業やプロジェクトが進化する上でとても大切なことだと僕は思います。それをしないのと、するのとでは、明らかに未来が変わってくるからです。

僕はこれまでに、様々な企業で何度もビジョンづくりの難しさを体験してきましたが、同時にその悩みをクリアした企業やプロジェクトが大きく躍進する姿もたくさん見てきました。ビジョンづくりに悩むことで、企業やプロジェクトにある本質的な課題を知ることができるし、ビジョンを生むことで、みんなの心が一つになり、力強く進めるようになるからです。

でも、実際にはどうやって、ビジョンづくりの悩みをクリアすればいいのでしょう？　そんな声が聞こえてきそうですが、僕からの答えはひとつ。「選び方」を変えれば良いということです。

実は、ビジョンづくりで悩んだり失敗したりする場合、そのほとんどは、**「ビジョンづくり」ではなく、「ビジョン選び」での失敗が原因**です。誰でも、必死に考えれば、十や二十のビジョンの種は生み出せます。でも、そこから選び出すのが難しい。過去の成功体験や思惑が交錯して間違った選択をしてしまいます。そこで僕は、自分流の「ビジョンの選び方」をつくり、それを実践することで、ビジョン選びを間違えないようにしてきました。

その方法とは「ビジョンへの3ステップ」。**①内語り　②外語り　③夢語り**の、3つの議論から企業やプロジェクトを見つめ、その中心にあるものをビジョンとして選び取るやり方です。僕がビジョンづくりをするときは、ほぼこのステップで考えをまとめます。そしてできるだけ、相手企業やプロジェクトのチームを巻き込んで話し、チームで決めていくようにします。そのほうが、結果的に社内に浸透するスピードが速まるからです。では、ここで一度、チームでビジョンを作成するときの3ステップを説明していきましょう。

①内語り——企業の歴史、文化、風土、強みから、自分たちで自分たちを定義する

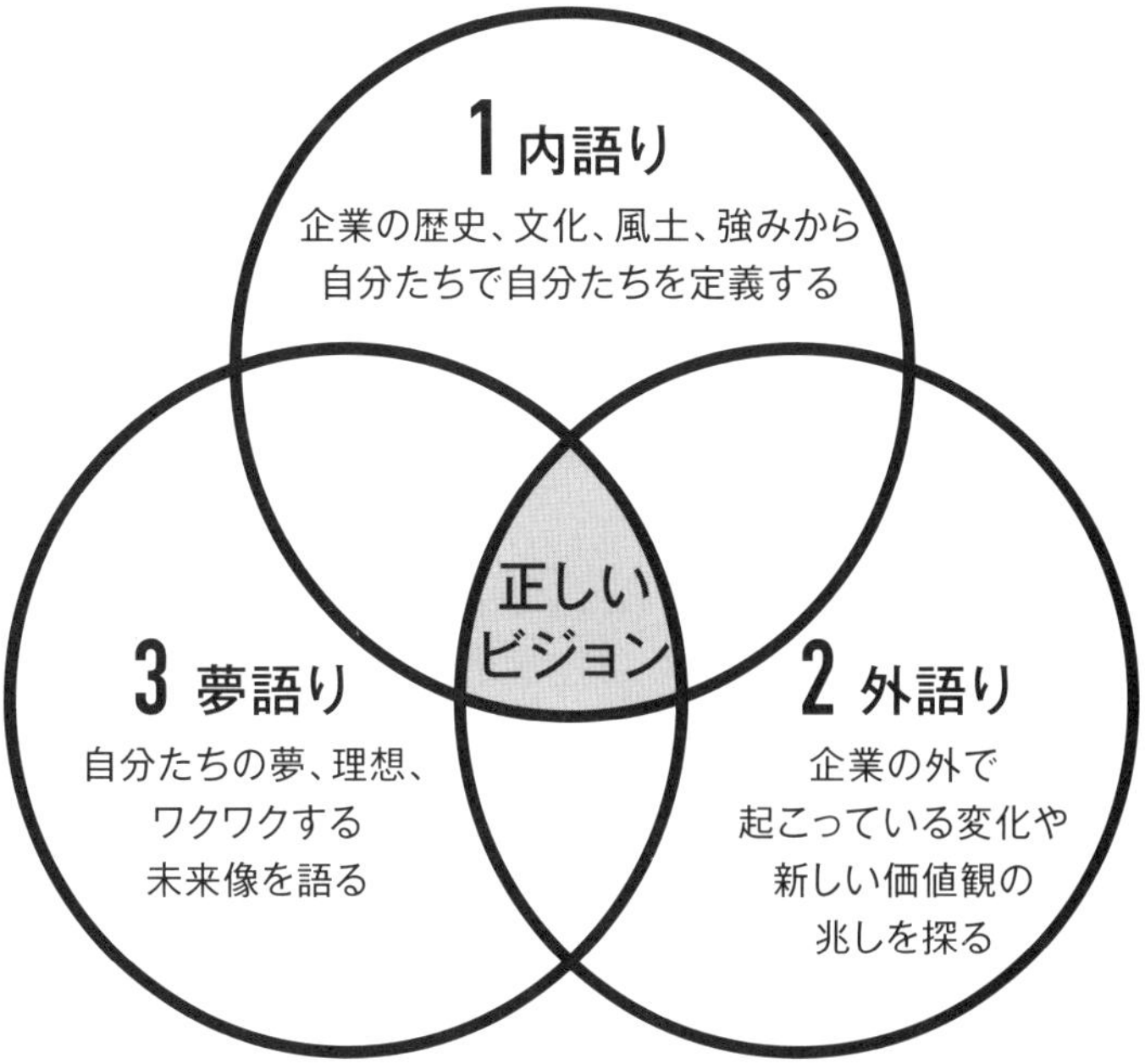

まずは、企業（プロジェクト）の歴史やこれからの戦略をつまびらかにして語り合い、その中から強みや弱み、大切にしていることなどを見つけます。ビジョンづくりに関わるすべての人が、会社（プロジェクト）の過去の営みや未来の戦略を知っているわけではないので、一度すべてをテーブルに並べたうえで、共通の理解を生み、言語化してみるわけです。

　自分を知らずに、自分の未来を決めることはできません。ゆえにこのプロセスはとても重要です。でも、これだけでは新しいビジョンが出ないことも事実。なぜなら会社の過去や今の意識を集めても、なかなか新しい視点は出ないからです。そこで、あと2つの視点が必要となります。

②外語り——企業の外で起こっている変化や新しい価値観の兆しを探る

ここでは、社会で起こっている変化について知りうる限りの情報を語り合います。アナログからデジタルへ。経済効率からＳＤＧｓへ。消費社会からサスティナブルへ。普遍から偏愛へ、などなど。事業や会社に関することから、会社とは関係ないと思える流行まで、いろいろと挙げてみましょう。すると、外の環境に対する「自分たちの価値」を考えられるようになり、自分たちがやるべきこともわかってきます。さらに、より時代性に富み、よりリアリティのあるビジョンにもつながります。

③夢語り——自分たちの夢、理想、ワクワクする未来像を語る

最後に、自分が気になっていることやワクワクする夢をいっぱい出していきます。たとえば、ＳＤＧｓを達成したい、子どもにとって豊かな未来をつくりたい、地元の祭りを盛り上げたい……など、とにかく何でも良いです。もちろん企業の一員としてつくりたい商品やサービス、企業として解決していきたい課題を話すのも良いでしょう。これを考えているときは無責任であっても構いません。

これらの3ステップを経た後、その真ん中にあるものは、他人事にならず、ワクワクする夢で、しかも世の中にも強く共感される未来像、すなわち「ビジョン」だと言えます。ゆえに、それを選び取れば、正しいビジョンが提示できるということです。

皆さんが今、企業内でビジョンをつくっていたり、新しいプロジェクトで社内の強みなどをまとめているなら、その議論を活かしつつ、上記3つのうちで足りていない「語り」を追加すれば、さらに精度の高いビジョンができると思います。そしてもし、新しくビジョンづくりをするなら、そのチームに若手の有望株を巻き込んでください。そうすることで、より「外語り」「夢語り」が今っぽく、熱くなるので、全社的に「自分ごと化」を進める強い原動力になると思います。

ここまで、企業や大型のプロジェクトのビジョン開発について話してきましたが、実は、小さな規模のプロジェクトや個人のビジョンであっても同じプロセスで考えれば、精度が上がります。すべては、「内語り」「外語り」「夢語り」の3つの「語り」をやってみることで、まとまっていくのです。

ビジョンは、大切なものです。でも、使わなければ意味がない。だからこそ、できるだけ丁寧に考え、他人事、無責任にならないように意識してつくってほしいと思います。

プレゼンサイドストーリー②

自己紹介の正解

普段のプレゼンではあまり重要視されないですが、実は、プレゼンを良い結果に導くためにとても大切なことがあります。それが、**自己紹介**です。

欧米と比べても、日本は特に「自己紹介」をないがしろにします。それはきっと「自慢」を美徳としない文化があるからでしょう。でも、自己紹介は、自慢ではありません。

まず意識を変えてほしいのは、**プレゼンでの自己紹介はあなたのためのものではなく、相手のためのもの**だということです。だから相手が知りたいことに合わせて、「相手が知りたいあなた」を出すのがプレゼンでの自己紹介です。相手は「おれおれプレ」は求めていません。それよりも、その**プレゼンのテーマに関するオタクであるとか、面白い経験を持っている人の話のほうが、何百倍も聞きたい**のです。たとえば「カレー好きが集まる100人のコミュニティを主催してます」とか「50年ほど続いているダンスサークルに今も所属しています」のように面白い背景を持っていて、プレゼンのテーマと関連した話ができるなら、相手もぜひ聞きたいと思うでしょう。だからできるだけ相手が興味を持ちそうで、かつ、プレゼンのテーマに合った自己紹介をすべきというわけです。

でも、相手がどんな人なのかその場にならないとわからないことは多いのも事実。だから僕のお勧めは、**いくつかの「勝負自己紹介」をつくり、それをテーマにあわせて出し分けることです。**実は、芸能人はもちろん、ビジネスで成功している人たちは、**自分の「勝負自己紹介」をいくつも用意し、状況に応じて出し分けています。**目上の人が多いとき用、ビジネス用、パーティー用、さらには、趣味の話のとき用、若い女性と話すとき用などなど。それぞれに用意してあれば、焦ることもなく、自己紹介の引き出しを開け、話せばよいわけです。そこで時事ネタとしても面白いことをつなげて話せれば、ただの自慢話にならず、自分への期待値を上げられるわけです。

ここでわかってほしいのは、いわゆる「話がうまい人たち」は、**「うまく話せる人なのではなく、用意した自己紹介を話しているだけ」**だということ。つまり、努力すれば誰でもできるわけです。でも、普段のビジネスで会話をしている人の中で、そのような「勝負自己紹介」を用意している人は、僕が知っている限りではほぼいません。でも、これは本当に重要なこと。この勝負自己紹介をいくつか持っているだけで、あなたの存在感は飛躍的にアップします。ぜひいくつか考えてみてください。

第3章

提案に「共感」を入れる

心を動かす3つのポイント

共に感じるために必要なもの

第2章では、「ビジョン」の大切さとその導き方について話しました。第3章では、そのビジョンを含め、**より「共感」できる企画やプレゼンの作り方**について話していきます。

共感とは、関係者みんなが「確かに！」「それ、いいね」と思える感覚のこと。文字通り「共に感じる」なので、一方だけじゃなく、共に感じることが大切です。ゆえに、プレゼンでは「提案者とクライアント」、ビジネスなら「企業と世の中」が共に「それ、いいね！」と思うことが重要になるのですが、プレゼンでその「共感」を作り出すためには、まず提案者とプレゼン相手との間で、**「この目的のために、この内容について話している」という当たり前の前提を「共有」することが大切**になります。

「そんなの当たり前でしょう」と言われそうですが、実は、多くのビジネストークでこの前提がつくれていません。先日も、「新商品開発」という目的に対して、全くの「オリジナル商品」を考えていた人と、「既存商品の組み合わせ」を考えていた人とで食い違い、開発が遅れたことがありました。このように、同じことを話しているようで違うことを目指していた、なんてボタンの掛け違いはよく起こっているのです。

僕は、この「共通の理解のための前提」のことを**「理解ベース」**と呼んでいますが、世の中の人々とはもちろん、ビジネスのパートナーや上司、クライアントとの間でも、「理解ベース」を常に意識して持っておくことが重要です。

わかり合っていると思うときほど、「理解ベース」を確認しておこう

だから僕はどんな会議でも、最初に「会議の目的」は何で、「何を話すのか」を聞き、「理解ベース」を確認します。いわゆるアジェンダの設定なのですが、特に「課題と目的」を細かく話し、確実に同じ理解であることを確認するのです。よくわかっているだろうと思った人ほどこの「課題と目的」の設定がズレていることがあります。だから通じ合っていると思っていても、いや、通じ合っていると確信しているときほど、理解ベースを確認すべきなのです。

この理解ベースを共有したうえで、ワクワクする気持ちを生むビジョンやストーリー（第5章で詳しく説明します）を話し合えれば、関係者のすべてがより強い「共

感」をもってビジネスを進められるようになります。その理想的な状況のためにも、本章では、まずこの「理解ベース」についてお話ししていこうと思います。

さて、今も触れたように、気心の知れたプレゼン相手やチーム員の間でも、話している内容がバラバラだったということがあるのですが、特に、使っている「言葉」についての理解が間違っていると、致命的なすれ違いになることがあるので要注意です。

ゆえに本書ではまず、ここからお話しする内容についてのすれ違いをなくすために、特に提案や企画、経営などのビジネストークで使われる重要な言葉に対して、「理解ベース」、すなわち**共通の理解のための前提**をつくっておきたいと思います。

これから出てくる言葉の多くは、きっと、知ってはいるけど正確には知らない言葉だと思います。とはいえ、知らない言葉に翻弄されては良い提案はできません。一度、整理することで、頭がクリアになり、提案も会議も怖くなくなります。シンプルに整理しましたので、気軽な気持ちで読み進めてください。

無印良品の理想 ◀- - - - - - - ミッション

私たちは何のために存在しているのか

美意識と良心感を根底に据えつつ、日常の意識や、人間本来の皮膚感覚から世界を見つめ直すという視点で、モノの本質を探究していく。
そして「わけ」を持った良品によって、お客様に理性的な満足感と、簡素の中にある美意識や豊かさを感じていただく。

良品計画の目標 ◀- - - - - - - ビジョン

私たちはどこに行こうとしているのか

良品計画で働く仲間の永続的な幸せを第一の目標とする。そのために、社員、スタッフ全員が高い目標にチャレンジし、努力し、達成した時の充足感を持てる風土をつくることで、無印良品の思想を具現化し、世界レベルの高収益企業となることを目指す。

良品計画の価値観 ◀- - - - - - - バリュー

私たちは何を大切に考えるか

誠実で正直であること、仲間を大切にし信頼を深めること、そしてひとりひとりが地球大の発想で考え、挑戦し、やり抜くことを尊重する。
それが良品計画の目標を達成するための土台となる。

良品計画HPより

ミッション、ビジョン、バリューを知ろう

まずは、ビジネスで特によく見る「ミッション、ビジョン、バリュー」について、無印良品を運営する良品計画の例を見ながら、解説していきましょう。これらの3ワードは有名なのでご存じの方も多いかもしれませんが、過去の僕を含め、結局何なのかを理解せずに使っている人も実際は多いので、ここで完全に理解してください。

まず、良品計画では、ミッショ

ン、ビジョン、バリューの定義として、それぞれ、理想、目標、価値観というワードを使っているので、それぞれの意味がわかりやすいと思います。

では最初に、ミッションから。「私たちは何のために存在しているのか」という問いの答え、**社会的な使命**がこれに当たります。**「私たちは、こうすべき」**という未来への意思こそがミッション、と覚えると良いでしょう。できるだけ一般的ではなく、他の企業にはない、オリジナルな存在意義があればなお良いと思います。ところで、先に触れた「パーパス」は、実はミッションとほぼ同じ意味の言葉です。ただしミッションが未来志向なのに対し、パーパスは「なぜそれをやっているのか?」のように「今」のニュアンスが強く、社会的な意義もより強いので、未来志向のプレゼンテーションやビジネスとしては、ミッションをベースに考えると良いと思います。

さて次に、「目標」であるビジョンについて。良品計画のビジョンに「私たちはどこに行こうとしているのか」と書かれているように、**ビジョンは「行き先」「ゴール」を描き、中・長期的に「私たちは、こうありたい」「こうなりたい」という姿を示すもの**です。前にも触れたように「ワクワクする未来」がこのビジョンに当たります。

最後に、バリューは、その企業固有の価値観のこと。まさに企業の行動の根底にあるパワーの源となる考え方です。「私たちは何を大切に考えるか」の答えが、バリューだと考えるとわかりやすいでしょう。バリューは人材採用の判断基準としても機能するため、昨今は、「お客さまを大切にする」「積極的に行動する」といった行動指針をバリューにする企業も多くなっています。社員やプロジェクトメンバーが、**「私たちらしい働き方だ」**とか、**「私たちは、これでがんばる」**と思えるのが、バリューだと考えても良いでしょう。

さて、これらの**3ワードは、企業の思いを「見える化」するワード**だとも言えます。実際、毎日働いている社員からすると、企業やプロジェクトがいったい何をしようとしているのかが見えなくなることが多く、一人ひとりがバラバラに行動してしまい、結果的に崩壊することすらあります。そうしないためにも、**常に目指す**

企業の思いを「見える化」する3ワード

ミッション＝私たちは**こうすべき**

ビジョン＝私たちは**こうありたい**

バリュー＝私たちは**これでがんばる**

べきゴールを意識し、モチベーションを引き上げ、アイデアを出す方向をぶらさず、判断に迷わないようにする指針が必要になります。その指針となるのが、ミッション、ビジョン、バリューというわけです。

3ワードそのものが売上や開発に直結するわけではないので、後回しになることも多いのですが、企業活動の根幹なので、プロジェクトや会社を起こすときは、それらをしっかり決めることからすべてが始まると思ったほうが良いでしょう。

ビジネスワードに「理解ベース」を

先ほどの3つのワードのように、みんなが「理解して使っているようでいて、実際はあやふやに使っている言葉」は、日々の仕事の中に驚くほどたくさんあります。企業活動に関わる言葉だけでも、社是、経営理念、行動指針、クレドなど、意味の違いを正確に理解していない言葉も多いし、戦略や戦術のように微妙に意味の異なる言葉もある。先ほどのミッション、ビジョン、バリューに加えて、コンセプト、スローガン、ステートメント、プラン、ストーリー、アイデアなんかも出てくるので、正直、混乱するしかありません。

これらの言葉の本来の意味はひとつですが、企業によってその捉え方が違ったり、使っている人によって解釈が違うのが現実です。ミッションをビジョンとして話している人もいれば、行動指針と経営理念を混同している企業もあり、また、「とにかくクレドというものをつくれば良いらしいよ」と言う人もいる。実際、これらのワードをよく使うマーケティングのプロでも、そのすべてを完璧に理解している人は稀かもしれません。僕もその使い方でよく困っていましたし、これらの言葉を仕事の邪魔とすら思ったこともあります。

つまり、これら**ビジネスワードの「理解ベース」は、日本中の企業、日本中のビジネスマンの間で未だに形成されていない**ということです。実は、その理解ベースをつくっちゃえ！　と思ったのも、本書を書くことにしたきっかけのひとつ。ゆえに、無謀ではありますが、ここで一度、一般的に使うビジネスワードに、理解ベースをつくってみようと思います。

言葉は使うものであって、使われるものではありません。そして、**長い間ビジネスで活用されてきた言葉は、必ず仕事にとって意味があります。**だからその言葉を理解して、自分のものにすればきっと仕事に活かすことができるはずです。必要なのは、共通の意味として使うための「理解ベース」を持っておくことだけ。少なくとも、みんなが言葉を曖昧に使わず共通の概念で話すことで、コミュニケーションは圧倒的にスムーズになると思います。

そこでこの後に、ビジネスやプレゼンで使う基礎的な用語をピックアップし、カンタンな説明つきでまとめてみました。きっと、これらを知るだけでもこれまでのモヤモヤはなくなるし、仕事の邪魔だった言葉が、仕事に活かせる言葉に変わります。ただ、これから述べる内容は学術的なものではなく、あくまで僕が実践している定義ですので、それを踏まえて読み進めてください。

さてまずは、先ほどのミッション、ビジョン、バリューから。

■ミッション＝社会的な使命・オリジナルな存在意義（私たちはこうすべき／行く理由）
■ビジョン＝将来ありたい姿・ワクワクする未来（私たちはこうありたい／行き先）
■バリュー＝企業固有の価値観、らしい考え方、強み（私たちはこれでがんばる／行く原動力）

先に進みましょう。

■パーパス＝ミッションの一種／現在の社会的な存在意義（なぜやっているのか、の答え）
■社是＝会社として守るべき考え方

■経営理念＝経営者が大切にしていること
■企業理念＝会社として大切にしていること
■行動指針＝企業の一員としてふさわしい心構え。より具体的な行動の提示（バリューと連動）
■クレド＝企業の価値観・従業員が心がけるべき行動指針をまとめて明文化したもの

さらに続けます。少し実務に近づいていきます。

■戦略＝ビジョンの実現方法／目標達成に向けた戦い方（主に中長期的）
■戦術＝戦略の実現案／具体的な実行プラン（主に短期的）
■ストラテジー＝戦略と同じ
■タクティクス＝戦術と同じ

さらに、商品開発、販売企画など、ビジネスの現場に近い言葉を定義します。

■タスク＝現状の問題から抽出された課題／解決すべきこと／社内・社会・本質など様々ある
■コンセプト＝課題を解決し、ビジョンを実現する方法／ほぼ戦略

■プラン＝コンセプトの具体策／短期的なビジョンの実現案／ほぼ戦術
■スローガン＝企業活動の方針・方向性、ビジョンの実現案を明示するひと言
■ステートメント＝企業活動の方針・方向性、ビジョンとその実現案を的確に表した文章
■アイデア＝課題や問題点を解決する発見／オリジナリティがあり、行動を生む考え
■ストーリー＝以上のすべてに共感を生む発見／商品を売るための物語

ふう……。以上です。まずは、おぼろげでも良いのですべてを眺めてみてください。そして実際にそれらの用語を使うときに、再度確認するようにしてください。そうすることで、これらのワードの「理解ベース」が手に入り、それぞれの言葉の関係や定義がわかります。そうなれば自信を持って仕事で使えるようになり、仕事がスムーズに進むようになるでしょう。

必要なのは4つ。「ビジョン」「コンセプト」「プラン」「タスク」だけ

20ワードを解説しましたが、すべてを日常的に使うわけではありません。実は、僕が日常の

必勝方程式とビジネスワードの関係図

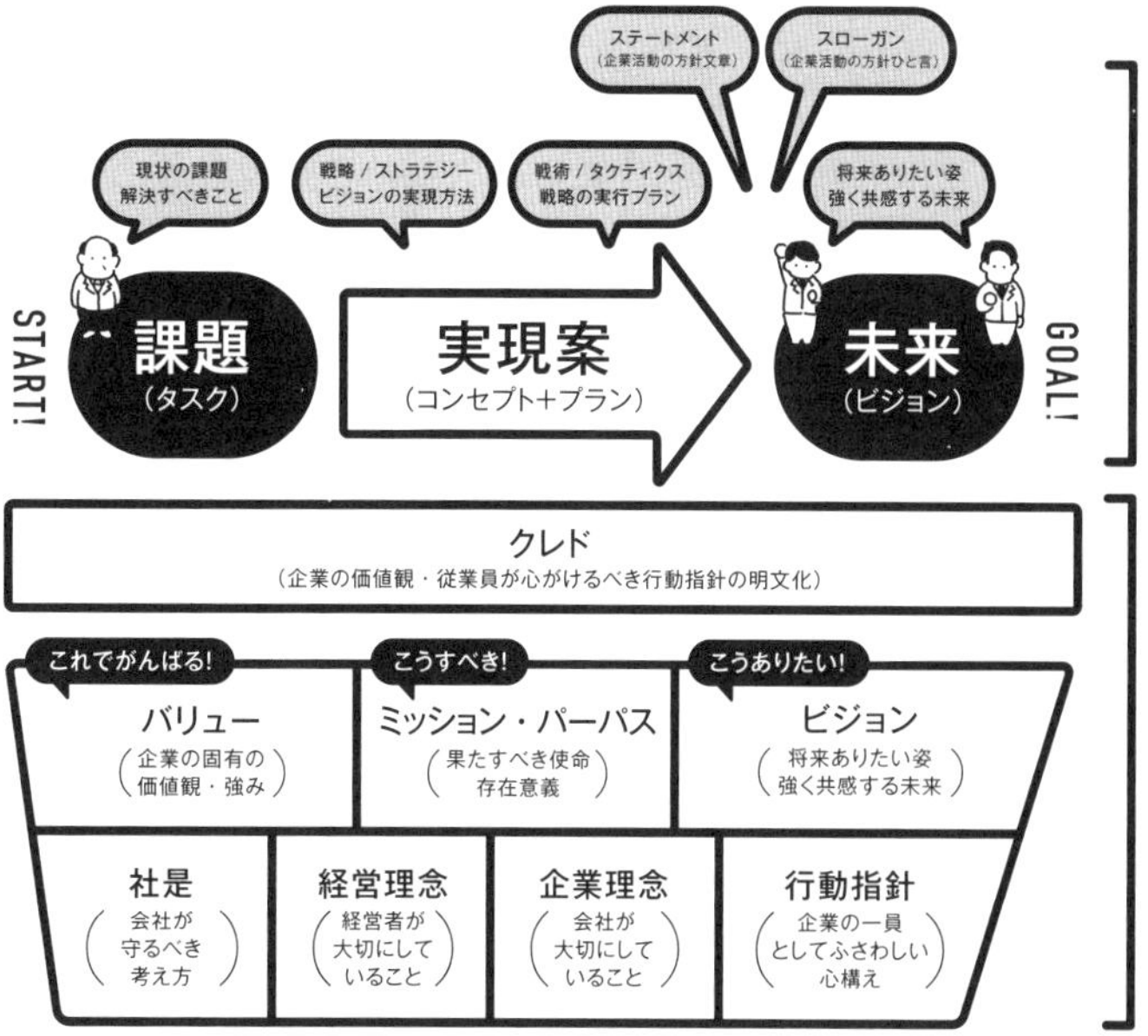

提案に使うのはこの中の4つだけ。だから、皆さんもその4つだけを確実に覚えてください。

　では、どのワードを覚えるべきか？　上の図を使って説明しましょう。

　この図には、先ほどの20ワードのうち、（すべてに関わる「アイデアとストーリー」を除いた）18ワードを関連づけて配置してあります。図の下側には、企業で働く人たちの行動や企業の活動を支える「下支えワード」をまとめ、上側には企業の活動として日々使いながら前に進むための「推進ワード」をまとめました。

本来、下支えワードでもある「ビジョン」が、推進ワードにも入っていますが、それ以外は、言葉のイメージどおりなので、関係図の理解はカンタンかと思います。

すでにお気づきかもしれませんが、図の上側は、第1章で述べた**「必勝方程式の図」**と同じです。つまり企業活動を司る**4つの推進ワード（タスク、ビジョン、コンセプト、プラン）は、必勝方程式（課題→未来→実現案）のコアそのもの**でもあるわけです。逆に言えば、日頃から必勝方程式を頭に入れておけば、企業活動にとって重要な4つのポイントを自動的に取り入れてプレゼンしていることになるわけです。

さらにその上で、企業の重要な「下支えワード」である、ミッションやバリュー、理念などに目を通して**提案をすれば、相手企業の根幹とつながるので、受け入れられやすいプレゼンができる**ようになります。ゆえに、プレゼン前には、一度で良いので、その企業の「下支えワード」にも目を通しておくべきだと思います。

さて、ここまでに何度か、ビジョンを提示することが大切と話してきましたが、もちろん、相手の企業や既存のプロジェクトにビジョンがある場合は、そのビジョンをリスペクトすることから始めるべきです。企業のビジョンがすでにあるのに、無闇に新しく提案してもほぼすべての企業から「拒否」されるでしょう。でも、**企業のビジョンがあっても、日々の仕事である、新製品の開発プロジェクトや販売方針などに「ビジョン」がないことが多いのも事実。**ゆえに、事業、プロジェクト、部会、チーム……、すべての仕事において、企業のビジョンをふまえた個別のビジョンを考えるべきだと思います。

ビジョンは「行き先」、コンセプトは「行く方法」

次に「コンセプト」について、まとめてお話ししましょう。

まず、コンセプトは、課題を解決し、ビジョンを実現する方法であり、プレゼンにおいては、企画・提案の核になる重要なパートになります。また、プランよりも上位概念の「実現案」でもあり、プランが舟とすれば、コンセプトは、ビジョンへ向かう大きな流れをつくる川のようなものだと考えてください。

ところで、コンセプトという言葉はよく聞くと思いますが、その意味を日本語で的確に伝えられる人に、僕はあまり出会ったことがありません。そんなことを言うとかなり難しい概念なのかなと思われそうですが、実は、コンセプトの本質を知ると、意外なほどカンタンに理解できます。**その本質とは「ビジョンと対《つい》になるもの」ということです。**

ここまでに、ビジョンとは、企業が「将来にありたい姿」であり「ワクワクする未来」であると話してきましたが、企業活動に沿って言うと、**ビジョンは企業の「行き先」**であり、社員や関係者が向かうゴールです。そしてそのビジョンと対になる**「コンセプト」**は、その「行き先」へ**「行く方法」**となります。つまり、コンセプトは企業が「こうありたい」と願う未来のゴールへ向けて**「多くの人を動かす方法」**ということです。このときの「人」とは、プロジェクトを進めるときには企業内の社員や関係者を指し、世の中を巻き込む際にはターゲットを指します。

コンセプトは「多くの人を動かす方法」なので、**誰もがわかるやり方**でなくてはなりません。ゆえに、ぱっと聞いただけで理解できるほどカンタンな言葉で「考え方」や「行動の仕方」がわかるものが良いコンセプトとなります。逆に言えば「え、どういう意味？」と思ってしまうような「ムズカシイ言葉」や、「で、私はどうすればいいの？」と思うような「行動できない言葉」は、コンセプトではないということです。これは先に話した「ビジョン」と同じ。「カンタンなのが天才」なのです。さらに言えば、プロジェクトに関わるすべての人が「自分ごと」として行動し、「発案者」や「推進役」となれるような言葉であればベスト。ゆえに、**「カンタ**

ンで参加したくなる言葉」が、最高のコンセプトと言えるでしょう。

たとえば、2017年2月にスタートした「**プレミアムフライデー**」では、「**人がもっと豊かに生きるための『第三の時間』を生み出す**」ことをビジョンにしていましたが、それを実現するコンセプトとして「**月末金曜の3時退社**」を促進させたことで、多くのビジネスマンが自己投資や飲み会へと行動し、多くの企業が新しいビジネスやプロモーションイベントを発案するなど、自発的な行動を生むことができました。まさに「カンタンで参加したくなる」コンセプトゆえに多くの人が動き、結果として、「年間2000億円以上の需要喚起」と試算されるほどの経済効果へとつながったのです（2017年みずほ総研発表資料より）。

続いて、僕が開発した他の事例をふたつほどご紹介しましょう。まず、僕のチームが開発したハンバーグ店「**挽肉と米**」は、「**挽肉で世界を制する**」をビジョンに掲げ、「**3たて**」（挽きたての和牛でつくり、炭火で焼きたてを出し、炊きたてのご飯に乗せて食べる）という明解なコンセプトにしたことで、店舗設計（焼きたてから食べるまでを最短にする導線のデザイン）から、味の設計（挽きたて和牛のうまさをシンプルに食べられるメニュー）、さらにサービス開発（トーク内容や接客）や、マーケティング戦略開発（様々な企画や、インスタやTik Tok

の投稿）、ブランディング開発（店名やマーク、コピーなど）まで、すべての領域ですべての関係者からアイデアが集まり、結果的にオリジナリティにあふれた話題のお店となりました。そして今もなお、スタッフから積極的にアイデアが集まり、日々進化を続けているのです（287ページ参照）。

次に、2020年に完成した**「SORANO HOTEL」**（第6章で紹介する立川の「GREEN SPRINGS」内のホテル）では、**「100年つづく、新しい幸せを、立川から世界へ」**というビジョンのもと、**「Well-Being Hotel（ウェルビーイング・ホテル）」**を開発コンセプトにしました。ウェルビーイングとは、心と体が幸せな状態のこと。このコンセプトに従い、開業に関わったすべてのスタッフが、「ウェルビーイングか、否か」を基準に開発を進め、結果的に、屋上に温泉水を使ったインフィニティプールとスパを持ち、全室、バルコニー付きで開放感満点など、オリジナリティにあふれ、世の中に強く共感されるホテルができ上がったのです。

これら3つの事例は、いずれも「カンタンで参加したくなる」コンセプトをつくろうと強く意識したものであり、その結果、高く評価されたものでもあります。行き先としてのビジョンと、行く方法としてのコンセプト。そのどちらもが「自分ごと」になったからこそ、関係者がモチベーション高く動き出し、成功へつながったのだと思います。

コンセプトとは、タスクから
ビジョンへ向かう矢印だと覚えよう

さて、コンセプトとは「ビジョンへ向けて多くの人を動かす方法」だと話しましたが、それをイメージしやすくするために僕はよく**「矢印」**を使って説明します。**スタート**（タスク）から**ゴール**（ビジョン）**へ人を動かす矢印**（24ページの必勝方程式の図も参照）と考えれば**コンセプトがイメージしやすくなるのです。**たとえば、「誰も来ないお店↓人があふれるお店」にするにはどうするか？「売れていない商品↓日本一売れている商品」にするにはどうするか？「元気のない社内↓やる気まんまんの社内」にするにはどうするか？　常に「タスク↓ビジョン」の動きをイメージして、それを実現する「↓（やり方）」を見つけるのがコンセプトの考え方です。

実は、この考え方さえわかれば、コンセプトづくりはカンタン。ぜひトライしてほしいと思います。

心を動かすための、3大要素

さて、ここまでのコンセプトの話で何度も、「人の動かし方」という言葉を（あえて）使ってきましたが、どこか偉そうな感じ……というか、あまり気持ちの良くない違和感があったかと思います。

実は、その違和感はとても大切です。なぜなら、「人を動かす」ために最も大切なことは、まず、「人を動かす」という偉そうな目線を捨てることだからです。**人は動かされるのではなく、動くものです。**自発的に行動しようとするから、動き出すのです。もちろん誰かに命令されて動く場合もあるし、世の中と同調するために動くこともありますが、それでは長続きしないし、結果的に反発を生むこともあります。

では、人が、前向きに動き出すためには何が必要でしょうか？　まず、内容に共感し、自分ごと化すること。さらに「何かしたい！」という前向きな気持ちが生まれることが大切です。そしてそのためには、「心が動く」ことが重要なのです。

第1章でも、プレゼンの基本は「心を動かすこと」と話しましたし、マーケティングの神様、デービッド・アーカー氏の著書の中にも、「ユーザーとエンゲージするためには、結局『心を動かす』ことが重要である」という言葉があるように、プレゼン相手やプロジェクトメンバー、さらに世の中の人々の間に強い共感やコミットを生むためには、まず、その人々の「心を動かす」必要があるのは間違いありません。**心が動かなければ、人は動かない。**まず、これをしっかりと意識することからコンセプトづくりを始めるべきでしょう。

では、どうすれば心が動くコンセプトが考えられるのでしょう？

僕は、**「感動」**こそがその鍵だと思っています。ただし、感動とは言っても、泣ける話とか、胸を打つ物語とかが必要ということではありません。感動という言葉は、「感じて動く」と書きます。つまり**感動とは、感じることだけでなく、動くことまでがセットなのです。**

このイメージを書き表すと、「感→動」となりますが、この**「感→動」を生み出す方法こそが、人の心を動かす方法**であり、そこには常に、**「驚き」「共感」「共有」の3要素が必要**だと僕は思っています。

驚き、共感することで「感」じ、共有したくなることで、人の心は「動き出す」のです。

驚き＋共感＋共有＝感↓動

この考え方をふまえて、再度、心を動かすコンセプトのつくり方を考えてみると、3つの「問い」が浮かび上がります。その問いとは、

①もっと「知りたい！」と思える新鮮な**「驚き」があるか？**
②これは「欲しい！」と思えるぐらい**「共感」できるか？**
③すぐに誰かに「話したい！」と思うほど**「共有」したくなるか？**

この3つの問いを満たしつつ、ビジョンを実現しようとすれば、必ず、「感↓動」を生むコンセプトが考えられるのです。

「えー、コンセプトをつくるためにいちいち3つの問いをクリアするの？」という不満が聞こえてきそうですが、少しだけ我慢してやってみてください。やってみるとカンタンで、意外に楽しく、しかも驚くほどスムーズに考えがまとまると思います。

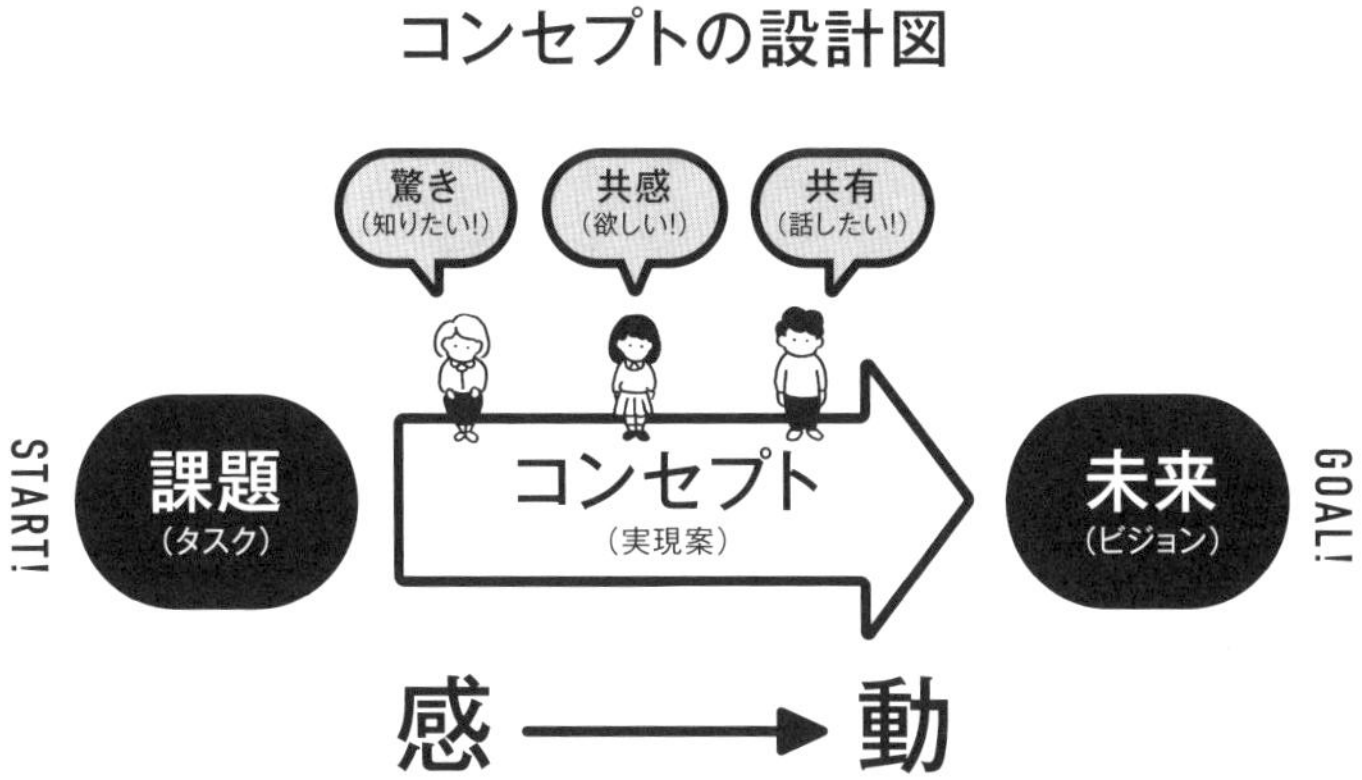

それは本当に「コンセプト」か？

さて、先ほどの3要素を使ってコンセプトの設計図をつくってみました（上図）。ベースとなっているのは、ここでもやはり必勝方程式の図です。この図にも記しましたが、驚き、共感、共有は、先ほどの「問い」での考察から、「知りたい！」「欲しい！」「話したい！」という動詞に置き換えられます。つまり、その3つの好奇心が生まれなければ、コンセプトではないということです。

そう考えれば、「美しい未来をつくろう」「子どもたちに輝く未来を」のように聞こえの良い言葉だけを並べても、コンセプトにはならないとわかると思います。なぜなら、それらの言葉

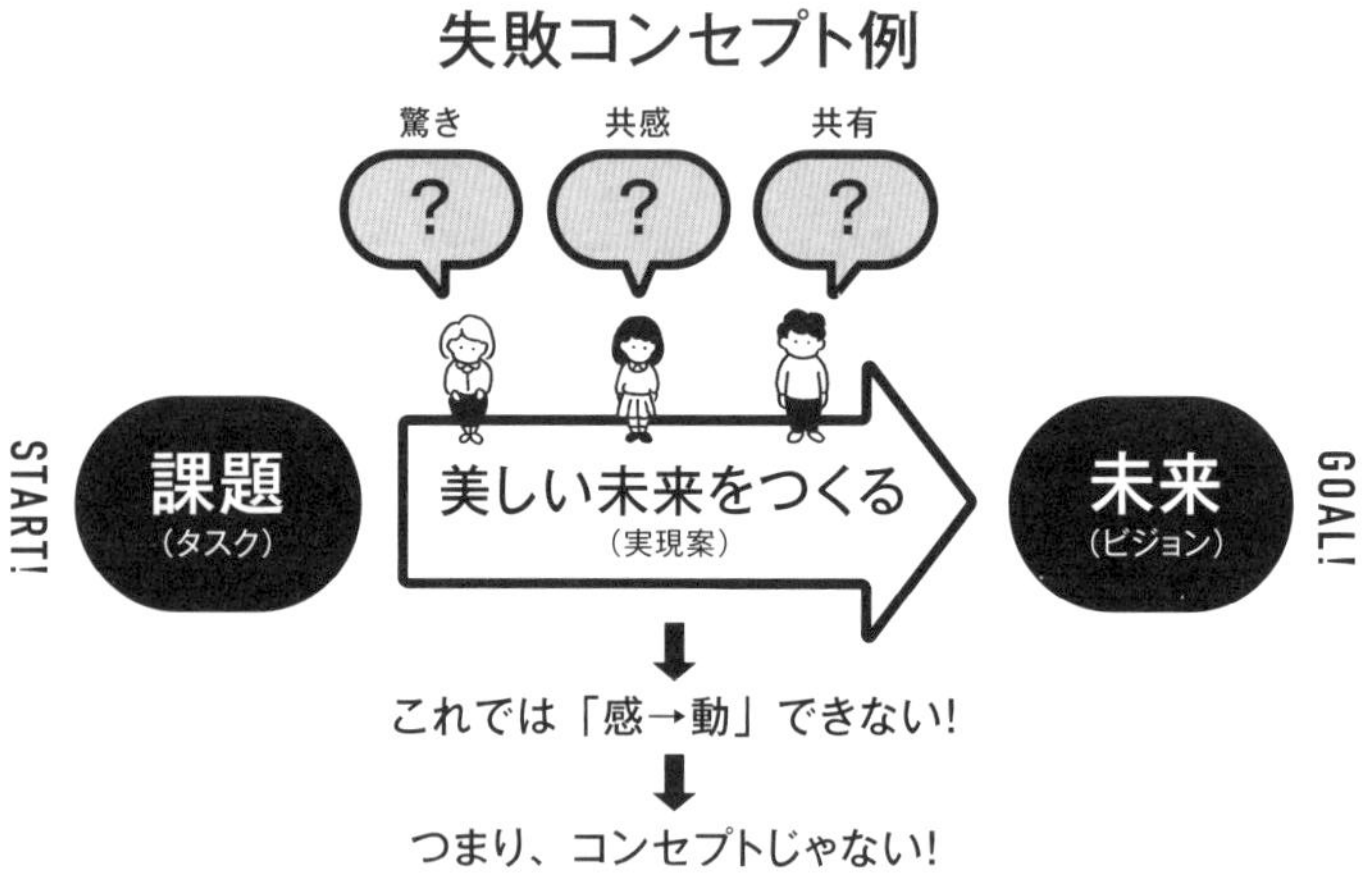

には、**驚き（知りたい！）も、共感（欲しい！）も、共有（話したい！）もなく、心が動かない上に、みんなが行動しやすい方法でもないからです。**

「でも、コンセプトは無理でも、ビジョンだと通用するのでは？」と思われるかもしれませんが、いずれも**「ワクワクする未来」ではないので、ビジョンでもない、と言えます。**

もしあなたの仕事に「コンセプト」があるなら、一度、この矢印の中に書いてみてください。

そしてもし、「これでは驚きも共感もなく、共有もしたくないし、誰の心も動かさないな」と思ったらそれはコンセプトではないので、再考したほうが良いでしょう。

行動を生むコンセプトのつくり方

コロナ禍の2020年7月、プラスチックごみのないサスティナブルな未来をビジョンとして、「レジ袋の有料化」がスタートしましたが、僕はこの活動のコンセプトがとても素晴らしいと思いました。なぜなら、**「レジ袋を有料化する」というコンセプト**は誰にとっても「カンタンで、参加したくなる」方法論だからです。

これがたとえば、「プラスチックごみを出さないようにしよう！」のような「がんばろう型」コンセプトだったとしたらどうでしょう？　気合や掛け声だけでは、人はどう動けばいいかわからないのでカンタンには、参加できません。また、「子どもたちに美しい海を残そう！」のような「あやふや目的型」の掛け声でも、どうやってプラスチックごみを削減すれば良いのかわからないので、結局参加しないでしょう。かと言って、「世界のゴミを3分の1にしよう！」「プラスチックごみゼロの社会へ！」みたいな「むりむり型」のコンセプトでは、強引なノルマだけがあって、共感も自分ごと化も難しく参加する気持ちがくじけてしまいます。

これらに対し、「レジ袋を有料化する」という提案は、ＳＤＧｓな時代を背景に、マイバッグを持ち歩く習慣を加速させるし、さらに多くの商店にとっておトクな話（これまで無料のも

ストップ！ 失敗コンセプト

✕ がんばろう型
気合や努力をうながすだけのもの

✕ あやふや型
美辞麗句で結局何を目指すのかが曖昧

✕ むりむり型
ビジョンを無理に達成するノルマだけ

のが有料になるわけですから）なので、お店側も積極的に動き出し、**「プラスチックごみを減らす」というビジョンの実現に向けた行動を生み出します。つまり、誰にとっても「カンタンで参加したくなる」コンセプトというわけです。**

　このように、それぞれの立場の人がそれぞれの思いで心を動かし、結果スムーズにビジョンへ向けて動き出せる指針になるものこそが、最高のコンセプトと言えるでしょう。もちろん今回の有料化のような施策は、国や自治体、もしくは大きな企業団体しか提案できなかったものですが、「ゴミを出さないようにしよう！」で終わらず、**「レジ袋を有料化にする」というコンセプトにまで昇華して行動を生む考え方**は、日々の仕事にも、応用できることが多いと思います。

誰もがつくれるカンタンなコンセプト、「対比コンセプト」を学ぼう

さて、ここまでに、３つの問いや、失敗コンセプトの例を出しましたが、それでも、コンセプトをつくるとなると、恐ろしくなって身構える人が多いと思います。そこで、僕の考える「もっともカンタンなコンセプトのつくり方」について、お話ししておきたいと思います。

その方法を僕は、**「対比コンセプト」**と呼んでいます。

やり方はカンタン。**「ＡＡＡからＢＢＢへ」**という風に、対比で考えるだけ。それだけでコンセプトがつくれるのです。

１２７ページからのコンセプトの説明のなかで、**タスクからビジョンへと人を動かす矢印**こそがコンセプトだとお話ししましたが、まさにそれを方法にしたのが、この「対比コンセプト」。

「現状の課題」から、その「課題が解決した未来」を提示するだけで人の心を動かすコンセプ

トになるのです。
すなわち、**「対比コンセプト」とは、「課題から未来へ」の対比ということです。**
もうお気づきの方もいらっしゃると思いますが、これはまさに必勝方程式「課題→未来→実現案」の構造そのままです。つまり、必勝方程式を身につけていれば、対比コンセプトづくりも恐れる必要はないということです。

さて、実際、世の中を見渡せば、対比コンセプトは数多くあります。たとえば、「お店は『売り場』から『買い場』へ」。という言葉が、商業開発で一時期流行りましたが、これも対比コンセプトですし、エンタテインメントは「鑑賞」から「体験」へ、とか、海外で流行る日本食は「寿司」から「B級グルメ」へ、などなどいくらでも例が挙げられます。「ビジネスは『モノ』から『コト』へ」などは最も有名な対比コンセプトの例でしょう。大切なのは、そのすべてが、「課題」から「未来」への対比でできているということ。つまり、対比コンセプトは、必勝方程式の考えをベースにするだけでカンタンにつくれる、世の中にもわかりやすいコンセプトだということです。

以前、僕が関わった「イオンレイクタウン」という商業施設の開発でも、この「対比コンセプト」を使いました。それが、**「日本一のショッピングセンターから、日本一のエコ・ショッピングセンターへ」**というもの。もともと「日本一のショッピングセンター」というコンセプトがあったのですが、そこにただ、**「エコ」**という文字を入れただけです。

でもそれだけで、大型なら何でも良いという目標が、「エコなジャンルでナンバー1になる」という目標へと変わり、そこから、エコの日本一とは何だろう？　何をすべきだろう？　という本質的な問いが関係者の中に生まれました。そして、結果的に、施設デザインからお店の選定、さらにはエコアートの導入や太陽光発電の採用まで、すべての行動が「エコ」へと変わったのです。ただ、「課題」と「未来」を対比しただけですが、それによって何をすべきか

日本一のエコ・ショッピングセンター「イオンレイクタウン」

がわかりやすくなり、「がんばろう型」の失敗コンセプトから、多くの人の行動指針となる良いコンセプトに変わったわけです。

ところで、この10年ほど僕が大切にしている**「効率から愛着へ」**という考え方（第6章で解説します）も、「対比コンセプト」でつくったものです。ヒト・モノ・カネを集約し、スピードや密度を上げて儲けを生んでいた「効率の時代」から、自然や命を大切にして、街の歴史や地域の文化を大切にして暮らす「愛着の時代」へと意識を変えようというメッセージですが、たとえば「愛着時代へ」という言葉でコンセプトを伝えても、きっと伝わりきらないと思います。でも、「課題」と「未来」を対比すれば、愛着の大切さが伝わり、行動指針としても優れたものになるわけです。

ちなみに、昔流行った「ちょい悪オヤジ」や「美魔女」など、わかりやすく流行したコンセプトワードにも、実は対比が隠れています。「（普通のおじさんから）ちょい悪オヤジへ」「（普通のおばさんから）美魔女へ」。すべては**現状のダメな状態（課題）と対比して、それより魅力的でワクワクするビジョン（未来）が提示されている**からワンワードでも心が動き、流行るわけです。

対比コンセプトで表した 現代のトレンド

「地産地消から、店産店消へ」

これは、食や流通のコンセプトとして少し前に流行った「地産地消」を進化させ、もはや地域ではなく、その場のお店でつくってお店で売る（食べる）ほうが、世の中のマインドに合っているという提案。ビールのマイクロブルワリーや店でつくるコスメなどが流行する前に考えていたコンセプトです。

「購買型ショップから、劇場型ショップへ」

「買い場」がさらに進化した考え方で、もはや「劇場」のように体験しながら買い物をするショップを目指そうというお店のつくり方を示しています。

「おばさんから、おばさん女子へ」

少し前ならおばさんと呼ばれた40〜50代の女性が女子化していて、ファッションやコスメはもちろん、レストランの選び方からSNSでの投稿の仕方までが、完全に女子になっていることを示したコンセプト。40〜50代の「おばさん女子」向け商品開発でプレゼンし、とても好評でした。

さて、僕の会社では、この「対比コンセプト」を使って、最近のトレンドをコンセプト化して発表しているので、ここでちょっとご紹介しましょう。前ページ図を読むとわかるように、「AAAからBBBへ」というシンプルな言葉だけで、「何が変化し」「何をすれば良いのか」がわかると思います。

このように、対比型コンセプトで考えると、これまで難しいと敬遠していたコンセプト開発が、いともカンタンにできるようになり、また広く伝わるようにもなります。

それは「未来の提示」だけに縛られなくて済むようになるからです。

実は、コンセプト開発が難しいと感じたり、伝わりづらかったのは、未来だけを提示しようとしていたからなのです。必勝方程式でもそうだったように、**未来だけでは人は共感しづらくなります。**いったん現状を見据え、そのうえで、こうなるとワクワクする！　と言われるから共感するわけです。先ほどの「ちょい悪オヤジ」や「美魔女」のようにワンワードとして優れていれば、なりたい未来の提示だけでも理解できますが、普通はなかなかそこまでのキーワードはつくれません。だからそれを追求しても、結果的に難しく、伝わらなくなるのです。

それに対し、対比コンセプトは、現状（過去でもいい）への共感がありつつ未来を提案するので、聞いた人の共感も、行動しやすさも格段に高くなります。そして何より、考えやすくなるのです。

「対比コンセプト」のコツは、まず「現状を正確に捉えて」言葉にすること。そこからワクワクする未来を提示すれば、完成します。ぜひ一度、試してください。

すべての「提案」は、心を動かすためにある

僕は、プレゼンだけでなく、あらゆるビジネスに、ビジョンとコンセプトが必要だと考えています。普段の営業活動や企画開発、プロモーション業務などはもちろん、多くの社員を導く経営や、社内外の人が関わるプロジェクト、さらに、一人で黙々と行う研究開発でも、ビジョンとコンセプトがあれば、強いモチベーションが生まれ、ブレずに成功へと進めるからです。

しかし、実際にビジョンやコンセプトが日本のビジネスに浸透しているかと言えば、まったくそうではないでしょう。いや、逆に、面倒なものだと捉えられていることのほうが多いと思います。たとえば、普段の営業中に「この商品のビジョンはなんですか？」と聞いたら、得意先は「邪魔くさいな」という顔をするでしょうし、部下が上司に向かって、「このプロジェクトはコンセプトが明確じゃないと思います」なんて言ったら、きっと上司は怒るでしょう。こ

れは、まだまだ日本に、ビジョンやコンセプトの大切さが伝わっておらず、ビジネスの場でそれらを議論する価値が浸透していないからです。

たしかに、売上目標やシェア率などの「数字」と比較して、ビジョンやコンセプトは掴みどころがないし、理解しづらいのも事実でしょう。でも、それらがあると、企業の深層にある理念と合致した「感→動」が生まれ、人の心が動き出し、ビジネスが前に進むのも事実。だから、僕はどんな相手にも怯まず、「そもそも、なぜこの商品をつくったのですか?」と、ビジョンに関わる質問をし続けます（まさに「そもそも思考」の実践です!）。そうしていくと、最初は固かった相手の殻が破れ、開発当初の思いや、今の本心が見えてきます。そしていつしか現状のマーケットへの不満、競合商品への不信などの愚痴が出たりするのですが、**これがまさに重要な「ホンネ」であり、本質的な「課題」の種となる**のです。そしてそれらをしっかりと認識して進むと、その仕事に何が必要なのか？　本当は何を目指すべきなのか？　理解できるようになり、結果的にクライアントが「はっ」とする発見や共感を生むアイデアが提案できたりするのです。

何度も話していますが、**プレゼンにとって大切なことは「人の心を動かす」ことです**（ビジョンやコンセプトの考え方と同じです）。そう考えれば、ただ数字が並んでいて、それを追うだけのプレゼンは、説明であってプレゼンではないわけです。だから、たとえ数字ばかりの提案だとしても、ワクワクする未来を実現するために数字を読む意識をつくり、なんとか「感→動」を生む努力をすべきです。

ちなみに、先ほど「感→動」には、驚き、共感、共有が大切だと話しましたが、それら3要素を含むためには、よくある提案ではなく、相手にとって新鮮な提案である必要があります。**「なるほど、それはそうだ！　そこに向かいたい！」という発見や喜びこそが、心を動かす鍵。**それを見極めることが、プレゼンでの重要なポイントです。だからこそ、ただ慣例に従って、数字を追えばいい場合でも、どこかにビジョンを提示し、少しでも新鮮な発見や喜びを生むべきだと、僕は思うのです。

まず、愚痴よりはじめよ

さて、先ほど、「共感」を生むには、「人の心を動かす」ことが大切で、さらに「驚き、共感、共有」の3要素が必要だと話しました。そして、**この3要素をより強くするためには、実は、最も人間くさい感情である「不満」が重要なポイントになるのです。**

ご存じのように、世の中には「不満」がたくさんあります。すべての人が何らかの不満を抱いていますし、たった一人が持っている不満でも、数えたらきりがないほどです。居酒屋での会話で一番多いのが「愚痴」だというのも納得できます。

不満の内容は多種多様。たとえば、スマホが使いにくい、便座が冷たい、電波が入らない、お弁当が美味しくない、彼からのレスがない、夜道が暗い、歯が痛い、宿題が多い、先生が怖い、ドラマの続きがつまらなかった、飲み会で割り勘負けした、周りの人がうるさい、会社に認められない、理不尽な指図をされた、給料が上がらない、年金が減りそうだ……などなど。とにかく私たちは不満の中に生きていて、そのいくつかが解決されても、不満そのものがなくなることは、絶対にありません。

でもそんな不満だらけの人生を、辛くて大変と思うか、明るい未来へのきっかけと思うかで、世界はまるで違って見えます。実は、**不満こそがワクワクする未来への鍵だからです。**

人は、不満があるからこそ進化してきました。そしてその進化こそが人を存続させてきたと考えれば、不満を解消したいという思いは人の本質的な欲求であり、進化のきっかけと言えます。「桃太郎」で、鬼が出て困るという民の不満（恐怖）から、「鬼を退治して国を平和にしたい」というビジョンが生まれたように、**「ワクワクする未来」への糸口は常に不満にあり、不満こそがイノベーションのはじまり**となるのです。

ちなみに、**どうして不満が生まれるかといえば、実は、人が理想を持つからです。**夢や理想がなければ、不満は生まれません。逆に言えば、理想を持てるからこそ、不満が生まれるのです。あなたに不満があるなら、それは理想を持っているからだと喜んでいいと思います。

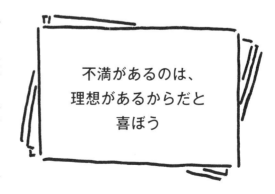

つまり不満は、嫌なものではなく、理想と対をなすものであり、世の中に必要なものと言えるでしょう。そしてさらに大切なことは、不満を知ることで、人が今何を望み、どんな未来を目指したいのかがわかるということです。すなわち、**不満こそが、新しい時代を推し量り、進化を予測するための手がかりとなる**わけです。

不満があるのは、
理想があるからだと
喜ぼう

ところで、「必勝方程式」が提案相手に強く共感される理由も、この不満と進化のメカニズムにあります。課題→未来→実現案という骨格そのものが、**「不満から理想へと進化したい」という人の本質的な欲求の構造と同じ**だからです。

不満が解消されれば、世の中は良くなります。自分の不満を解消すれば、自分が進化するし、誰かの不満を解消してあげれば、その人のやる気や喜びが増える。それは人としてとても気持ちがいいことであり、人類が望む未来でもあります。だから強い共感が生まれるわけです。このように、**共感や進化は、不満から始まります。**ゆえに、進化のために共感を生み出し、行動をつくり出す「ビジョン」「コンセプト」「プラン」も、常に「不満」から考え始めるべきだと僕は思います。そうすれば「感→動」が生まれ、より強い共感を世の中につくることも可能となるからです。

ちなみに、スタートアップの人たちは、世の中の不満（課題）が解決された、より良い世界のことを**「BETTER WORLD（ベターワールド）」**と呼び、その未来をビジョンとして、コンセプトやプランを実行しています。つまり、最先端のビジネスやプロジェクトも「不満」をベースにつくられているということ。数字などの積み上げではわからない、不満の追求がいつの時代にもビジネスの中心にあるのです。

不満のプロになろう

不満にはいくつもの種類があります。不便、不安、不利益などがよく聞く不満ですが、その他にも、不審、不潔、不実、不和、不吉、不平等、不人気などいろいろな「不」があり、それらすべてが、「BETTER WORLD」へ向けて、強い共感と「感↓動」を生む種になります。

たとえば、平成の大ヒット商品「ホームクリーニングエマール」も、クリーニング代が高いという不満を、「家でクリーニングできる」というコンセプトで解決したものですし、過去にさかのぼれば、不潔から生まれた「包帯」や、不吉から生まれた「お守り」、不審から生まれた「監視カメラ」、不安から生まれた「子どもやお年寄りの見守り商品」など……。実は、これまでに世界に広がった商品やサービスは、そのほぼすべてが「不」から生まれているとも言えるのです。

さらに、日々の暮らしを見回しても、私たち自身が不満からビジョンやコンセプトを生み出し、BETTER WORLD を実現している例はたくさんあります。たとえば、「ベランダが殺風景（不満）↓北欧風のおしゃれなベランダにしたい（ビジョン）↓ウッドデッキを敷き詰めよう（コンセプト）」とか、「夫婦間がギクシャク（不審）↓妻思いの夫になろう（ビジョン）↓妻がほしがっていたバッグを買う（コンセプト）」というのも、不満をベースにした BETTER WORLD の実現方法と言えるでしょう。

ここで僕が言いたいのは、誰もが（マーケティングやコミュニケーションのプロじゃなくても）、すでに、**不満をベースにしてビジョンやコンセプトをつくってきた経験者であり、仕事**

の提案はもちろん、自分の暮らしや世の中を良くすることができるということです。なにせ自分が世の中を見回して不満を見つけ、それが解決された世界をイメージすれば良いだけですから、すぐにでもビジョンはつくれるわけです。だから、難しそうだと構えず、気軽に「不満」を見つけ、それを解決するビジョンとコンセプトをイメージしてほしいと思います。

このように、ビジネスを前向きに進めるためにも、日々を快適に過ごすためにも、みんなもっと「不満」について考える癖をつけるべきなのですが、残念ながら日本ではほとんどの人がそうしないのも事実です。それはきっと、多くの人が「不満を嫌悪しているから」だと思います。正直なところ、日本では「不満＝言わないほうがいいこと」というのが一般的でしょう。昭和的な考えでは、不満はぐっと我慢することが美徳でしたし、令和の今でも、その美意識はあまり変わっていないのが現実です。

でも、**不満を話すと同時に、解決策を言う人がいたらどうでしょうか？**

その人はきっと、面白い発想をする人だとかアイデアマンと言われます。もちろん社外でも重宝されますし、良い仕事が集まり、さらに面白いことができる人になるでしょう。だから、ぜひ不満を考える癖をつけつつ、不満と解決策をセットで提案するようにしてみてください。きっと仕事もプライベートも、面白くなるはずです。

ところで、ソフトバンクの孫正義さんは、不満をビジネスに変えるプロと言えます。驚くことに、**学生時代からずっと、一日15分、不満をノートに書き留め、それを解決するアイデアを出すというのを日課にされている**そうです。その発想の訓練が、あれほどのアイデアと実行力につながっていると考えれば、「不満＋解決策」を考えることには大きな力があるとわかるでしょう。僕らでも一日にひとつの不満を書き留め、それを解決するアイデアを考えることはできるはずです。それだけでアイデアが増え、仕事が飛躍的に楽しく、面白くなるので、やってみるべきだと思います。そしてそれを続ければ、話すネタも増え、プレゼンはもちろん、新規事業のアイデア開発も、好きな仕事への転職も、朝飯前になるでしょう。

ではここで「不満」を使って、良いビジョンをつくれるようになるポイントをまとめて挙げておきます。

今日から始めよう！
「一日一不満解決」

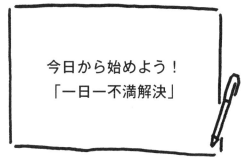

①日々の不満をちゃんと意識してメモする
②一日に一つ、不満を解決するアイデアを出す
③不満が解決された未来をイメージしてビジョンをつくる
④会議で不満（課題）＋ビジョン＋解決策をセットで話す
⑤それらが、プロジェクトにつながり、動き出すよう提案を続ける

この5つを意識して仕事に取り組めば、あなたも必ず、面白い仕事ができるようになります。ぜひ心がけてみてください。

世界を変える秘訣は、家族や恋人の不満を見過ごさないこと

先日、あるトークセッションにパネラーで参加した際、面白い質問がありました。

「テスラのイーロン・マスクやウーバーのトラビス・カラニックなど、ここ最近で世界を変えるビジネスを創った人たちは、いずれも周りの意見を聞かず、クレイジーに自分の妄想を広げ、

それをカタチにしたと聞いています。小西さんはよく、相手の立場に立てと言いますが、時代はもう『相手の立場に立つ』よりも『自分の好きなことをする』ほうが良いのではないでしょうか？」と。

たしかに、今の世界は、一部のクレイジーな天才がつくっているのかもしれません。でも大切なのは、そんなクレイジーな天才たちのビジネスも、家族や恋人など、たった一人の「不満」を解決したり、友人たちの「不便」を解決することから始まっていたということです。

彼らは、ただのクレイジーな経営者なのではなく、自分の周りの人々の立場に立って「不満」を解消する天才であり、社員の立場に立ってモチベーションを上げる天才であり、地球の立場に立ってあるべき未来を妄想する天才であり、そして世界中の人々の立場に立ってビジネスを拡大する天才です。**彼らがクレイジーなのは、身近な人の不満を見つけ、そこから生まれたアイデアを「何があっても信じ、絶対に変えない」という意思だけ。**そこを間違って、「自らを押し通すエゴこそが大切」と思うのは、短絡的というものです。彼らには、ほとんどの人が見過ごしているような、**身の回りにある小さな不満を見逃さず、それを誰もが共感するビジョンに育てる力と、そのビジョンを仲間と分かち合い、命を張ってでも成し遂げるという（犬、猿、雉にも負けない）強い仲間意識があるからこそ成功したのです。**

よく「自分は組織の一員だから、何も変えられない」と言う人がいますが、それは逆です。あなたが会社組織に所属していたり、チームと一緒に行動していることは、実はすごくラッキーなこと。ひとりでは実現できないことも、たくさんの人とビジョンでつながり、仲間意識が生まれれば実現できるからです。

ただし、社会課題を解決するためにも、ビジネスを大きく飛躍させるためにも、結局は、自分のエゴではなく、クライアントやチームメンバー、世の中といった「相手」の立場に立ち、その相手の中にある不満を見逃さないという意識が重要になります。

もしあなたがアーティストならば、他人の声を聞かず、自分の感性に忠実に生きる必要もあるでしょう。でも僕らはアーティストではありません。商品やサービスを改善し、ひとりでも多くの人に使ってもらい、ひとりでも多くの人を幸せにしたいと願っているビジネスパーソンです。だからこそ、たくさんの人の声を聞き、できるだけ気持ちよく不満を解決し、できるだけ多くの人を幸せにするアイデアに、できるだけ多くの人を巻き込むことを目指さなければいけないと思います。僕はそのために、どんな提案もカンタンにしようと努力します。そして、誰もが強く共感できる未来を提示して、そのビジョンに向けて人の心を動かすチャレンジをします。それを僕は**「愛されるカンタン」**をつくることだと思っていますし、それができることが、これからの時代のビジネスにとって重要なスキルだと確信しています。

もし、今あなたが、自分のアイデアがクライアントにも上司にも理解されないと悩んでいるのなら、その理由はきっと、アイデアが先鋭的だからでも相手が理解してくれないからでもなく、**そのアイデアが「愛されるカンタン」になっていないから**だと思います。

でも、あなたのアイデアが、現状エゴであったとしても問題はありません。「相手」の立場に立ち、そこにある**不満と自分のアイデアの間に、「愛されるカンタン」につながる「答え」を再び見つければいい**だけです。そうすればどんなにあなたのアイデアが現状、理解しづらいものでも、確実に相手に伝わります。

たとえ、自分が完璧だと思ったビジョンやコンセプトを提案しても、クライアントに伝わらなければ意味がありません。世界を変えるようなアイデアを思いついたとしても、上司に伝わらなければ実現しません。提案するものが、斬新なアイデアであったり、前例のないものであればあるほど、その「相手」に受け入れてもらえる可能性は減ります。ゆえに、**斬新なぶん、余計に、相手の立場に立ち、相手に愛されるように考え、カンタンにする努力をしなければいけない**のです。

「隠れ不満」を探せ

さて、「不満」が大切とはいえ、世の中の誰もが知っている「不満」では誰も驚かないし、プレゼンにも使えません。一方、クライアントや上司が気づいていない「不満」や、まだ世の中で意識されていない「不満」には大きな価値があります。

特に、**まだ誰も気づいていない「不満」でありつつ、誰もが共感できるものが最も重要で、僕はそれを「隠れ不満」と呼んでいます。**この隠れ不満こそが、最高の提案をする鍵のひとつ。隠れ不満を提示すれば、プレゼンに関係するすべての人の心に「感→動」を生めます。クライアントや上司はもちろん、世界中の人の心を動かすきっかけがそこにあるのです。第4章でお話しする「隠れニーズ」や第5章の「ストーリー」も、すべてがこの「隠れ不満」が起点ですし、それが見つかることで飛躍的に共感度が高まることも確実です。

では、どこにその「隠れ不満」があるのかと言えば、実は、身近なところです。

難しい文献や高度なビジネストークに隠れていることは稀で、ふとした雑談や、身近な日常に隠れていることがほとんどです。

先ほど、世界を変えた天才も、身近な家族や恋人の不満を解消することから始めたと話しましたが、その身近な不満こそが、この「隠れ不満」なのです。彼らはそれを見過ごさず、サービスや商品にしたことで世界の人々に強く共感され世界を変えたのです。でも、当時はまだ、最先端の技術者でも天才的経営者でもなく、僕らと同じ、一般人。あくまで一般的な目線で相手の立場に立ち、「隠れ不満」をビジネスにしたわけです。

つまり、テクノロジーの最先端にいる研究者やマーケティングのプロでなくても、**日常の中に「隠れ不満」を見つけることはできるし、世界中の人に共感される「ビジョン」や「コンセプト」を生むことができる**ということです。そしてそれは、僕らでも世界を変える発見ができるという意味でもあります。

世界を変えるアイデアは、
身近な「隠れ不満」の
中にある

世界のホテル業界を変えたと言われている「Air bnb」も、「ホテルは高いし、その街を楽しめない……」という身近な「隠れ不満」から、空いている知り合いの部屋に泊めてもらうというコンセプトを生み出していますし、人事管理をクラウド化して2兆円企業となった米国の「Workday」は、「採用・人事・労務の業務は非常にハードなのに、その苦労が企業内で見過ごされている」という「隠れ不満」に着目することから市場を広げました。また、「片付け方」というとても身近なことで世界を席巻している「こんまり（近藤麻理恵）」は、「部屋が広いアメリカでも、実はみんな、片付けに悩んでいる」という「隠れ不満」に着目することで、「TIME」誌の「世界で最も影響力のある100人」に選ばれました。

ちなみに、僕の会社のチームが開発に参加した、ロート製薬の「SKIO」も、普段、誰も意識していないレベルの身近な不満を解消し、「感→動」を生みだし昇華した好例だと思います。SKIOは、「無理なく、無駄なく、美しく」をコンセプトに新開発されたD2Cのスキンケア商品。毎日のルーティンであった「化粧水→美容液→乳液」の煩わしいステップをすっ飛ばし、「浸透技術で美容液に化粧水の効果も持たせる」という、革新を生み出したことで、発売後、楽天のウィークリーランキングの美容コスメ・香水部門で1位になるなどの快挙を達成しました。実際、これだけでも十分、日々の不満をプラスに転じているのですが、実は、SKIOの凄さは別にもあります。それは、プチプチ（バブルバック）を商品パッケージとすることで、D2C配送に必要だったダンボールや中箱を廃止し、逆に、かわいいパッケージへと昇華したことです。しかも、プチプチには80％リサイクル素材を使うなどの徹底ぶりも受けて、女性からの圧倒的な支持を得ることができました。まさに、**女性が心の中で「面倒だけれど仕方ない」と思っていた隠れ不満を2つも解消し、世の中に「感→動」を生み出し、大好評となった**わけです。

ここに紹介したいずれのケースも、普通なら見過ごすような**「隠れ不満」を見過ごさす、その不満としっかり向きあったことが成功の秘訣。**ぜひ、皆さんも普段の生活の中に「隠れ不

ロート製薬の「SKIO」

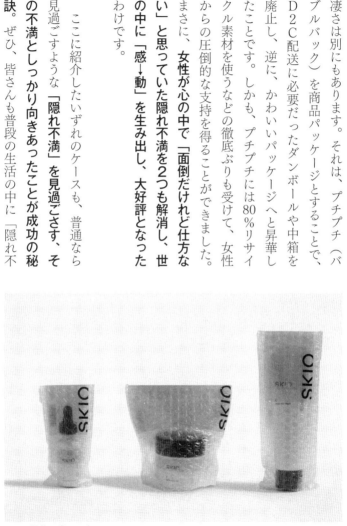

満」を見つけてください。まさに世界を変える発見へとつながるかもしれません。

隠れ不満のキーワードは、「実は」

さて、身近な隠れ不満を探そうにも、どうしていいかわからないという方もいらっしゃるでしょう。そこで、隠れ不満の発見につながるカンタンなキーワードをお伝えしたいと思います。

そのキーワードとは、「**実は……**」。

とんでもなくカンタンなキーワードですが、実は、隠れ不満を見つける効果は絶大です。たとえば、「コレが不安なんです」よりも「実は、コレが不安なんです」のほうが、切実な心の吐露になるように、「実は」という言葉がついた感情は、**心の深い部分にあり、かつ、何かの発見が伴い、人を強く突き動かすきっかけ**にもなります。

実際、実は不満、実は不安、実は不快、実は不便……と考えていくと、いつもの不満や不便とは違う、新しい発見があります。そしてそれらは、**強く共感できるけどまだ外に出ていない「隠れ不満」の可能性が高い**のです。つまり、「実は」という言葉で選別した不満の中から探せば、無数の中から探すよりも、確実に早く、「隠れ不満」に行き着けるというわけです。

さて、本書でも、何度も「実は」という言葉を使っていますが、この言葉が合うのは、**「そうは思っていないかもしれませんが、本当はこういうことなのです」**と明かすような場合だけ。つまり、隠れている真実を言うときにだけ出てくる言葉なわけです。「実は」という言葉を使う感覚は人に刷り込まれていて、無茶苦茶な文脈で「実は」を使うことはできません。ゆえに、「実は」と言ってしっくりくることこそが、隠れている「真実」。不満でいうところの「隠れ不満」となるわけです。ぜひ、あなたの日常の暮らしや、仕事の内容を「実は」を使って見返してみてください。そうすれば、実はカーテンの色がキライ、実はマネージャーの仕事の進め方が遅い、実は契約書のあの部分が無駄……など、いくらでも「隠れ不満」が出てきます。そして、そのすべてが、実は、気づいていなかったけれど改善が必要な箇所であり、しかも他の人との共感が生まれるポイントなのです。

このように、「実はコレが不満」を探せば、大切な「隠れ不満」の発見につながりますので、ぜひ、実践してみてください。

さて、「実はコレが不満」ということを探すことで、実際に大ヒットした商品をご紹介しましょう。それは2014年に発売された**「パチパチしない、ポカポカニット」**という商品です。

当時、僕のチームは女性向けファッションブランド「ロペピクニック」のセーターの新商品開発を進めていました。そこで周りの女性から「隠れ不満（実はコレが不満）」の発見に取り組んだのです。

すると**「冬の静電気で嫌な気分になる」という不満**が多いことを発見しました。「冬のセーターと静電気」なんて、ある意味、当たり前の不満だと思って見過ごしていましたが、実は、それを真正面から課題として考えた商品がないとわかったのです。

隠れ不満のほとんどは、「そんなの当たり前」と見過ごしている「自分の思い込み」の中に隠れています。だからこそ、周りのホンネを聞いたり、もう一度「実は」を探してみることが大切。その中に、キラリと光る「不満」が眠っているのです。

パチパチしない、
ポカポカニット
1.静電気を抑えてパチパチしない
2.吸湿発熱でしっかりポカポカ
3.極細アクリル使用で優しい着心地
4.湿度も適度にコントロール
ROPÉ PICNIC

さて、静電気を抑制する繊維を織り込んだ、この「パチパチしない、ポカポカニット」は後に大ヒット商品となりました。

「実はコレが不満」を徹底的に探し、「隠れ不満」を発見すれば、このように、世の中に強く共感される商品ができます。社内の商品開発でも、クライアントへの企画提案でも、この「実はコレが不満」は絶大な効果を発揮するのです。

言うまでもないことですが、「実は」というキーワードで「不満を探す」ことには、お金もかからず、高度な知識も必要ありません。つまり、誰でもすぐにできることです。だから、できれば毎日、何個かの「実はコレが不満」を探す癖をつけてください。新入社員の研修や部下の教育でその課題を出すのも良いと思います。それが癖になり、日課になれば、新しいアイデアや新しいストーリーは、簡単に生めるようになるでしょう。

いい仕事がしたいなら、
「実はコレが不満」を
探そう

プレゼンサイドストーリー③
就活の面接にもビジョンとコンセプトを

実は、**就活をうまく進めるためにもビジョンは大切です。**

就活とは、つまり「自分という商品」や「これまでの自分というプロジェクト」を面接官や採用担当者に売り込むわけですから、本書で話しているプレゼンと同じ。ゆえに、自分を売り込む就活にも、ビジョンは必要というわけです。

ビジョンとは「ワクワクする未来」ですから、就活のビジョンは、相手が「ワクワクする未来のあなた」となります。ゆえに、**就活でまずやるべきなのは、相手の会社が「ワクワクする未来のあなた」とは何かを考えること。**そこから始めなければ、自己PRも志望動機もただのエゴになり、スルーされます。必要なのは「共感できる人かどうか」の判断理由であって、自己主張の情報ではないからです。

「ワクワクする未来のあなた＝ビジョン」をつくったら、次に、現状の自分とのギャップを見据えてください。そうすれば就活の課題がわかり、ビジョンに近づくための方向が見えてきます。あとは、相手の立場でどう「共感できる内容」にするかが勝負です。

ただし、「共感」を容易に考えてはいけません。たとえば、まちづくりの会社に就職を希望する場合、多くの人が「私はこういう活動をしてきたから、まちづくりに貢献できます」と訴えますが、そのベースとなる「こういう活動」がプロのレベルの活動ではないので説得力がなく、面接官の「共感」を得られないのです。

でもたとえば、先ほどの孫正義さんの例にならって、「クリエイティブな発想でまちづくりをする人になるのが私のビジョンです。でもまだそうはなれていませんので、毎日、現代の街の課題を３つ挙げてそれを解決するアイデアを出してきました。すでに1年分、１０００のアイデアがあります。見てもらえませんか？」と言えばどうでしょう？　きっと相手に本当の「共感」が生まれ、「ちょっと見せてくれる？」となると思います。

就活もプレゼンと同じ。ビジョンを描き、現状とのギャップを踏まえてコンセプトをつくり、実行するプランを提案するのです。もしそれを実際に実行している人がいれば、話も聞きたいし、一緒に仕事がしてみたいとも思うでしょう。最近の企業が、学歴よりも、実際にやってきたことを評価するのは、このようなプレゼンのロジックを考えれば当たり前のこと。就活を自分のプレゼンと考えれば、まさに、ここまでに本書で話してきた内容が役立つわけです。

ビジョンと現状の認識。相手の「隠れ不満」とその解決策の提示。まさに「プレゼン思考」がビジネスだけではなく、人生も成功に導く証明とも言えるでしょう。

第4章

アイデアは「人生」から考える

聞き手と世の中を動かす秘訣は「人生のそば」にある

伝わるために、努力しよう

この新しい章では、「必勝方程式（課題→未来→実現案）」の中身を、より「心を動かす」アイデアにするための方法をご紹介していきます。でもその前に、僕が、プレゼンやアイデアを考える上で最も大切にしている前提を、改めてお話ししたいと思います。それは、

プレゼンの大前提

『伝える』より『伝わる』

ということ。第1章でも書いたように、これが、僕のすべての考え方の基本です。

すでに気づかれた方もいるかもしれませんが、僕は本書で「伝える」ではなく「伝わる」という言葉を積極的に使っています。

それは、**僕にとって、「伝える」と「伝わる」がまったく違う意味を持つからです。**昨今、「伝える」がブームとなり、様々な本が出版され、「伝え方セミナー」なども多数存在していますが、

実は、「伝える」という意識では、どんなに技術を駆使しても一方的な情報の伝達に留まり、本当のコミュニケーションは生まれないと僕は思っています。

なぜなら**「伝える」という行為の主体は「発信者側」にあり、極論すれば相手がどう思おうと関係ない。**つまり相手にこちらの思いが届くかどうかは二の次になってしまうからです。一方的な情報伝達だった昔のニュース番組や文字ばかりで読む気すら起こらない説明書などを思い起こすと、**伝えていても伝わっていないことがある**と理解してもらえると思います。

これに対し**「伝わる」**は、「相手側」に主体があります。こちらの思いが**相手に届くだけでなく、相手に「感→動」が生まれることが、ここでの「伝わる」という意味**です。たとえば、「私も、あなたを愛しています」とか「この話、大好き！」とか「わかった！　一緒にやりたい！」のように、相手が共感し、動くことが、伝わるということ。こちらの思いを届けても、相手がスルーしたなら伝わったことにならないわけです。コミュニケーションの目的を考えれば、どちらが正しいかすぐにわかりますよね。だから僕は、「伝える」のではなく「伝わる」方法を考えよう、と常に言うのです。

ただし、伝わるためには、努力が必要になります。相手のことを把握し、どういう情報なら理解できて共感できるかを考え抜く努力、すなわち、ずっと話してきた、「相手の立場に立って考える」というプロセスがひとつ増えるわけです。

相手が子どもか大人か、女性か男性か、日本人か外国人かによっても、伝わる方法は変わります。以前、池上彰《いけがみあきら》さんが担当されていた「週刊子どもニュース」は、伝わるコミュニケーションの良い例でした。難しいニュースをカンタンなものに変換し、興味が湧くように話すなど、子どもの立場に立った「伝わる努力」が徹底されていたと思います。そしてその努力のおかげで、大人にも難しい内容が、まさに子どもにも「伝わるニュース」となっていたわけです。子どもニュースと言いながら大人にファンが多かったのもうなずけます。

僕はこのように、**「伝わる」ために最善の努力をすることこそがコミュニケーションの本質**だと思っています。正直に言えば、いちいち相手の立場に立ち、相手の不満や思いを理解し、相手が共感する方法を考えることは大変です。何も考えずただ情報を伝えるほうがよっぽど楽でしょう。でも、その努力を追加するだけで「思いが伝わる」ようになるのですから、やはりその努力はするべきだと思います。

ちなみに、「仕事で大切なのは人間関係だ」とよく言われますが、伝わる努力をするクセがついている人は、相手の思いを汲み取ろうとするので、仕事上の人間関係も良好になりますし、大切な家族や友人との関係、さらには政治や経済すらも円滑に運用できると思います。**伝わるための努力は、すべてがうまくいく鍵でもある**のです。

ところで、昨今、SNSに誹謗中傷の嵐が吹いているのも、僕は、**「伝える」という意識が過剰だから**だと思っています。「伝える」ことが善だと思い込めば、自分の怒りや苦しみをそのまま「伝える」ことも善であり、その行為が相手を疲弊させたり苦しみを与えたりすることに無頓着になります。でも普段から相手の立場に立ち、相手に思いが「伝わる」ことを想像していると、伝わったときの痛みや苦しみを自分ごととして感じるようになり、きっと誹謗中傷の輪には参加しなくなるでしょう。だから僕は、**大人だけではなく子どもたちこそが、この『「伝える」より「伝わる」』という意識を学ぶべき**だと考えています。そうすることで、子どもから大人まで、誰もが相手の気持ちを察するようになるからです。そしてそれはきっと、少しでも平和で、少しでも心地よいBETTER WORLDを生むきっかけになると思うのです。

隠れ不満＋隠れニーズで、心を動かそう

さて、ここまで話してきたように、自分の思いが相手に「伝わる」ためには、相手の心を動かす必要があります。そして、心を動かすためには、相手の中の、ある「ツボ」を押すのが効果的だと僕は思っています。

その「ツボ」とは何か？　それは、**「言われるとうれしいこと」**です。

当たり前のことですが、どんな人でも心の中に、言われるとうれしいことがあります。クライアントにも、上司にも、友人にも、奥さんにもあります。その「ツボ」に気づかずに話していてもなかなか相手の心は動きません。マッサージで、ツボではないところばかりをグイグイと押されたら「もういいや」と気持ちが離れてしまうように、「言われるとうれしいこと」が言えないと、心を動かすどころか、相手の心は離れてしまいます。だからこそ相手の「ツボ」を意識することが大切なのです。

そして、そのツボの中には、言ってほしいと思っていることとは別に、**本人はまだ気づいていないけれど、言われるとうれしいツボ**もあります。このツボが押せると、相手は心から驚き、共感し、周りと共有し、動き出します。ゆえに、このツボがいかに効果的に押せるかが、心を動かす鍵であり、プレゼンが伝わるツボでもあるのです。

では、この「ツボ」の正体はいったい何でしょう？　実は、このツボこそが「ニーズ」、つまり、相手がほしいと思っていることです。そして、ここで話しているように「まだ気づいていないけれど、言われると嬉しいツボ」のことを、僕は、特に**「隠れニーズ」**と呼んで、大切に扱っています。

隠れニーズのポイントは、「確かに！」と思えるほど「気づいていなかったこと」であり、かつ、「いいかも！」と思えるくらい「欲しくなること」です。ゆえに、**「確かにソレいいかも！」**と思えることが**「隠れニーズ」**だと思って良いでしょう。

実は、第3章で話した「隠れ不満」とこの「隠れニーズ」は表裏一体の関係で、2つをセットで使うと、強く心を動かす効果があります。たとえば何かの提案をするときに、**「実はコレが不満でしょ？（隠れ不満）↓ じゃあ、こうやって解決しましょう！（実現案）」**なんて言われたら、気づいていなかった不満が解決されるわけですから、クライアントでも奥さんでも、きっと、**「確かに、ソレいいかも！（隠れニーズ）」**と飛び上がって喜ぶと思います。実はこれがプレゼンの極意。すなわち、相手がまだ気づいていない本質的な

実はコレが不満でしょ？

じゃあ、こうやって
解決しましょう！

「確かにソレいいかも！」

がプレゼンの極意

課題と、ニーズを叶える提案をセットですることこそが、最高のプレゼンの方法なのです。

この「隠れ不満＋隠れニーズ＋実現案」のセットがあれば、間違いなく、心が動き出します。ゆえに、隠れニーズの発見は、強いビジョンやコンセプトをつくるための、重要な要素となるのです。

すでにおわかりのように、これは、必勝方程式の課題、未来、実現案そのものを表しています。これまでの必勝方程式の説明で難しいと思っていた方は、この「実は、コレが不満」→「じゃあ、こうやって解決しましょう」→「確かに、ソレいいかも」という言葉に置き換えて、プレゼンを考えても良いと思います。

相手の不満を知り、相手のニーズを知れば、百戦危うからず

隠れニーズの提案は、常に、企業がほしいものでもあり、プレゼンには欠くことができないものでもあります。それは、隠れニーズこそが隠れた市場を発掘するきっかけであり、企業やプロジェクトの未来を大きく変える転換点となるからです。コモディティ化が進んだ現代の世

の中では、新しいニーズの発見は容易ではありません。だから、どんなに些細で、どんなに狭いニーズであっても、それが「隠れニーズ」なら企業としては大歓迎。「隠れニーズ」があれば、人々は驚き、共感し、共有するので、大きなコストをかけなくてもその商品が爆発的に売れます。だから企業としては喉から手が出るほど「隠れニーズ」が欲しいのです。

ところで、「隠れニーズ」って「潜在ニーズ」のことだよね？　と思われた方も多いと思いますが、僕が、あえて「隠れニーズ」と呼んでいる理由は、「潜在」という言葉が僕のイメージと合わないからです。「隠れ不満」は、身近なところにひょっこり隠れている感じのものだと僕は思っています。そして、「隠れニーズ」も同じく、誰も気づいていないけれどすぐそこにあるニーズのような感じのものなのです。

これだけネットが一般化し、多様な趣味や嗜好が発信される時代には、「誰も知らない新しいニーズ」なんてなかなか見つかりません。調査して「潜在ニーズ」を発見してやるぞ！　と目を凝らして数字を追っても、パターンが細かく、多すぎて、なかなか顕在化しないでしょう。だから大切になるのは、**そのあたりに隠れている不満から、そのあたりに隠れているニーズを探すこと。**友人との会話や、ふと見かけた言葉や、世の中の気分から、隠れた不満を探り、誰もが見過ごしている「確かに、ソレいいかも」という発見をするのです。そのためには「隠れ」という言葉が表すように、身近にひょっこり隠れているようなイメージが大切なのです。

「隠れ不満」と「隠れニーズ」は、身近なところにひょっこり隠れている

　さて、話をプレゼンに戻しましょう。
　僕はプレゼンの難しさを説明するとき、よく、**「プレゼントとプレゼンの違い」**という話をします。相手のことを思って贈る**プレゼント**ならどんなものでも（たとえ欲しくないものであっても）、ある程度は相手に気持ちが伝わるし、いくらなんでもその場で捨てられることはないでしょう。
　でも**プレゼン**はビジネスですからそうはいきません。**いくらこちらが相手を大切に思って提案しても、いらないものはいらないし、相手のメリットにならなければ捨てられます。**相手のためにすることは「だいたいこちらがやりたいことの押し付け」だと前にも話したように、「自分がしてあげたい」と思ったアイデアは、ビジネスではほぼ通用しません。欲しくないプ

レゼンは捨てられますから、相手が欲しいプレゼンにするしかないのです。

　では、ビジネスの相手が「欲しい！」と思うためには何を提案すれば良いのでしょう？

　実は、その答えが、先ほどの「実はコレが不満でしょ？→じゃあ、こうやって解決しましょう！→確かにソレいいかも！」という3つのセットであり、それを当てはめた、「必勝方程式」なのです。それがあれば、気づいていなかった不満が解消できるわけですから、誰にとっても嬉しいことは間違いありません。プレゼンで、このセットを提案できれば、間違いなく百戦錬磨となるでしょう。でもそのためには、相手の不満やニーズを徹底的に考えることが重要ですし、そのためにも、やはり、相手の立場に立つことが大切になるのです。

　さて、ここまで何度も話すと、「おいおい、また、相手の立場に立てという話か……」と思った人もいるでしょう。中には、「媚びへつらうようで嫌だ」「主体性がないのは良くない」と思っている人も多いかもしれません。

でも、それは間違いです。考えてみてください。野球選手は、その日のピッチャーの状態や球種などをしっかり研究しますし、競馬の馬券を買うときは馬の状況をしっかり観察する。カジノではディーラーの癖を読みますし、株でも市況をしっかり把握する。つまり、相手を見るのです。そしてそれは当然やるべきこと。なのに、仕事だと途端に媚びへつらうように思えてしまうのは、きっと、仕事の場合は主体的じゃなく「使われている」という意識があるからだと思います。もし、相手を攻略するゲームなら、相手の立場で考えるのは普通のこと。仕事でも、そういう意識で臨むほうが、より前向きに動けると思います。

さらに、「相手の立場に立つ」ということは、決して相手に従ってヨイショするということではありません。僕は、むしろその逆で、相手の心をこちらに引き寄せるための技術だと思っています。相手に学び、相手の不満を知ることで、相手に「感→動」を生み、相手を変えるほどの提案ができるようになるからです。前にも話したように、どんなときも、届けるのは「自分の思い」なのですが、相手の立場に立てば、思いの届け方に「答え」があるとわかります。そして、その「答え」が見つかると、最高のプレゼンができるのです。

ビジネスは「いかに伝わったかの勝負」です。だから、相手があなたのアイデアに驚き、共感し、共有したくなるように提案しなければなりません。そして、そのために、自分の考えやアイデアを、**相手が喜び、共感し、誰かに話せるカタチへと変換する**のは当然のことだと思います。

さらにこれからはモニター越しでのコミュニケーションが増える時代。ちゃんと伝えたと思っても、些細なことで伝わらなくなることも増えます。ゆえに、相手にしっかりと「伝わる」ように考え抜くことにはとても価値があると思います。だから僕は、今日も相手の立場で、隠れ不満を探し、言われると嬉しいツボを見つけるのです。

隠れニーズは、市場をつくり、世界も変える

先ほども触れたように、隠れ不満と隠れニーズは表裏一体です。ゆえに、隠れニーズから見つけてもいいのでは？　と思う人もいると思いますが、残念ながら、いきなりニーズを見つけようとするとなかなか発見できません。

でも、不満は発見しやすい。人は、褒めるよりけなすほうが得意なようで、前向きなニーズより不満のほうが見つけやすいのです。だから**「隠れ不満」をまず探り、「隠れニーズ」に転換するようにしてください。**これが、僕が25年の実践で培ってきた方法と順番。この順で考えれば、誰もが、強く共感されるアイデアをつくることができるのです。

たとえば、最近話題の「note」は、隠れ不満から隠れニーズを発見して急成長を遂げたサービスだと僕は思います。ブログと違い、有料販売ができることがその特徴ですが、SNSやブログ、YouTubeで誰もが発信する時代にありながら、「実は、文章を売りたい人がたくさんいるのにその願いが叶わない」という隠れ不満を見つけ、そこから「確かに、文章を書いて有料

販売するサービスが欲しいかも」という隠れニーズに転換し、その結果、月間利用者2000万人の超優良ビジネスへと発展したわけです。おそらく、ニーズから見つけようとしても、このピンポイントなニーズには行き着けなかったでしょう。まさに、不満への実感があったからこそ実現したアイデアだと思います。

このように、隠れ不満から隠れニーズの発見ができれば、まったく新しい「商品」や「市場」を生み出すきっかけとなります。

そして、その隠れニーズが、もし、**「未来ニーズ（未来の隠れニーズ）」**であれば、もはや、世の中を変えるレベルになります。前にふれたようにグーグルやヤフーは、来たるべきネット時代に生まれる「検索難民」という不満を予測し、「確かに、将来には、検索って欲しいかも」という未来ニーズを予測しましたし、今では世界有数の大企業となったセールスフォースは手間のかかるCRM（顧客管理）がデジタル化する将来を見据え、「確

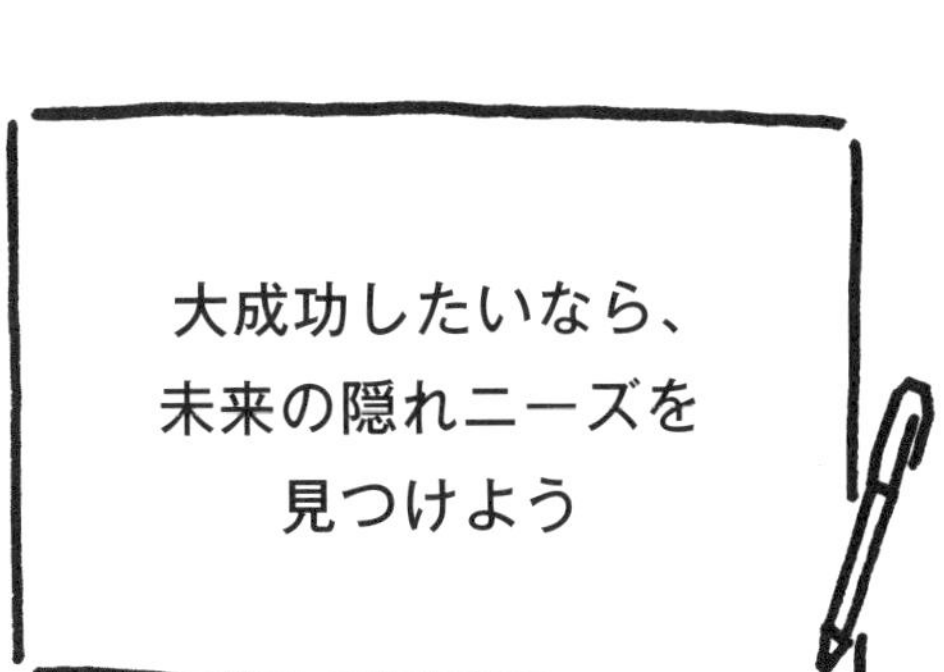
大成功したいなら、
未来の隠れニーズを
見つけよう

かに、デジタル時代にCRMを一元管理できたらいいかも」という未来ニーズを見つけたことで、世界の15万社が導入する企業となりました。どちらも、まだ誰も予見していない「未来ニーズ」の発見なので、先行メリットも働き、圧倒的なシェアを獲得できたわけです。

もし皆さんがビジネスで大成功したいなら、道順は見えています。まさに未来の「隠れ不満」を妄想し、「未来ニーズ」を見つけること。もちろん成功までは茨の道ですが、進む価値のある道だと思います。

答えは、人生のそばにある

では、そろそろ本章のテーマである、**「『人生』から考える」**、について話していきましょう。人生といっても、もちろん自分探しをしましょうとか、座禅を組みましょうということではありませんので、安心して読み進めてください（笑）。

実は、僕の経験上、**「人生」をベースにビジネスを考えることが成功への近道となります。**

なぜなら人生から考えることで、企業やプロジェクトに隠れている不満やニーズ、さらには、人の心を動かすアイデアの発見につながりやすくなるからです。

これまでに、すべての提案は心を動かすためにあること、そして、心を動かすためには、「驚き」「共感」「共有」の３つの好奇心が必要なこと、さらに、相手の中にある「隠れ不満」「隠れニーズ」に注目することが大切だと話してきましたが、実は、その３つの好奇心や、不満、ニーズを探る基本となるのが、ここで言う『人生』から考える」ことなのです。


商品やサービスの開発に集中したり、売ることに頭を悩ませ考え続けると、どんなに仕事ができる人でも、商品やサービスばかりを見て考えてしまうようになります。でも、実際にその商品を使うのは、「人」。さらに、そのサービスが必要となるのは、毎日の生活であり、人生の中の一日です。そしてもちろん、これまで重要だと話してきた「不満」や「ニーズ」も、その「人生」の中にあります。

だからこそ、僕は、**商品が売れるきっかけは「人生のそばにある」と考えるのです。**いかに商品の技術がすごくても、最先端のデザインでも、人が「欲しい」と思わなければ売れません。結局は、人生のそばにある不満やニーズに気づくかどうかによって、売れるかどうかが決まるわけです。

たとえば、大ヒット商品である「ファブリーズ」は、ただの消臭商品としてのアプローチではなく、「洗えないものをきれいにしたい」という、人生の中の切実な「清潔ニーズ」に特化して生まれました。アルコール濃度や消臭液の進化のような「機能」ではなく、人生のそばにある不満を解消したからこそ成功したわけです。

また、大人気のデリバリーサービス「Uber Eats」は、「もっといろいろなお店の宅配が食べたい」という食べる側の人生と、デリバリーの仕事を手軽にやりたいという働く側の人生が交わったポイントにニーズを見つけ、一気に広がりました。ITの力はもちろん重要ですが、人生側から見てサービスを開発したことが勝利の秘訣だと僕は思っています。

このように、人生のそばにある不満とニーズに着目することが、売れるビジネスを生み出す鍵なのですが、その開発のために、僕が密かに使っている**「思考法」**があるので、ここでご紹介したいと思います。それは、とてもカンタンなメソッド。

ただ**「人生を経由して考える」**。たったそれだけです。

本当に求めるべき「答え」は、常に、人生のそばにあります。だから、やることはただひとつ。課題から、人生を経由して、答えを探し出すことです。つまり、商品やサービスを使う人々の立場に立ち、その「人生」を妄想した上で、答えを探すのです。僕はこの考え方を**「人生思考」**と呼んでいますが、そうやって考えるだけで「心を動かす発見」につながるのです。

人生思考で生まれる「答え」は、「アイデア」や「解決策」や「問い」と置き換えても構い

人生思考とは

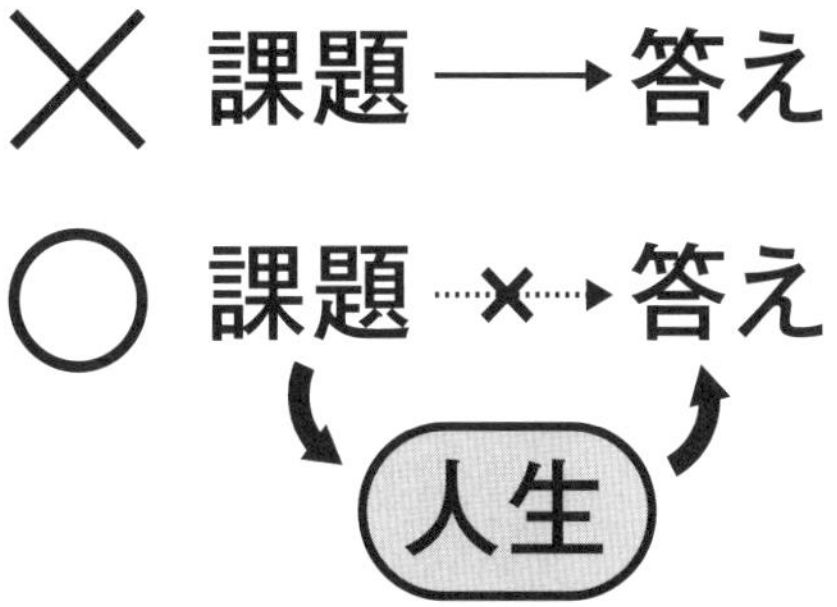

「答え」は「人生」を妄想した先にある

ませんし、重要な「本質課題」もこの思考法で導くことができます。とにかく、あなたの悩みを解決する光が見えるということです。なにより、数字や難しい理屈ではなく、ただ人生を妄想することが答えを生む秘訣というわけですから、とにかくカンタンです。でも、このカンタンな考え方が、僕の企画やアイデアのすべてのベースになっていますし、この思考法を教えるだけで、これまで多くの企画者が格段に良い案を考えるようになり、商品が売れるようにもなりました。このカンタンなメソッドを覚えれば、これまでの企画よりもレベルが高く、より心を動かすアイデアが生み出せるようになるというわけです。

　ちなみに、この人生思考を使って考えるプロセスを、カンタンな図にしたのが、次ページの

人生思考図

「人生思考図」です。**考えるテーマ（商品）の横に、「人生」と書き、それらを眺めながら、真ん中の答えを考えるだけで、人生を経由した課題解決ができる**、と評判な図なので、皆さんも使ってみてください。

ちなみに、人生思考で、商品が売れるアイデアが見つかる理由はカンタンです。それは、前述の通り、その商品は買うのが人であり、その商品が人生の中で使うものだからです。

あなたの場合を想像してください。欲しくなるのはきっと、日々の不満を解消してくれたり、ニーズを満たしてくれるものでしょう。人は、人生や毎日の中にソレがあることで、「幸せになれそう」と思うから、モノやサービスを買うのです。まさに「BETTER WORLD」のために購買行動を起こしているわけです。

逆に、その商品が人生と関係がなく、自分や大切な人の不満も解決してくれないなら、幸せにはなれそうもないので購買行動に移りません。まあ、当たり前のことです。ゆえに僕らが企画や提案を考えるときは、**「人生」を幸せにするかどうかでサービスを考える必要がありますし、誰かの心を動かすシーンを思い描いたうえで商品を生み出すべきなのです。**

人生思考を意識すれば、人々のリアルな暮らしと商品をつなげて考える癖がつきます。商品もサービスも、企業もプロジェクトも、それを支えているのは「人」です。だからその「人」の思いとつながらないアイデアには、意味がありません。プランも、ビジョンも、コンセプトも「人生」とつながるものです。だからこそ、人生のそばに「心を動かす発見」があり、商品が売れるアイデアが生まれるのです。

さてここから、この「人生思考」を踏まえたアイデアの考え方を、少し丁寧に説明していきましょう。「人生思考」を覚えるだけでも十分効果はありますが、ここからお話しする内容を理解すれば、より深く、より精度の高い企画開発、プレゼンができるようになると思います。

人生思考で、アイデアを生むための「人生共感図」

では、さっそく、人生思考を応用した企画・提案を考えていきましょう。

先ほど、人生思考は、本質課題も見つけられる思考法だとお話ししましたが、実はここまでに話してきた「隠れ不満」や「隠れニーズ」、そして、「ビジョン」「コンセプト」「プラン」、さらには、商品・サービス・企業側にあった「課題」や「提供価値」を組み合わせることで、プレゼンの中身を生み出すための設計図をつくることができます。それが、次ページにある**「人生共感図」**。企業が本当に解決すべき「本質課題」や、世の中が共感する「アイデア」を精度高く生み出せる図です。これまでの話より少し高度な内容になりますが、考えるルールさえわかればとてもカンタンなので、恐れずについていきてください。

さて、図の右側と左側は、いわば右脳と左脳のように、人生側からの共感（感性）と、企業側からの提供価値（理性）を描き出します。そして、それぞれが交わるところに、もっとも重要な発見である「本質課題」が生まれ、そこから「アイデア」へと昇華するわけです。

ちなみに、アイデアと呼ばれるものの中でも、「本当に必要なアイデア」は、本質課題がわ

人生共感図

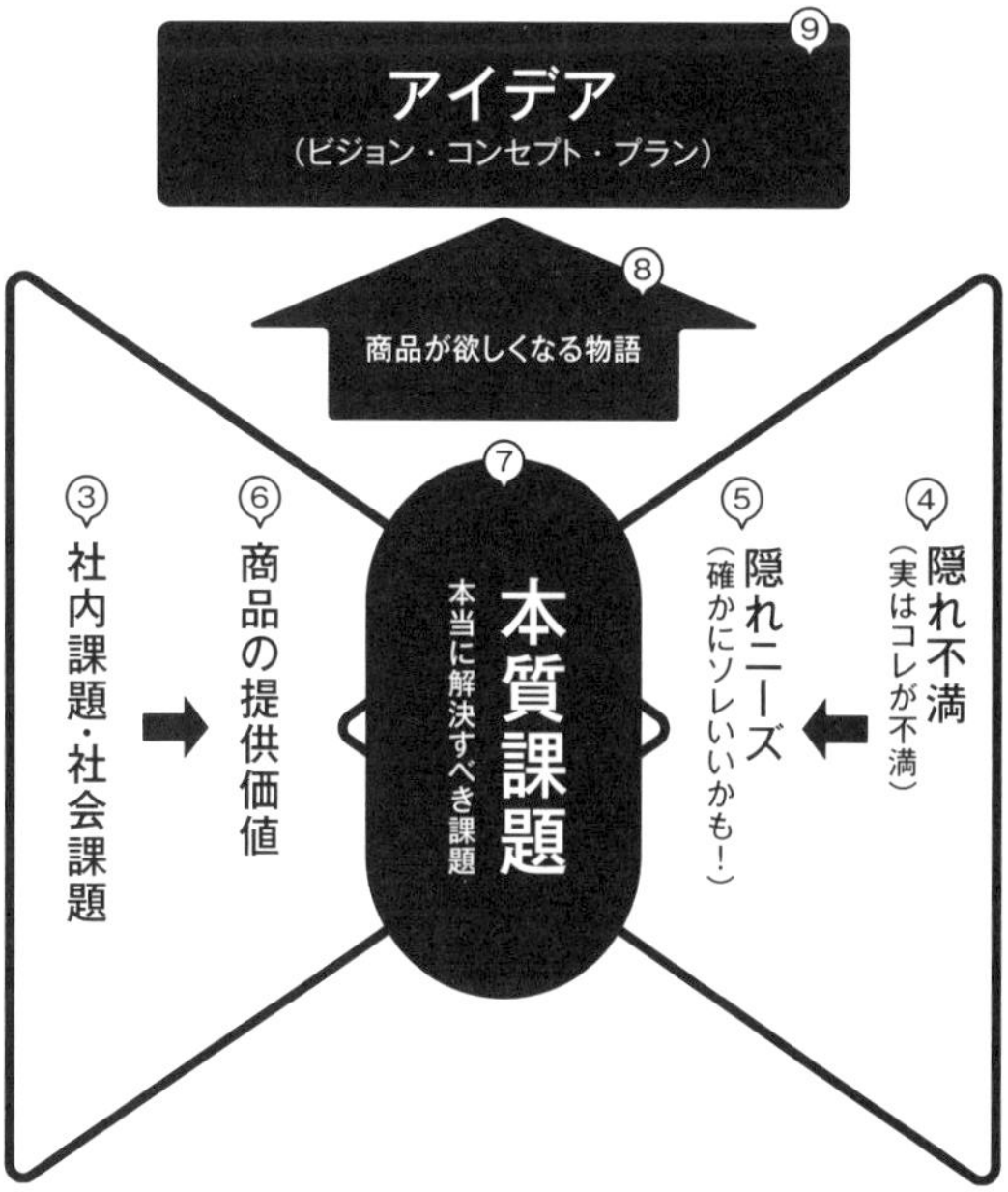

からないと生まれません。ゆえに、アイデア開発をルール化するなら、この図がもっともシンプルでもっとも効果的な図になると思います。

できるだけカンタンに考えられるように、番号を振っておきました。見てもらうとわかるように、一般的に「アイデアを考える」という場合、この中の③**から⑨へすっ飛ばして考えている**わけです。そうなると、人生を経由して考えることがなく、人生側の不満やニーズ、商品・サービスとの共感、本質課題もすべて無視したアイデアになるので、なかなか良いアイデアに行き着けないのもわかっていただけると思います。

それでは、順を追ってそれぞれの意味とやることを説明していきたいと思います。

① 2つの三角の図を書き、左に商品名やサービス名、企業名などを書き入れます。

② 図の右側に「人生」と書きます。その際、「30代主婦の人生」「13歳の男子の人生」など、ターゲットを明記するとさらに考えやすくなります。

③ 左側に、テーマとなる商品やサービスの課題、企業の中ですでに顕在化している（オリエンで提供されている）課題を書きます。社会課題なども書いておくと良いでしょう。

④ ターゲットの立場に立ち、その人生を妄想しながら、③と関係しそうな「不満」を徹底的に洗い出します。「実はコレが不満」という言葉に当たる「隠れ不満」を探してください。

⑤ いくつかの「隠れ不満」が出てきたら、それを「確かに、ソレいいかも！」という変換をして、「隠れニーズ」を探ります。

⑥ 右側の「隠れ不満」と「隠れニーズ」を見ながら、左に目を移し、商品やサービスが提供できる機能・価値・体験を洗い出します。

⑦ 右と左を交互に見て、人生側のニーズに応えつつ、商品・サービスで提供可能なことを合

わせた「本質課題」を考えます。あまり難しく考えず、**「これができれば嬉しい！　そしてできそう！」**と思えるような発見が生まれれば、それが、その企業、プロジェクトが「本当に解決すべき課題」になります。本質課題は、ひとつではなく、いくつも考えるほうが、良いでしょう。

⑧本質課題がいくつか生まれたら、そこからより「商品が欲しくなる」ようにアイデア化するプロセスがあります。ここには第5章で紹介する「ストーリー」が関係します。

⑨最後に、アイデアです。アイデアの中には、世の中に広める実現案（プラン）もありますが、社内のビジョンや、コンセプトも入ります。仕事に合わせて、何を最終アイデアにするかを決めて、考えれば良いでしょう。

これで、「人生思考」を使った「人生共感図」のアプローチは終わりです。少し難しく思えたかもしれませんが、**実は、商品と人生を交互に考えるだけ。**良いアイデアを考える人は、頭の中で瞬時にこれをこなしていると考えてください。そして、皆さんも、慣れれば数分、いや、数秒でできるようになると思います。

人が幸せになるシーンをイメージすれば、答えが出る

人生共感図を使うメリットは、**世の中に強く共感されつつ、企業もしっかり納得でき、かつ実現可能な本質課題が生み出せる**ことにあります。これが決定的に重要です。

実は、**本質課題が設定できれば、アイデアの良し悪しはさほど問題ではありません。**これを言うと驚かれるかもしれませんが、僕の長年の経験から、課題が良ければそれを解決する方法（アイデア）も自ずと良くなっていくとわかっているからです。

人の心を動かす発見でなければ、アイデアとは呼べませんが、先程も触れたように、人の不満やニーズを踏まえた「本質課題」は十分に人の心を動かす発見にあふれているので、それを解決するものは、どんなものでもア

人生共感図で考えれば
提案相手と世の中を
同時に動かせる

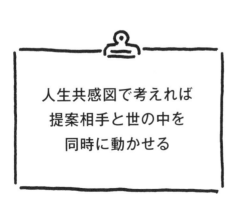

イデアと呼べるレベルになるのです。ゆえに、本質課題を解決するだけでも十分なのですが、さらに良いアイデアにするには、より深く心を動かし、より広く伝わることを考える必要があるわけです。ゆえに、**「本質課題の解決＋より深く心を動かす＋より伝わる＝良いアイデア」**と覚えておくと良いと思います。

ちなみによく、アイデアは天から降ってくるように言われますが、**実は、地道に考える人のほうがアイデアを思いつく力がある**と思います。ただし、そういう人に「アイデアを考えてください」と言うと、「自分にはできない」とか「センスがないと無理でしょう?」と答える人が多いのも事実。でも、人生共感図を眺めながら身近な人の人生や、自分の暮らしを想像して、「実は、コレが不満（隠れ不満）」を見つけたり、「確かに、ソレいいかも（隠れニーズ）」を地道に探せれば、誰でもカンタンにアイデアを見つけることができます。特に、ビジネスではアイデアと「才能」はあまり関係ありません。突飛なことを考えるよりも、**人生共感図を踏まえ、地道に人生を見つめる人にこそ、ビジネスのアイデアを生む力があり、クリエイティブな人**だと僕は思います。

このように人生共感図は、ビジネスに必要な本質課題の設定やその解決方法を生み出すのに画期的な効果をもたらします。一度慣れれば使い方もカンタンで、応用範囲も広いのでいろいろ使ってみると良いでしょう。プレゼンに向けて企画を考えたり、提案をつくったりするときはもちろん、たとえば、**経営で悩んだとき、チームの士気を上げたいとき、社内の課題を解決したいときでも、人生共感図を使えば、本質的な課題がわかり、適切な解決方法にたどり着くことができます。**

本当に不思議なのですが、人生共感図の右側に「人生」と書いて眺めるだけで、**その商品が人生を良くしてくれそうなシーン**を考えることができ、結果的に課題が解決することが多くあります。この人生共感図はとてもシンプルですが、本当に効果的なのでぜひお試しください。

人生共感図で缶コーヒーを売るには？

少し概念的に話しすぎましたので、ここで、例を挙げながら人生共感図を使っていきましょう。テーマは**「売れる缶コーヒーの開発アイデア」**です。

まず好きな缶コーヒーブランドの名前を紙に書き（もしくは目の前に缶コーヒーを置いて）、

その横に「人生」と書きましょう。ここで、より明確なターゲットを設定するとさらに考えやすくなるので、ここでは仮に「働く30代男の人生」と決めました。ターゲットは身近な人にするほうが想像もしやすく、よりリアルなアイデアにたどり着けるので、あなたの周りにいる人を考えると良いでしょう。

これだけで準備は完了です。それでは商品と人生を眺めながら、先ほどの①〜⑨の順に考えてください。

特に右側では、楽しんで妄想することが大切です。ターゲットは、**朝から夜までどんな風に暮らし、どんな思いのときにコーヒーが飲みたくなるか？　若かったときや歳をとった後の彼とコーヒーの関係を想像するのも良いでしょう。**働く30代男とコーヒーの間にはどんな「不満」と「幸せなシーン」があるのかを妄想していくのです。とにかく、そうしてコーヒーと人生を見ていくと、人生のふとした一瞬に、「実はコレが不満」で、「確かに、ソレはいいかも」という不満やニーズが見えてきます。

その後、その人生を横目に見ながら、⑥の缶コーヒーが提供できることや、共感できると思うことなどを列挙していってください。

そうしていくと、左右の接点（本質課題）として、様々な開発視点が見えてきます。一度、僕が考えた不満やニーズ、商品価値、本質課題までを書き入れてみました（次ページ図）。

缶コーヒー開発の人生共感図

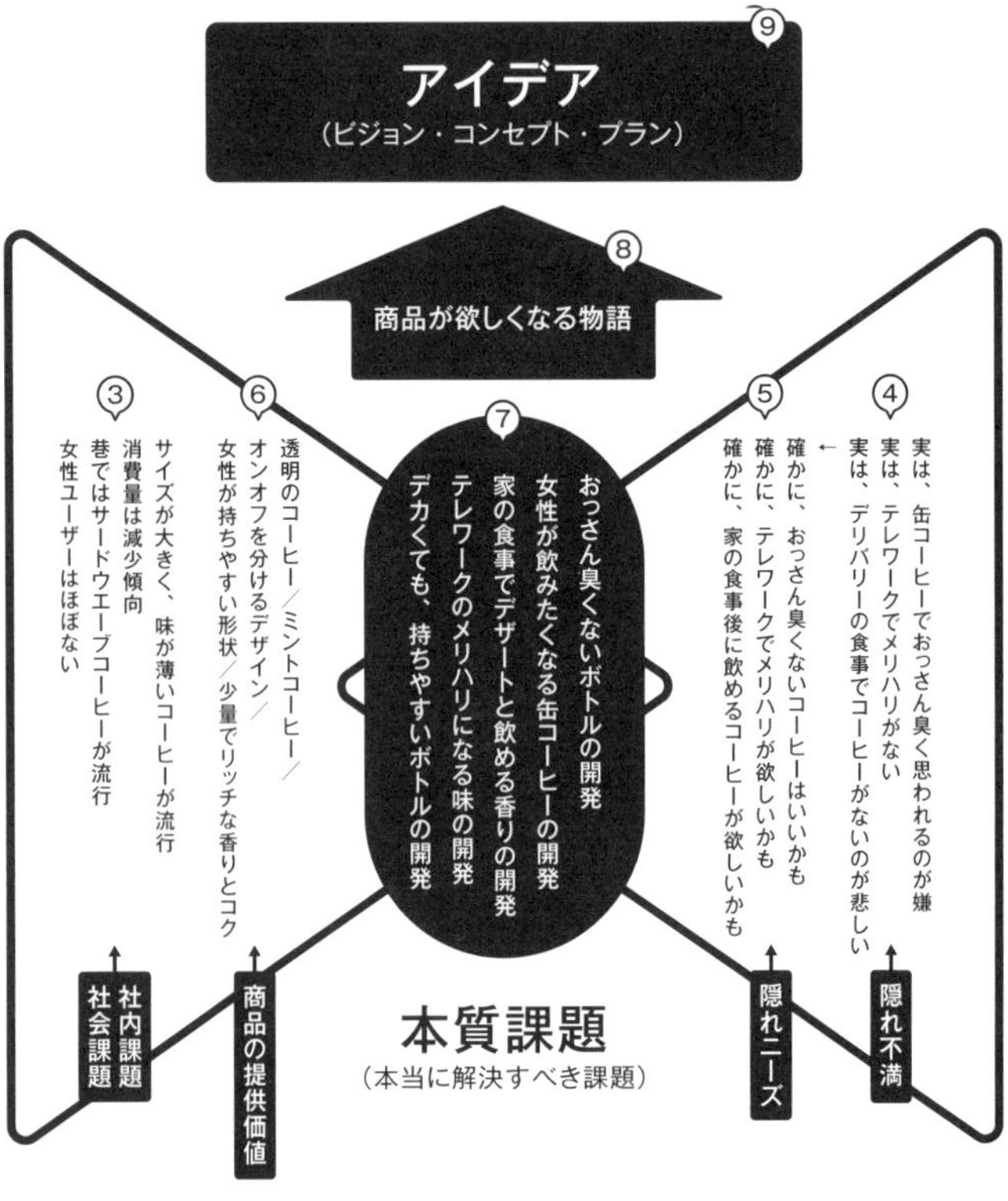

このように、人生共感図に即して少し考えるだけで、いくつかの「本質課題」が思いつきました。まだまだ、数も精度も足りないですが、この中には、ただ「売れる缶コーヒーをつくろう」という課題から解決方法を探すだけでは、絶対に生まれない発見がたくさんあると思います。

そもそも思考＋人生共感図で、さらに精度の高い「本質課題」へ

人生共感図の使い方について少しわかっていただけたでしょうか？　もちろんここに挙げたのは一例で、もっと多くの不満やニーズ、そして商品サイドでの発見ができると思います。ぜひ、あなたの仕事でも活用し、そこにいろいろな不満やニーズなどを書き連ねてください。そうすれば思わぬ発見が生まれ、まだ世に出ていない「隠れニーズ」が見つかるかもしれません。

さて、かつて大ヒットした**「朝専用缶コーヒー」**という商品も、「実は、朝がシャキっとしない」「実は、朝、コーヒーを飲む時間がない」という隠れ不満から、「確かに、朝専用の缶コーヒーなら欲しいかも」という隠れニーズを探し当てた結果の賜物だと思います。**人生共感図は、これまで埋もれていたり、考えが及ばなかったアイデアにたどり着くための発想術**です。だから、「このジャンルの商品は、もう売れない」「コモディティだから、売れるサービスはできない」と諦めずに、人生共感図を使ってみてください。きっとその商品を売る「発見」が生まれると思います。

僕はどんな仕事でもこの「人生共感図」で考えます。クルマの広告をつくるときも、アプリを開発するときも、ホテルをプロデュースするときも、企業経営に参画して発言するときも、国家的な戦略を提案するときですら、常に**隣に「人生」**と書いて本質課題を探すのです。

僕はコピーライターです。だからクルマづくりのプロでもないし、経営のプロでもない。でも、そんな僕が様々な会社に呼ばれるのは、僕がプレゼンする**「人生と関連するアイデア」に高い価値があるからだと思っています。**どんなに優れた人たちでも、自分たちの商品やサービス、企業、グループに固執してしまい、その中身を中心としたアイデアになりがちです。だから、人の暮らしと商品の間にあり、しかも表層的にではなく、人を幸せにする本質的なアイデアを見たいと言われるのでしょう。

「人生」と並べて考えれば、商品だけにとらわれず、人を幸せにするための本質的な課題（問い）が見えてきます。そして、これからの混迷の時代には、その本質的な問いこそが光となって道を照らしてくれます。だからこそ、未来をつくるプレゼンには人生共感図で生み出した本質課題とアイデアが必要となるのです。

ところで、第2章では、「そもそも思考」が本質課題を見つける鍵だと説明しました。もちろん「そもそも思考」だけでも、本質課題の追求ができますし、僕も日々の仕事では「そもそ

そもそも思考＋人生共感図

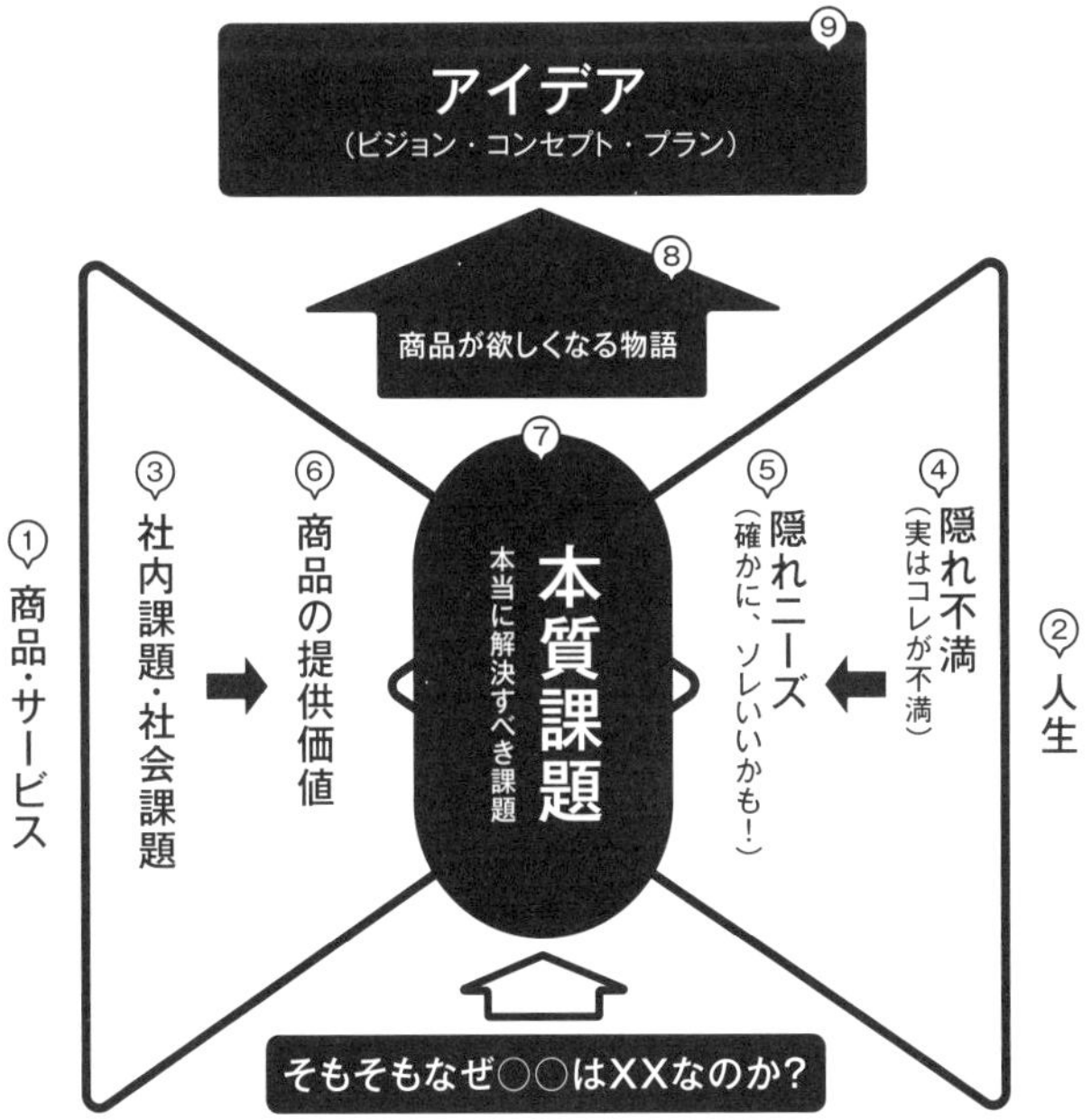

も思考」で考えています。ただ、プレゼンや重要な意思決定のように、**より精度高く「本質課題」を発見する必要があるときには、「人生共感図」を使うほうがベター。そして、その2つをまとめて、「そもそも思考＋人生共感図」のセットで考えるのがベストだと思います。**この セットだと、「そもそも思考」でまず一歩下がった視野から課題を見ることができ、さらに商品性とのマッチングも見ながら「隠れ不満」「隠れニーズ」を考えられるので、よりクリアに本質課題が見えてくると思いま

す。さらに、商品と人生の両方を「そもそも思考」で考えられるので、「プレゼンの相手」と「世の中の人々」、双方に強い共感を生みやすくなります。

聞き手と世の中、2つのターゲットを同時に動かすために

さて、ここで一度、プレゼンに関わる2つのターゲットについて考えてみましょう。その2つとは、先ほどの、「プレゼン相手」と「世の中の人々」。僕はこれらを「プレゼン・ターゲット」と「マーケット・ターゲット」と呼び分けています。

ではまず、「プレゼン・ターゲット」の思いに目を向けてみましょう。クライアントや会社の上司、ステークホルダーなど、プレゼンテーションの相手となる「プレゼン・ターゲット」の人々は、常日頃から「どうにかして売れる方法はないか」「新しく顧客になる人々を発見すべきだ」「社内の現状をブレイクスルーしたい」などを真剣に考え続けています。さらに、日々のビジネスの状況から、既存のアイデアの焼き直しや何かの模倣では「もう突破できない」ことをわかっているので、新しくて面白い提案を求めています。この「プレゼン・ターゲット」

を突破しなければ、そもそも提案する商品やアイデアも世の中に出ません。だから、まずはこのプレゼン・ターゲットの思いを満たすプレゼンをしなければいけないわけです。

これ、当たり前のことなのに、プレゼンでは忘れることが多いのも事実。世の中の人々（マーケット・ターゲット）の思いにフォーカスしすぎて、企業の中にいる相手を忘れてしまうのです。

でも、実は、先ほどの人生共感図を使えば、このプレゼン・ターゲットの思いを満たすことができます。商品と人生、どちら側からもアプローチするので、企業の商品特性や共感ポイントをしっかり踏まえつつ、人生側の隠れ不満、隠れニーズに立脚した、これまでにない視点＝本質課題が発見できるからです。このように「プレゼン・ターゲット」の思いを満たせることも人生共感図のメリット。あまり目立ちませんが、**プレゼン相手の心と、世の中の購買者の心を同時に動かすことができるのは、**実はとても重要なポイントです。

次に、もう一つのターゲットである、マーケット・ターゲットについて話を進めましょう。

マーケティング上のターゲットと言えば、一般的に、消費者や購買者と定義されますが、僕は、マーケット・ターゲットを、**「思いを届ければ行動してくれそうな人」**だと規定しています。

大切なのは「行動してくれそう」ということ。ゆえに、買う、集まる、応援するなど、実際に行動してくれそうな人を、世の中のマーケットの中で見極めることが大切になります。

でも、この絞り込みが難しい。先ほどの2つのターゲットのうち、プレゼン・ターゲットは事前に調べられますが、世の中の人々すべてを事前に調べ、理解することはできないからです。さらに、ターゲットとして考える「範囲」もまた、難しい。もちろんメインとなるのは、実際に「行動してくれそうな人」なわけですが、実は、その周りにいる家族やその彼女も購買に寄与するかもしれないですし、商品を売る販売店のスタッフも流通で届ける人も、自社の社員や家族、さらに工場で働くバイトくんですら、その商品を広めてくれる可能性がある。さらに、予期せぬ理由で購入する人やYouTubeで広めてくれる有名人もいる……、つまりいろんなタイプのターゲットがいるので、彼らそれぞれの人生を丁寧に考える必要が出てくるわけです。

「そんな細かな人たちまで相手にできないよ！」と怒られそうですね（笑）。もちろんそれはわかっています。ただし、多様性の時代になり、以前のマーケティングに比べてターゲットが複雑化していることを理解してほしいのです。なんとなく、買ってくれそうな人がたくさんいそうな層だから、そこをターゲットにしよう……なんて時代はとっくの昔に終わり、今や、**小さなコミュニティが大きな世の中をリードして動かしている時代**です。

それなのに、誰をターゲットにすればいいかわからないから、とりあえず広めに考えておこ

一番届くのは、一人のターゲットに向けたメッセージ

× みんなに届け（伝わらない）

◎ あなたに届け（伝わる）

うとする企業が多いのも事実。でもそれだと、街角に立って拡声器で大きな声を出している選挙の候補者のように、結果的に誰も立ち止まって聴いていない状況になります。的（＝ターゲット）に向けて放たれた矢じゃなければ的に当たらないように、特定の誰かに向けて放たれた言葉じゃないと誰にも届きません。思いを届けるには**「みんなに届け！」ではなく「あなたに届け！」という意識が大切。**しっかり思いが伝わるためには、常に、ターゲットをしっかり決めることが重要です。もしターゲットが決めにくい商品だったとしても、一度無理にでもターゲットを明確にして（できれば身近な人をイメージして）人生共感図に進むべきだと思います。

多くの人に届けるためには、まず、最初の一人に深く刺さるべき。それが僕のターゲットの考え方。そして長年経験を経てたどり着いた、極意でもあります。一人に深く刺されば、そこから思いがつながり、広がる時代で

す。だからこそ、その一人を絞り込むのが大切なのです。
「でも、その最初の一人を誰にするかが難しい……」。その意見もわかります。だからこそ指針が必要となりますが、僕がその一人を決める指針は、実は、「深さ」です。

ターゲットは、「多さ」より「深さ」が大切な時代

僕は、どんな商品であっても人生との関わりを見つけることができると思っています。つまり、どんな人がターゲットでも、その商品を「欲しい」と思ってもらえるアイデアをつくれるということです。なぜそんなに自信があるのか？　それは、**人生共感図を使って、どんな人の人生のそばにも「商品とニーズの接点」を発見できるから**です。

ただ、そのニーズの強さは人によって異なります。だから僕は、できるだけその**ニーズが深く、強い人を、メインのターゲットとして選びます。**たとえ一人であっても、数が少なくても、思いが深ければ大丈夫。その人は強い思いでその商品を買い、そして、自分ごととして商品を

広めてくれるからです。ＳＮＳの時代には、思いが深く、ニーズが強い人々こそが情報の「ハブ」となります。その思いは、マス・コミュニケーションを超えるほど広い情報拡散を生み、新たな購入者を増やしてくれます。その核となるのが、**深く、強いニーズを持った個人やコミュニティ**。これが新しい時代のターゲットだと僕は思っています。

昭和や平成までは、年齢が属性を表していました。学生でいる年齢、結婚して子どもを産む年齢、孫を持つ年齢など、人生のステージと年齢が紐付いていたからです。そしてそのステージに合わせて商品が開発され、広告がつくられ、販売企画がつくられていました。その頃はターゲットを「マス」、つまり多人数で構成する一団として捉え、Ｆ１やＭ２（Ｆ１は20～30代の女性。Ｍ２は35～49歳の男性）のようにざっくりとしたマーケティング属性に合わせて商品をつくり、それを広告すれば売れた時代だったのです。

でも、今は多様性の時代。そしてＳＮＳの時代です。

人々は生き方も、志向も、働き方も、趣味も、つながる人もバラバラ。さらに、見ているメディアも発信するメディアもバラバラで、ターゲットを年齢や性別などの大きな属性で捉えることは難しくなりました。

今や、食やファッションや音楽はもちろん、ＩＴ機器やアプリ、自転車やサウナなど、様々なものが超細分化した興味によって支えられています。

これまでマスをターゲットにしていた大企業が少人数のターゲットに向けたサービスを開発するのも、もう普通のこと。もはや、**小さなコミュニティこそが大きな注目を集める時代だし、昔風のマスターゲットは今後も存在しない**と考えたほうが良いでしょう。

そう考えれば、これからのビジネスのターゲットは、**情報を届けられる人の「多さ」ではなく、興味の「深さ」で選ぶべき**だと言えるでしょう。そして、できるだけ小さな単位（個人／コミュニティ）にまでターゲットを絞り込み、その熱量の高い少数に対して突き刺さる提案をすることが重要になってくると思います。

SNS時代のターゲットは、
人数の多さではなく、
思いの強さで選べ

世の中の興味は、小さなところにある

一人や少数をターゲットにするからといって、小規模のビジネスで終わるかといえばそうではありません。先ほども触れたように、今はSNSの時代。一度刺されば、ファンからファンへ、家族から家族へ、友人から友人へ、SNSを使って横連携を生み出すことでビジネスに大きな可能性が生まれるからです。

では、そういう時代のプレゼンはどうあるべきか？

もちろん「50代の男性へ向けた戦略です」なんて大雑把なものは通用しないにしても、少数にアプローチするだけで、自然に広がるのを待ちましょう……というのでは、良い提案にはなりません。そこで、ひとつ、良い考え方をお教えしましょう。

それは、**「逆アプローチ」**という考え方です。

逆とは何か？　それは、これまでのように、マス（集団）へアプローチした情報を、結果的に細分化したターゲットに届けるのではなく、**逆に、細分化されたライフスタイルをマス向けに提案するという方法**です。これを僕は**「虫眼鏡アプローチ」**と呼んでいますが、まさに新しい時代において、多くの人を動かすアイデアの仕組みだと思います。概念で説明すると難しい

ので、例を出して説明しましょう。

まずは「吉野家」の例です。吉野家は、2019年から、まさに「虫眼鏡アプローチ」でキャンペーンを展開していました。それが**「#オレの吉野家」**。一部の吉野家マニアだけがやっていた食べ方をまとめて、マス向けに提案するという活動です。たとえばアタマ(具の部分だけ)の大盛りとか、ネギだく(多め)のようなこだわりの食べ方が紹介されているのですが、その組み合わせなどが超細分化していて面白く、多くの人々が真似をしてどんどん広がったのです。

いまは、「知られていない当たり前」が、マスの興味を掻き立てる時代

今はこのように、**超細分化したコミュニティの中にある「知られていない当たり前」が、マスの興味を掻き立てる時代だと言えるでしょう。**テレビで「マツコの知らない世界」や「激

レアさんがやってきた」などが流行していたり、ネットやYouTubeでマニアックな解説に人が集まったりするのも、虫眼鏡アプローチが時代の気分だからだと言えます。

まさに昭和的なマス・マーケティングとは逆の、超細分化されたコミュニティからマスへのアプローチ。僕は、「虫眼鏡アプローチ」から生まれたアイデアが、これから面白くなっていくと期待しています。


ところで、この「虫眼鏡アプローチ」を応用すると、様々な商品開発やキャンペーンも発想できます。

たとえば、僕の会社が開発に参加した大塚食品の**「e3」**がそれ。日本ではまだメジャーではなかったe-SPORTSコミュニティとタッグを組んで開発した、「頭のスポーツドリンク」です。

本気のゲーマーのニーズを探ると、実は「意外なほどカラダを気遣っている」「トイレに行きたくなるといけないので水分補給は制限する」「一試合戦い抜くために、効率よく、こまめに、必要なぶんだけエネルギー補給す

激レア、やりすぎ、マニアック。
小さくて強いこだわりを
虫眼鏡で大きくして、
世の中に出せば流行する

る」「集中力と同じぐらい持続力を重視している」「ゲーム中に飲むベストドリンクを探している」など、e-SPORTSプレイヤーでなければわからないニーズが発見されました。

この、**「世の中には知られていないけれど、そのコミュニティでは当たり前なこと」**からつくった「e3」は、発売当初、オンライン限定だったにもかかわらず、多くの人の心を掴み、2020年の4月には全国の自販機や店頭での販売へと広がるほどの成長を見せました。まさに、小さなコミュニティが強い興味や情報力を生む、良い例だと思います。

BRAIN SPORTS DRINK【e3】

小さなビッグマーケットを、探せ

さて、僕の本業であるコピーライティングの話を、少しさせてください。「サラリーマンという仕事はありません」（西武セゾングループ／糸井重里）というコピーをご存じでしょうか？　時代は昭和。世の中は「サラリーマン」とか「主婦」のような、ざっくりとした属性で人をまとめていた時代でしたが、その時代へ向けて、「本当はそんな『枠』なんか存在しないから、みんな個性を大切にしよう」と訴えかけた、僕が大好きなコピーのひとつです。

先ほども話したように、昭和という時代はライフステージや仕事の区分が単純でした。ゆえに人々はその「枠」の中に押し込められて暮らし、遅く結婚したり、仕事を辞めただけでも、「あいつはおかしい」と奇異の目で見られたのです。本当はみんな個性を持っていたのに、それを発信することも、主張することもできなかった時代。今と比べると昭和はとてもおおらかに見えますが、自由に生きたい人には窮屈な時代だったのかもしれません。

でも今は、**本当に「サラリーマンという仕事」がなくなった**と思います。もちろん仕事としてはあるのですが、それが指し示す「枠」がなくなったのです。今は、サラリーマンでありながらYouTuberであり、料理研究家でもある人がいるように、様々な「自分」になれます。さらに、どんな人でもSNSを使って発信し、オフ会、コミケ、応援上映などのコミュニティに集まり、noteで発表できる時代です。きっとこれからも、SNSや表現手段は次々に革新され、個性を表現する方法や興味で集まる手段が山のように出てくるでしょう。そして、それらに合わせて人々の興味や趣味はより多様になり、人々はいくつものコミュニティに所属するようになると思います。

でも、みんなが小さなコミュニティの情報だけで暮らすようになるかと言えば、それは逆だと僕は思います。最近のインスタやTik Tokでの拡散がそうであるように、小さなコミュニティで始まった面白いことは、コミュニティを複数掛け持つ人が拡散し、またたくまに社会全体に広がるようになります。そうなれば、ごく小さなところにあった、**「知られていない当たり前」の価値が急上昇し、細分化されたコミュニティの価値も急拡大するでしょう。**メディアや企業は、いかにそれを早く知り、広げるかの競争を始めます。ごく小さなコミュニティが、大きなマーケットへの影響力を持つようになるのです。

僕はそのようにニッチな興味や偏愛で構成されていて、かつ、大きなマーケットを動かしそうなコミュニティを、**「小さなビッグマーケット」**と呼んでいます。小さなコミュニティはまさに大きな可能性を秘めていて、そのマーケットに注目すれば、新しいビジネスも見えてくるのです。

もちろん、ここで話してきているようにターゲットをピンポイントに絞ると、「そんなに狭いマーケティングなんて、効率が悪くてできないだろう」と言う人もいるでしょう。でも、**ごく少数の人々でも、「すごく面白い！」という強い思いが生まれているものには、大きなパワーがあり、ビッグマーケットへと成長する可能性もあるのは事実です。**かつて、ジョン・レノンが歌った「ウーマン」が、オノ・ヨーコ一人のために書かれた曲だったにもかかわらず、世界中の女性に共感を生み、今も歌い継がれているように、たった一人や少人数のコミュニティに共感される強い思いが大きなうねりを生む可能性は大いにあります。そして、多様性とＳＮＳの時代には、その小さな波が世界レベルの波となることも十分にありえるのです。

新しい時代の
ビッグウエーブは、
小さなコミュニティ
から生まれる。

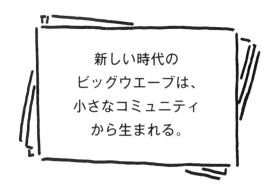

お母さんに、ネグリジェを買ってもらう方法

さて、この章のテーマは「人生から考える」でしたが、**ターゲットの人生**に寄り添うことがいかに大切かというお話をするために、少し脱線させてください。

以前、広告学校で教えているときに**「あなたのお母さんにネグリジェを買ってもらう方法を考える」**という課題を出したことがありました。そのとき生徒から提出されたアイデアは、「その歳でもネグリジェが似合うよと伝える」とか「ネグリジェの素材と気持ちよさを伝える」といったものばかりでした。

でも、それでは高齢のお母さんは買いませんよね。やっぱりちょっと恥ずかしいですからね。きっとアイデアを出した本人たちも、「これじゃ買わないな」と疑いながら出していたと思います。

そこで僕は言いました。「これで本当にあなたのお母さんはネグリジェを買うと思う？」と。みんな黙ってしまい、そして僕は話しました。

「実は絶対に買わせる方法がひとつあります。その方法とは『母ちゃん、俺、ネグリジェ屋になったよ』と伝えることです」。

ほとんどの生徒がキョトンとして、何人かの生徒が「え？　そんなのダメでしょ」という顔をしました。もちろんこれは、自分の母親にしか効果がない言葉だし、広告のコピーとしては使いものになりません。でも課題は「自分のお母さん」がターゲットです。自分の母親に電話をかけて「ネグリジェの会社に入ったから買ってくれ」と言ったらきっと心は動くと思います。

この話から学んでほしいのは、そういう突飛なアイデアを思いつこう！　ということではなく、まず「なんとかして心を動かしたい」と考えることが大切だということです。人を傷つけること以外なら、直談判でもなんでも、買ってくれる方法を見つければ良いのです。**「たった一人でもいいから、絶対にその人の心だけは動かし、買ってもらう」という強い意志から、すべては始まるのです。**

先ほども話したように、これからはＳＮＳの時代。そして深く強い思いがある人をターゲットにする時代です。極論すれば、たった一人だけをターゲットにしても良いのです。本当に強い思いを持っている人の心が動くなら、そのアイデアはきっと多くの人へ広がり、多くの心を動かすことができます。

僕らは、それを信じて、**まずごく身近な、一人の心を動かすことを考えましょう。**たくさんの人を相手にするのではなく、大切な人を見つめることから始めるのです。友人でも家族でも、クライアントの人でも上司でも大好きなYouTuberでもいい。その人の人生の中にある不満を見つけ、それをニーズに変え、心を動かすアイデアを考えるのです。それができなければ、多くの人を相手にすることはできないと思います。世界を変えたビジネスが、身近にいる、たった一人の不満を解決することから始まったように、これまでもこれからも、本当に心を動かすアイデアは、「一人」を見つめることから生まれると思います。

ところで、この「ネグリジェ屋」のアイデアも、先ほどの「人生共感図」から生まれています。まず、左側に「ネグリジェ」、右側に「お母さんの人生」と書き、

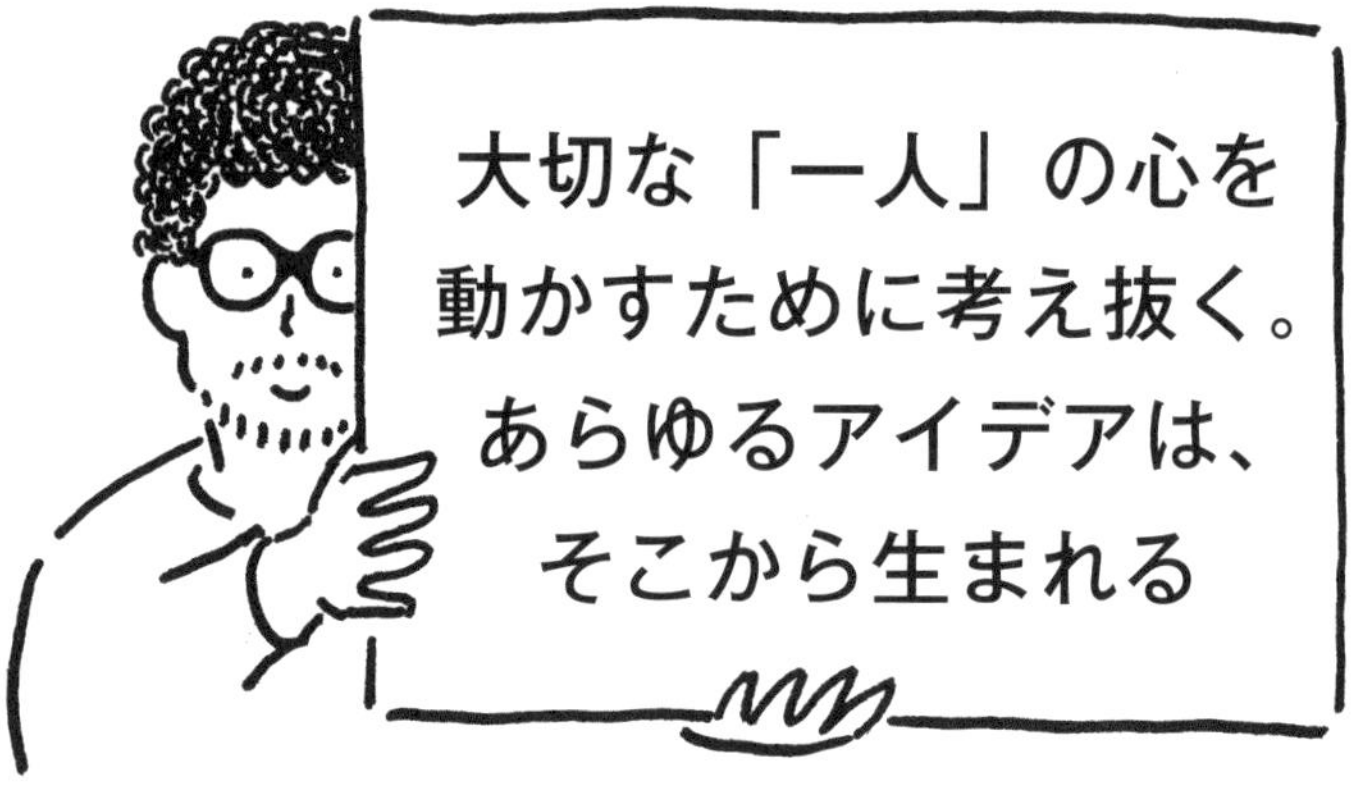
大切な「一人」の心を
動かすために考え抜く。
あらゆるアイデアは、
そこから生まれる

「たった一人でもいいから、絶対にその人の心だけは動かし、買ってもらう」という強い意志が大切

お母さんの暮らしに「ネグリジェのあるシーン」を妄想し、お母さんの「不満」を洗い出します。「実は、おばあちゃんと思われたくない」とか「実は、毎日の洗濯が嫌い」かもしれないし、はたまた「実は、締め付けるパジャマが嫌い」とか「実は、コロナ禍で会えない孫とのビデオチャットで着る服がない」ことかもしれない。このように、人生とネグリジェを並べて考えると、ないと思っていたお母さんとネグリジェに関係する不満がたくさん見えてきます。

その後、人生共感図の左側に目を移し、ネグリジェの「提供価値」を見比べつつ、ニーズを探れば、「確かに、20歳若く見えるナイトウエアなら欲しい」とか「確かに、パジャマよりも素早く乾くなら欲しい」とか、「確かに、孫に天女の踊りを見せられるひらひらが欲しい」と

いう隠れニーズが発見できます。

そして今回話したように、「確かに、子どもがネグリジェを売る仕事なら絶対買う……」というナナメウエのニーズも見つかるのです。

このように、**どんなに特殊な課題でも、ターゲットの人生を考え、なんとかその中にある「不満」と「ニーズ」を探し出す努力をしてください。** そうすれば、誰もが考えつかなかった本質課題やアイデアに行き着けます。なぜなら、世の中のどんなことも人生と関係する接点があり、それを追求すれば人は動くからです。まさに人生のそばに、アイデアは生まれるのです。

人生について考えていないアイデアは、アイデアではない

その昔、僕が所属していた広告代理店では、「このターゲットの嗜好性を数字で表すと……」なんていうプレゼンがよくありました。そこでは、「ターゲットは60代女性。この年代の75%は花柄が好き。55%はふわふわした服が好き。ゆえにこの花柄のネグリジェは売れます……」

というような話がされていたと思います。

でも、こんな話、信用できないですよね？（笑）　というか、想定されている女性のイメージがまったく想像できないと思います。ここまで極端ではないにしろ、こういうタイプの話は今も難しそうなプレゼン資料の中に生き残っていて、会議で議論されていたりします。もちろん、それでは根本的な議論にはならないし、ましてや革新的な商品などは生まれません。なぜなら、一人の人生をしっかりと見据えず、ざっくりとした属性で捉えた数字の傾向から生まれたアイデアは、誰の人生とも関係しないものになり、結局、誰も共感しないし、買わないものになるからです。

その人はどんなときに花柄を着るのか？　どういう思いでお金を払い、何を望み、どういう人生を送りたいのか？　そんな「人生」に関係した本音にこそ真実があり、アイデアの種となる「不満」が見えてきます。データではなく、実際に生きている人を想像し尽くした先にだけ、アイデアの種はあります。そしてその考えを徹底するために、「人生共感図」はあるのです。

ちなみに、僕が広告制作に関わった、ザ・プレミアム・モルツの**「最高金賞のビール」**や、日産セレナの**「モノより思い出。」**も、「人生」を商品の横に書いて考えたものでした。たとえば、ザ・プレミアム・モルツの場合、ビールの味をいろいろな言葉で表現していた時代にあって、それでは「きっと欲しくならない」と考えたことがきっかけでした。でも、プレモルがとても美味しいビールであることは間違いない。そこでビール好きの「人生」を横に書いて、「そもそもどんなビールなら飲みたいのか?」を考えたのです。すると、「誰かから薦められたビールは飲む」「賞を取ったのなら飲んでみたい」という隠れニーズが見つかりました。そうして、「モンドセレクション最高金賞受賞」というファクトをベースにした、「最高金賞のビール」という広告が生まれたのです。

また、日産セレナの「モノより思い出。」が生まれたのは、トヨタ、ホンダ、日産がミニバン戦争と言われるほど熾烈な競争をしていたときに、エンジンやドアやインテリアなどのスペックでは心が動かないと思ったことがきっかけでした。当時の「お父さんたちの人生」から考えると、家族とミニバンの間に、忙しくて家族や子どもたちを放ったらかしにしている「後ろめたさ」が見つかりました。そこで、本当に家族のことを考えているターゲットに、後ろめたさを解決するためにも「思い出づくりをしよう」という行動の指針を渡したのです。

どちらも、まさに、リアルな人生について考え、「隠れニーズ」に気づくことで、ターゲットが本当に動くアイデアが生まれたわけです。

さて、これらの例と同じく、僕が「人生共感図」を使い、身近な人の人生を考えつくして生まれたプロジェクトをもう一つご紹介しましょう。それが、第3章のコンセプトの事例でも触れた、**「プレミアムフライデー」**です。

ご存じの方も多いと思いますが、プレミアムフライデー（以後「プレ金」）は、国と経済界が「月末金曜の3時に、仕事を早帰りして、豊かな生活をしよう」と呼びかけた、個人消費喚起キャンペーンで、導入当初から「時短」が話題となり、早々に知名度が97％を超え、かつ、大きな経済効果を生みました。

PREMIUM FRIDAY

プレミアムフライデー

でも実は、**「時短」や「働き方改革」を組み込む予定は、当初の企画にはなかった**のです。

僕らのチーム（プレ金は経済産業省と亀山淳史郎氏、浜野良太氏と小西で推進したもの）は、企画当初から、「そもそも思考」に立ち返り、「そもそもなぜ個人消費が活性化しないのか？」と問うことを始め、さらに、人生共感図を使って不満を探り始めました。すると、「実は、何か買おうにも十分なお金がない」「実は、未来が不安で貯金するしかない」「実は、忙しくて時間がない」などの不満が、人生側に無数にあることがわかりました。そこで僕らは、大量にあった「経済活性を邪魔する不満」の中から「時間がない」という不満を抽出し、そこから「確かに、自由な時間があれば、学びや自己投資したい」という隠れニーズを見つけたのです。

人生共感図の左側だけで考えると、政府から一時金を渡すこと（たとえば「こども手当」や「Go To」など）も可能ですが、それでは持続可能ではないと考え、右側の隠れニーズに紐づけて、いっそ政府主導で「時短」を推奨し、人々が自由に使える「第三の時間をつくってはどうか？」という発想が生まれました。ここでついに、プレ金をつくるベースとなった本質課題に行き着いたのです。

この両側からのアプローチにより生まれた「本質課題」は、政府が「働きすぎの抑制」を考えていたことにもマッチし、「月末金曜、3時終わりで、ちょっと豊かに暮らす」というコンセプトに昇華しました。これにより、世の中の人に受け入れられつつ、経済活性化への政府の意向にもかなう、「プレミアムフライデー」が生まれたのです。

ちなみに、プレ金が大きな波となった最大のポイントは、「3時に帰る」という具体的なアクションを提案したことでしょう。これが「週末に数時間早く帰りましょう」という内容だったら、メディアも大きく取り上げず、世の中を巻き込むまでには発展しなかったと思います。

プレミアムフライデーの人生共感図

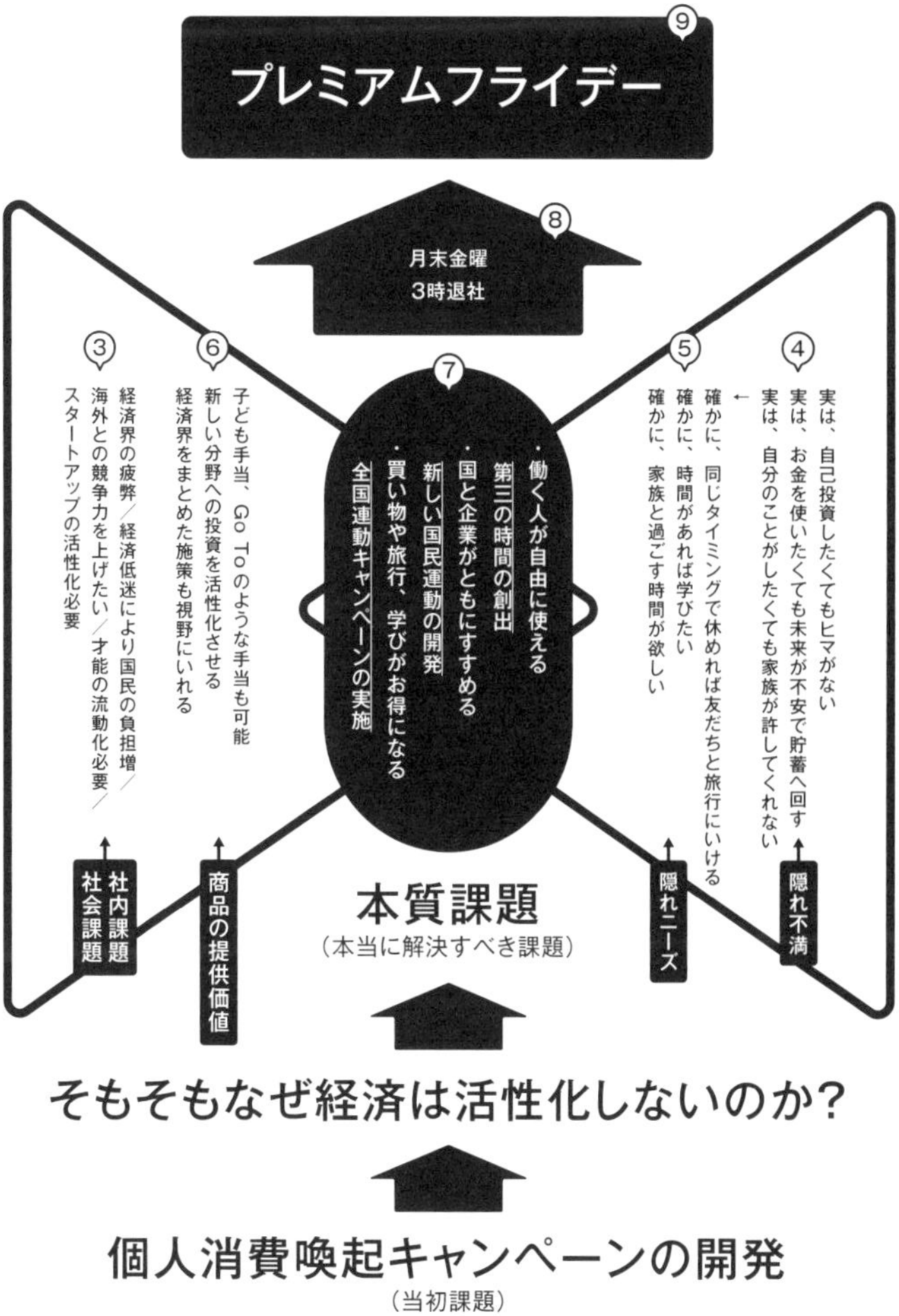
⑨
プレミアムフライデー
⑧
月末金曜
3時退社
① 政府／経済界
② 人々の人生
③
経済界の疲弊／経済低迷により国民の負担増／
海外との競争力を上げたい／才能の流動化必要／
スタートアップの活性化必要
⑥
子ども手当、Go Toのような手当も可能
新しい分野への投資を活性化させる
経済界をまとめた施策も視野にいれる
⑦
・働く人が自由に使える
第三の時間の創出
・国と企業がともにすすめる
新しい国民運動の開発
・買い物や旅行、学びがお得になる
全国運動キャンペーンの実施
④
実は、自己投資したくてもヒマがない
実は、お金を使いたくても未来が不安で貯蓄へ回す
実は、自分のことがしたくても家族が許してくれない
⑤
確かに、同じタイミングで休めれば友だちと旅行にいける
確かに、時間があれば学びたい
確かに、家族と過ごす時間が欲しい
社内課題
社会課題
商品の提供価値
隠れニーズ
隠れ不満
本質課題
（本当に解決すべき課題）
そもそもなぜ経済は活性化しないのか？
個人消費喚起キャンペーンの開発
（当初課題）

このように、「そもそも思考＋人生共感図」で、今を生きている人々のリアルな「不満」と「ニーズ」を考え、具体的なアクションにつながるコンセプトを生み出せば、商品のプロモーションはもちろん、国レベルのプロジェクトでも、人の心を動かす結果へとつながるのです。

もし、「国民の最近の志向のデータは……」とか、「F1とF2を動かすためには……」のように血の通っていない数字や属性でものごとを考えていたら、「忙しいから消費できない」という切実な思いや、「3時帰り」のようなリアルな提案に行き着けなかったかもしれません。人生を考えなければアイデアではない。本当にそれが真実だと思います。

皆さんもぜひ人生共感図でアイデアを考えてみてください。そして「隠れニーズ」を探ってください。どんなに困った課題でも、ターゲットの人生を眺めて妄想すれば、思ったよりカンタンにアイデアが湧いてくるでしょう。

プレゼンサイドストーリー④
コンセプトは変わる。ビジョンは変わらない

よく、「一度決めたコンセプトは、変えないほうがいい」と言う人がいますが、それは明らかな「迷信」です。変化し続ける世の中では、課題となることもどんどん変わっていきます。それなのに、**課題からビジョンへと人々の心を動かす「コンセプト」が変わらないはずがありません。**そう考えれば、ビジョンを達成するために、その時代や状況に合わせてコンセプトを変えていくべきだとわかるでしょう。

一方、「ビジョン」は、コロコロと変えるものではありません。航海における北極星のようなもの。不変のビジョンがあるほうが、迷いが生まれず、行動指針として機能します。

２０２０年は、新型コロナウイルスにより世界中が激変しましたが、その中でも迅速な判断と行動で成果を上げた企業がありました。そしてそれらの企業には、必ず行動の指針となる明確なビジョンがあったのです。

たとえばスターバックス コーヒー ジャパンは、コロナ禍において速やかに約8割の店の休

コンセプトは、時代（課題）に呼応して変化する

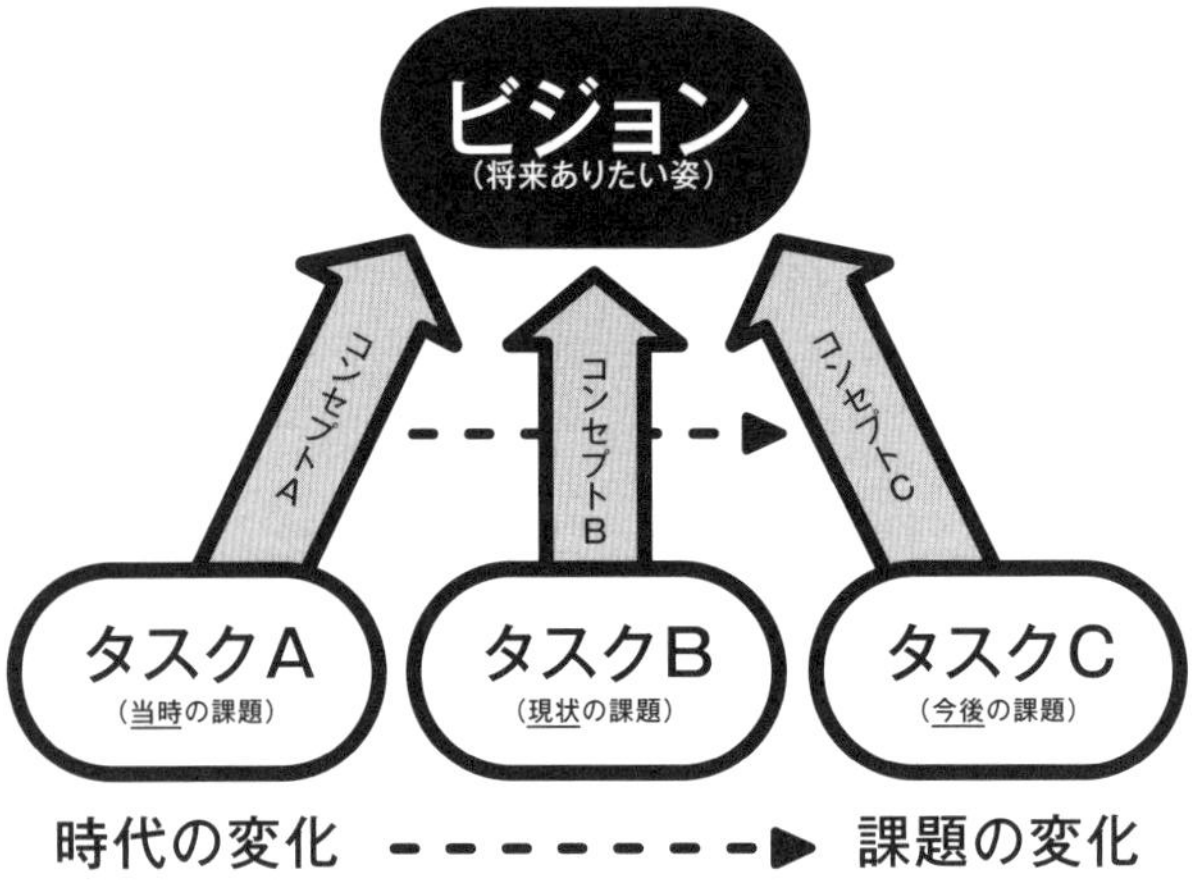

業を決定し、そのスピード感のある判断に社会は大きな称賛を贈りましたが、それは、お客様とパートナー（スターバックス内でのスタッフの呼び名）の幸せと健康を第一に考えるというビジョンがあったからです。ゆえに、営利企業としては苦渋の選択でも、すぐに行動に移せたわけです。また、吉野家は「うまい、やすい、はやい」というビジョンを指針にしながら、店内飲食からテイクアウトへと変化する顧客ニーズに対し、「テイクアウトでもおいしい商品」の開発へとコンセプトをチェンジ。いち早くテイクアウトの割引施策を実施することで売上を維持しました。

このように、「先の見えない時代」にこそ明快なビジョンを指針に、コンセプトを変化させて行動することが望ましいのです。

第5章

「伝わる」「売れる」を強化する

共感は「ストーリー」で広がる

「ストーリー」とは何か？

僕はよく、**「心を動かすプレゼンには良いストーリーがある」**と話します。でも、そのストーリーとは、いったい何でしょうか？

一般的に「プレゼンのストーリー」と言えば、10分や30分のプレゼンの「シナリオ」を想像される方が多いと思いますが、僕の言う「ストーリー」はそれではありません。プレゼンの「流れ」ではなく、提案内容への共感をさらに深くし、多くの人に広めるためのものを、僕は「ストーリー」と呼んでいます。

「ストーリー」は「デザイン」とともに、ビジネスの世界で急速に語られだし、ここ十年ほどは流行語のように使われています。この2つの言葉のうち、「デザイン」についてはもはや言及することもないほど有名なキーワードと言えるでしょう。「はじめに」でも触れた「デザイン思考」を取り入れた経営も多く、また、デザインラボのような部署を新設することで、企業をあげてデザイン力を上げる取り組みもされています。

ただ、もう一つの流行語である「ストーリー」については、多くの人が語っているものの、未だにあやふやな理解しかされていないと僕は思っています。そこでこの章では、今後のビジネスにとって決定的に重要となる「ストーリー」の意味と使い方について、踏み込んで語っていきたいと思います。

さて、過去を振り返れば、「ストーリー」という言葉は何世紀も前から使われています。おそらく、人類が生まれ、文字が創られてからこれまで、数十億、数百億もの「ストーリー」が生まれてきたことでしょう。シェイクスピアも紫式部も、はたまた伊坂幸太郎も、東野圭吾も、多くの名作ストーリーを生んでいますが、実は、名作ストーリーを書くにはひとつの成功パターンがあると言われています。

それは**「序章→盛り上がり→危機→どん底→クライマックス→解決」という骨格。**

一般的には、この中から「どん底」を抜いた5つが基本ですが、僕は、物語の高低をより際立たせるために、「どん底」を付け加えて6パートが良いと思っています。「どん底」はたとえば「死」「破綻」「別れ」などです。シェイクスピアもこの構造をマスターしていたと言われますが、あなたの好きなドラマや映画もきっとこの構造に沿っていると思います。

第3章で、心が動くには「驚き」「共感」「共有」の3つの要素が必要だと言いましたが、名作と呼ばれるものには、この6パートの中にその3要素もしっかり入っています。有史以来、人類はこの構造で物語をつくり続け、そして今でもその構造が色褪せることはないようです。もしあなたが小説家や映像作家を目指すなら、ぜひともこの構造を参考にしてください。

そして、皆さんはいったん、この構造をすべて忘れてください（笑）。

なぜなら**ビジネスで言う「ストーリー」は、こういう小説や戯曲のような「物語」ではないから**です。

ではどういうものがビジネスで言うストーリーなのか？　すでに、様々なビジネス書やWEBなどで「ビジネスでのストーリー」についての解説がありますが、ちょっとわかりにくいものも多いので、ここで一度、ビジネスの視点から「ストーリー」を紐解いてみたいと思います。

本書では、これ以後、小説などのストーリーのことは忘れ、「ビジネスでのストーリー」のことを「ストーリー」と書いていきます。

さて、ひと言でストーリーと言っても、ビジネスの中には「ブランドストーリー」や「商品開発ストーリー」「マーケティングストーリー」など、たくさんの「ストーリー」がありますが、これらの**ビジネスでの「ストーリー」に共有して言えるのは、小説などのように、その物語を**

読むことが目的ではなく、商品を売ったり、サービスを広めたりするための「機能」だということです。

これらは、主に企業や商品を売る背景として機能するので、バックストーリーと言い換えるとわかりやすいかもしれません。

「……それはつまり、プロジェクトXみたいな話ですか？」と以前に質問されたこともありますが、あれも商品開発のバックストーリーだから少しだけ正解なのですが、ああいう「泣ける・感動する・劇的な」物語である必要はないので、間違いだと言って良いでしょう。

商品が欲しくなる物語が、ストーリー

まず意識していただきたいのは、ストーリーとは「単なる物語」ではなく、**「商品が欲しくなる物語」である**ということです。

**ビジネスのストーリーとは、
読むことを目的とした
物語ではなく、
商品が欲しくなる物語
だと覚えよう**

人は、その商品に付随している「ストーリー」によって、驚くほど購買意欲が変わります。

たとえば、次の文章を読んで、一番欲しくなった醤油を選んでみてください。

・四百四十年続く老舗醤油屋の醤油
・白山水系の水だけで一年かけてつくる天然醸造醤油
・近代的な工場でつくられている醤油

おそらく、「工場の醤油」と答える人は少ないでしょう。でも実は、この3つは同じ醤油会社（福井県の室次醤油）の正しい情報。つまり同じ醤油なわけです。このように、**どういう話を選択するかによって、購買意欲は変わります。これが、ストーリーの力**です。

あるＷＥＢ記事でストーリーに関する面白い実験記事※を見つけたので紹介しましょう。

「１２９ドル相当の費用で安い品物を多数購入し、そこに作家の協力を得て『ニセのバックストーリー』を添えて売る実験をした。たとえば、99セントで購入した馬の置物の場合、「その置物の作家の父親にまつわるフィクション」や「70年代のフランスの酔っ払った交換留学生と馬との奇妙な体験談」などを添えて転売するわけだ。すると、99セントで買った馬の置物をなんと62・９５ドルで転売させることに成功し、価格を６２５８・５８％高める結果を生み出した。さらにその他のアイテムも同じような利益率で販売され、プロジェクト全体では合わせて８０００ドル近くの利益をもたらした」

いかがでしょう？　ストーリーの力が端的にわかったと思います。もちろん、ニセのストーリーをつけて儲けようという考えはよくないのですが、**ストーリーをつけるだけで、約60倍も商品が欲しくなったというのは、驚くべき事実だと思います。**このようにストーリーを使うことで、商品もサービスも売上が上がることは確実ですし、ストーリーを使えばあなたの提案もより良いものになることは、ほぼ間違いないということです。それゆえに、たくさんの企業が

※ https://willcloud.jp/blog/marketing/the-importance-of-story-telling/

「ストーリー」の力を使おうとしているわけです。

機能＋デザイン＋ストーリーで、爆発的に売れる

「プロダクトは機能で生まれ、デザインで革新され、ストーリーで拡散する」。これは、ビジネスデザイナーの濱口《はまぐち》秀司《ひでし》さんとお話ししたときに盛り上がった話ですが、ストーリーの機能説明としてとても的を射ていると思います。つまり、**ストーリーには、モノやサービスに意味性をプラスすることで価値を引き上げ、さらに言語的な波及効果を持つことでマーケットを広げる効果がある**ということです。

濱口さんはそのとき、ヘッドフォンの「Beats by Dr.Dre（以下Beats）」というプロダクトを取り上げてストーリーを解説されていました。「いまアメリカで売れているBeatsというヘッドフォンは、まさにストーリーで売れたものだと思います。まず、重低音がすばらしいという機能価値があり、デザインによりファッション性がとても高い。そこにドクター・ド

機能にデザインとストーリーが
加わることでもっと売れるようになる

× **機能だけ**

△ **機能+デザイン**

◎ **機能+デザイン+ストーリー**

レーというヒップホップの神様みたいな人気ラッパーが立ち上げたブランドというストーリーが加わって爆発的に売れたんです。音楽の神様が音作りをするなんて、とてもクールなストーリーですしね」。

これはまさに、**機能+デザイン+ストーリーで売れる**という証明だと僕は思いました。何でもコモディティになる時代、機能だけのモノは売れづらく、機能+デザインで初めて優れたモノになる。そしてそこにストーリーが加わることで、**モノに、尊敬や憧れ、信頼、時代性、かっこよさといった「欲しくなる感情」が付加され、それが、人を購買へと突き動かしたり、口コミで広めるモチベーションを生んだりするのです。**商品やサービスによって必要なストーリーは違いますが、とにかく良いストーリーがつけば、商品は売れやすくなり、そして広がると言えるでしょう。

しかし、ストーリーは**その必要性がなかなか理解されません。**

機能とデザインはまさにそのモノ自体を良くするのですが、ストーリーは商品の中身を良くするわけでもないし、見えることすらないのでその重要性がわかりづらく、扱いが難しいと思われてしまう。ゆえにデザインほど浸透していないのが現実です。

ただし、ストーリーがないと商品の価値が下がるのも間違いないこと。だからストーリーを理解して使っている企業とそうでない企業とで大きな差がついているのです。それゆえに本章では、できるだけカンタンにストーリーの意味と扱い方を話していきたいと思います。ストーリーが扱えるようになると、圧倒的に良い提案ができ、かつ、強いビジネスをつくれるようになります。もし企業レベルでストーリーが扱えるようになれば、あなたの会社も、アップルやダイソンのように尊敬される会社になれるかもしれません。

ストーリーは、「もっと欲しくなる」アイデアをつくる魔法

本書の「はじめに」でも話したように、僕は**プレゼンを制する者がビジネスを制する**と思っています。

これまで見てきたように、プレゼンはただの提案ではなく、商品開発から企業経営まで、様々なビジネスをドライブするスキルです。営業は、日々プレゼンですし、経営や人事の仕事も、ある意味、社員へのプレゼンだとも考えられます。スタートアップで重要な投資家へのピッチはもちろん、企業の広報・販促活動も、世の中へのプレゼンです。このように、どんな仕事、どんな時代でも、プレゼンのスキルが高くなればビジネスに良い効果が生まれるのは間違いありません。また、**プレゼンを深く考えることができれば、従来の考え方や過去の成功事例を模倣することなく、本質課題やビジョンを考えられるようになる**ので、商品・サービスの開発にも効果的です。

では、そのプレゼンに、「ストーリー」はどう関係するのでしょう？

人生共感図＋ストーリー

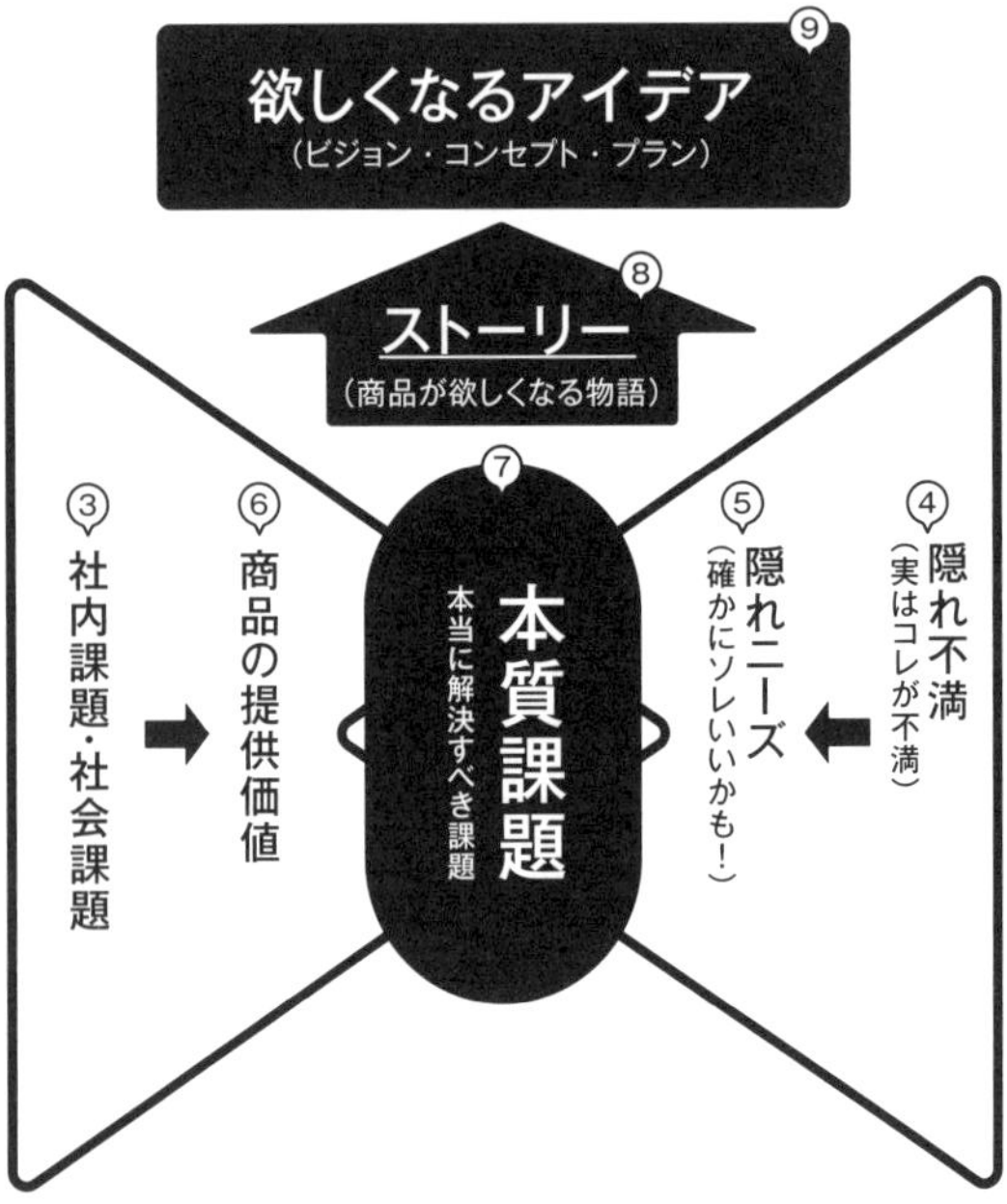

先ほどの「人生共感図」に、ストーリーを加えてみました。最初から⑧には「商品が欲しくなる物語」と書いていましたが、この⑧がストーリーというわけです。この図でもわかるように、ストーリーは、人生側、商品側からアプローチして生まれた本質課題から、「欲しくなるアイデア」を生むために機能します。

僕は、まさに、本質課題から生まれる**「アイデア」を「もっと欲しくなるアイデア」に変える魔法が、ストーリー**だと思っています。

その意味では、僕の職業であ

るコピーライターが生み出すキャッチコピーも、一種の「ストーリー」と言えるでしょう。たとえば、「Just do it.」や「Think Different.」「金曜日はワインを買う日。」「吸引力の変わらない、ただひとつの掃除機。」「モノより思い出。」など、これまでに様々なメッセージが時代を変えるほどのヒット商品を生んできましたが、そのすべては「ただの名言」ではなく、商品が「もっと欲しくなる」ように魔法をかける言葉だったからです。

ただ、ここ数十年で、マスマーケットにお金を投下して広告すれば売れるというロジックが崩れ始めると、ストーリーは新しい使われ方をし始めました。それが、**ストーリーを、商品に内包する**というもの。つまり、すでにつくられた商品に、広告や広報でストーリーをプラスして売るのではなく、**商品をつくるときから「ストーリー」**を考え、**「商品が欲しくなる物語」を内包した商品・サービスを「つくる」**ことが始まったのです。

ストーリーは、欲しいものをつくる機能でもある

実は、ここまでに本書で取り上げてきたいくつかの商品やサービスには、ストーリー（商品

が欲しくなる物語）が内包されていました。たとえば「パチパチしないポカポカニット」も「はなまるうどんの健康保険証クーポン」も「#オレの吉野家」も、**「欲しくなる物語」を内包していた**からこそ、話題になり、世の中に広がったのです。第4章で話したように、プレ金も「月末金曜、3時終わり」という明快なアクションをともなった「ストーリー」が内包されていたことで、一気に広がったと言えるでしょう。

先ほどご紹介した「Beats」や「ファブリーズ」などもそうですが、人々の隠れ不満を明快に解消したり、隠れニーズを的確に満たしているなど、そもそも「欲しくなる物語が内包された商品（機能・デザイン・ネーミングなども含む）」であれば、拡散にお金をかけなくても広く売れていきます。さらに、ストーリーは機能と比べて息が長いので、長く愛される「ロングテール」の商品もつくることが可能です。

このようにストーリーは、商品・サービス開発にまでその活躍範囲が広がり、ますます重要度がましていくでしょう。つま

ストーリーが、ビッグマーケットをつくる時代

✕ お金をかければモノは売れる

○ ストーリーがあれば売れるモノがつくれる

り、これからの時代を生きる企業にとって、**ストーリーは「欲しくなる物語」であると同時に、「欲しくなるものをつくるための物語」でもあり、企画・開発・提案にも、ストーリーをどんどん使っていくべきものだということです。**

ストーリーは、このように様々な角度から「売れる」ことに貢献しますが、実は、**世の中からの尊敬を生み出したり、社員のやる気を出すためにも効果的です。**皆さんもご存じのように、新しい時代の企業活動は、「売る」だけでは立ち行きません。コミュニティの運営やSNSでの発信、SDGsなどへの取り組みやボランティアのサポートなどもビジネスの重要な役割ですし、社員のケアやモチベーションのアップなども、企業ブランドを向上し、企業価値を押し上げる糧となるからです。

アップルやスターバックスの話でも触れましたが、**今や、企業への尊敬が、売上に反映する時代です。言い換えれば、売ること以外の部分をどう正しく行うかで、企業の売上が向上する**わけです。ゆえに、開発や販売以外の様々な領域でもストーリーを使い、より共感される企業活動をしていくべきだと思います。

ただ、注意点があります。それは、嘘や誇張はダメだということ。

ストーリーを使って強くアピールしようと思うと、ついつい、情報を盛ったり、小さな嘘をついたりすることが増えるのですが、それはブランドにとって致命傷になります。良いストーリーには強い拡散力がありますが、悪いストーリーの拡散力は、それをはるかに凌ぎます。タレントの醜聞や企業の不正などが、一気に拡散するのも、まさに負のストーリー力。

「人の噂も七十五日」と言われた時代とは違い、ネット社会では永久に汚名が残ります。ゆえに、ストーリーを使うときも、世の中の人が本当に望むものを、嘘なく届けようという意思が大切。そのためにも、人生共感図をベースに人々の不満や思いに真摯に向き合い、企業にも人々にも嘘がないものをつくり、届けるべきということになります。

ストーリーかどうかは、「3つの好奇心」で判断できる

さて、プレゼンを本当の成功へと導くためには、目の前にいる「プレゼン・ターゲット」に内容が伝わるのはもちろん、その先にいる上司やステークホルダー、そのずっと先にいる世の中の「マーケット・ターゲット」にも内容が共感されなければいけません。それはとても困難なことなのですが、実は、**「ストーリー」があれば、その「ずっと先」の人にまで良さが伝わ**

るようになります。なぜなら「ストーリー」が機能することで、商品が記憶に残りやすく、欲しくなり、話したくなるので、先の先の人にも「面白い話」として伝わるようになるからです。

ただ、もちろん、つくられたすべてのストーリーが機能するわけではありません。**「心を動かすストーリーかどうか」を見極めるハードル**を超えるものだけがストーリーとして力を発揮します。

そのハードルとは、**「知りたい！」「欲しい！」「話したい！」という好奇心が生まれるか、どうか。**

この3つの好奇心が掻き立てられるなら間違いなく、それは心を動かすストーリーだと断言できます。この3つは、心を動かすための三大要素、「驚き」「共感」「共有」のときにも登場しましたし、コンセプトづくりの重要な要素としても紹介しました。つまり、これら3つを意識していれば、常に心を動かすアイデアを生み出せるということです。ぜひ覚えておくようにしてください。

知りたい！欲しい！
話したい！を満たせば、
ストーリーになる

ところで、ストーリーに関するよくある間違いについ

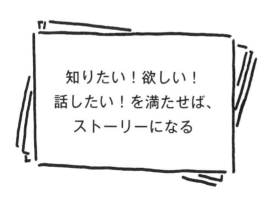

ても話をしておきましょう。最近ある企業から「うちのホームページにあるストーリーを評価してほしい」という相談が来たのですが、見てみるとそこには、女性が商品を使っている写真と、日記のような情緒的なエッセイが添えてあるだけで「知りたい！」「欲しい！」「話したい！」と思いませんでした。つまり、そこにはただの「物語」があるだけで、「ストーリー」はなかったわけです。

一般的に、ストーリーは「物語」と訳されるので、ただのエッセイや小説を商品に添える企業が多数あります。ただそれでは、読み物としては良いけれど、商品が欲しくなるわけではありません。もちろん長い文章でも、欲しくなれば良いのですが、その内容には必ず、「知りたい！」「欲しい！」「話したい！」という好奇心を刺激する要素が入っていなければなりません。

ゆえに、もしあなたがストーリーを開発したいと思ったら、まずはその**3つの好奇心を刺激することを考えてください。**その上で、少し立ち戻って、人生共感図から、本質課題を発見してください。順序は逆ですが、それでも十分に魅力的なストーリーが生まれるでしょう。

世の中を動かした、名ストーリーを知ろう

「アメリカン・ドリーム」は、
ワクワクする未来を提示したストーリーの好例

さて、これまでに世の中に生まれた、最高のストーリーについて少し話しましょう。たとえば**「アメリカン・ドリーム」**という言葉はご存じだと思いますが、実はあれも、アメリカへの**移民を増やすための「ストーリー」**として提示されたものでした。その昔、ヨーロッパでは貧困や身分制度により、民衆は国の暮らしに強い不満がありました。そしてその不満は、「なんとかそのしがらみから解放されたい」という強いニーズでもありました。そこで「アメリカなら今の身分にとらわれず、誰もがお金持ちになれる」という夢を提示したのです。この夢は、「知りたい」「欲しい（行きたい）」「話したい」という好奇心を刺激し、強いストーリーとなって、「危険を冒してもアメリカに行くという行動」を促しました。

まさに、ヨーロッパの人々へのプレゼンが、大成功したというわけです。ちなみにこの後、アメリカでは18世紀後半の独立宣言で「生命、自由及び、幸福追求の権利」が明記されましたが、それは、一攫千金を夢見て渡米した人々を突き動かした「夢を追うことは何よりも正しい！」という思いを正当化したことになると思います。まさに、アメリカン・ドリームという強いストーリーが、アメリカそのものを変えていった証だと言えるかもしれません。

また、世界中の人々が信じている**「サンタクロース」**も最高のストーリーのひとつと言えるでしょう。「聖なる日に、トナカイのソリで空を飛んで、子どもたちにプレゼントを届けてくれる白ひげのおじいさん」というファンタジックなストーリーは、貧困と厳しい労働に苦しむ子どもたちとそれを不憫《ふびん》に思う大人たちに共感され、全世界で3つの好奇心を刺激し、結果的に、「信じることにしよう」という行動を生み、巨大なビジネスへと広がったわけです。

他にも、フランスのキッチンウェアブランド**「ル・クルーゼ」**は、「食卓に飾るオシャレな家具」というストーリーから、日本で売れ始めたと言われています。ちょうど日本の女性が暮らしをオシャレにし始めた時代。キッチン用品にオシャレなものがないという「隠れ不満」をベースに、「見せるために買う鍋」という斬新なストーリーへと昇華したのです。もちろん、その鍋でつくられる新しい料理やカラフルな鍋で生まれるライフスタイルの訴求効果が大きかったとも思いつつ、そうした人々の隠れた気持ちを見事に切り取り、好奇心を刺激する名ストーリーだったと言えるでしょう。

さて、ここにご紹介したいくつかの名ストーリーは、そのどれもが、斬新で、かつ、その当時の不満を反映したものだからこそ、人々の好奇心を刺激し、強い共感を生み、行動を促したわけです。もしあなたがストーリーを考えるなら、まず、不満とニーズに着目してください。そして3つの好奇心を意識してください。それだけでも、人の心を動かすストーリーになると思います。

ストーリーのつくりかた

さて、ここまで、ストーリーについて詳しく話してきましたが、大事なことを忘れていました。それは**「どうすればストーリーがつくれるのか？」**という問いです。

ここまでに、ストーリーの定義（「商品が欲しくなる物語」であること）や、その役割（機能＋デザイン＋ストーリーで爆発的に売れること)、さらには、その見極め方（3つの好奇心が掻き立てられるかが鍵）などはお話ししてきましたが、まだ、ストーリーのつくり方をお話ししていませんでした。

もちろんですが、企画や提案の武器としてストーリーを使うためには、まず、あなた自身でストーリーをつくらなければなりませんし、そのためにはもちろんつくり方を知る必要があります。でもいきなり「ストーリーをつくれ」なんて言われても、何から手をつけていいのかわかりませんよね。実は、僕もそうでした（笑）。

そこで僕は、ストーリーをカンタンにつくれる「ストーリーの公式」を考えてみようと思ったのです。

そもそもストーリーとは、①不満の解決と商品価値をかけ合わせた「本質課題」から「欲しくなるアイデア」を生み出すものであり、②「知りたい！」「欲しい！」「話したい！」という3つの好奇心を刺激するものでもあります。それを踏まえ、ストーリーのつくり方として僕が注目したのが、③**「ワクワクする未来」**を妄想する、という視点です。

もちろん、これはビジョンの定義の言葉ですが、人生共感図を踏まえつつ、「ワクワクする未来」を妄想すると、未来に向けて人の心を動かすストーリーがつくれるということです。まどろっこしいので、これをわかりやすく一つの公式にまとめると、

ストーリーの公式

不満の解決×商品価値×ワクワクする未来＝ストーリー

これが、**「ストーリーの公式」**です。この公式から生まれた「ストーリー」は、あらかじめ「ワクワク」するようにつくられているので、十分に人の心を動かします。さらに、機能を強くするには、先ほどの②、すなわち、**「知りたい！」「欲しい！」「話したい！」という好奇心を刺激するかどうか**で見極めると良いでしょう。それをクリアすれば、間違いなく効果のあるストーリーが生み出せるようになります。

ちなみに数年前、ＣＭの大流行により**「ライザップ」**が一躍有名ブランドとなりましたが、あのＣＭで多くの人が動き出したのは、現状の課題の解決にプラスして、**ワクワクする未来の自分**がビジョンとして見えたからです。ストーリーは「商品が欲しくなる物語」ですが、欲しくなるには人をワクワクさせることが大切で、そして人をワクワクさせるなら、マイナスをゼ

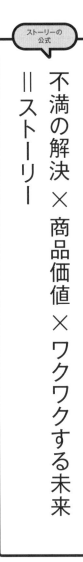

不満の解決×商品価値×ワクワクする未来=ストーリー

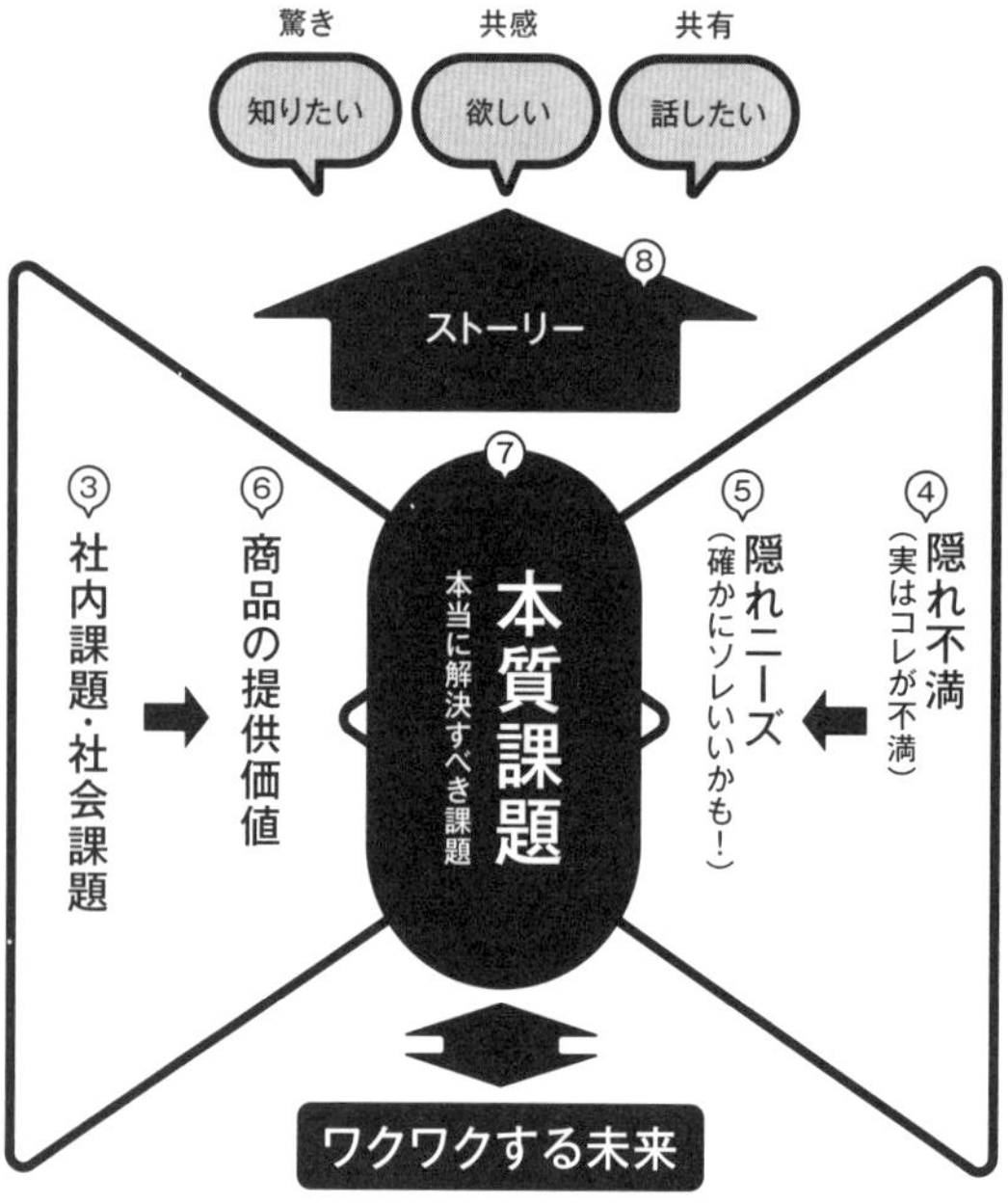

ロにするだけではなく、**マイナスをプラスにする発見が必要です。**ここでもやはり「課題↓未来」の提示が人を動かす力になるわけです。

たとえば、先述の「アメリカン・ドリーム」も、当時のヨーロッパにあった「生まれの身分や家の職業を超えられない暗黙の不自由さ」という不満を解決するだけではなく、**「自分たちも成功できる」という、ワクワクする未来を提示したからこそ人の心を強く動かしました。**これが、「アメリカには身分制度がないぞ！」とか「不自由を断ち切ろう」という話だったとしたら、人は危険を冒してまでも大西洋を越えなかったでしょう。「自由の国＋一攫千金」というワクワクするストーリーにすることで、人々の共感を生み、行動が生まれたのです。

ＡＫＢ48も同じ。アイドルには「会いたくても会えない」という不満に対して「会いに行ける」という解決をしただけでなく、ＣＤを買うだけで直接応援できる（しかも握手できる！）という、ファンにはたまらない「ワクワク」を生んだことが、すごいブームになった理由だと思います。

サントリーの伊右衛門では、「メーカーのお茶は美味しくない」という世の中の不満を払拭する味わいを生みつつ、「京都の老舗のお茶」という、特別感のあるプラス価値を生んだことで、長年売れ続けるブランドになりました。これが「職人が真面目につくったお茶」のように、マイナスの払拭だけなら、きっと売れ

強いストーリーをつくるには、
マイナスをゼロにするのではなく、
マイナスをプラスにできる
「ワクワク」を生もう

なかったでしょう。

このように**「不満の解消」をしたうえで、その人々がさらに「ワクワク」するビジョンは何か？　を探ることが、ストーリーを考えること**です。ぜひ、参考にしてストーリーを生み出してほしいと思います。

烏龍茶はなぜ売れたのか？

さて、ここで実例を挙げて「ストーリーの公式」を説明していきましょう。

まずは、烏龍茶の例から。

皆さんおなじみの烏龍茶は、数十年前までは、変わった味の中国茶に過ぎませんでした。それが、今のように超メジャーなお茶になったのには理由があります。実は、1970年後半、大人気だったピンク・レディーが「私たちは烏龍茶を飲んで痩せました」「毎日、烏龍茶を10杯ぐらい飲んでいます」という「ストーリー」をテレビで話したからでした※（諸説あるようですが）。

※ https://bnl.media/2018/08/BNL-History-itoen.html

でも、たとえ人気絶頂のグループからの発言だとしても、「烏龍茶は美味しい」「烏龍茶は中華料理に合う」という話でしたらここまで広がるストーリーにはならなかったでしょうし、「烏龍茶が健康にいい」という発言でも、おそらく話題にならなかったでしょう。

烏龍茶の流行は、ピンク・レディーのひと言から始まった！

なぜなら、その発言では**「不満の解決×商品価値×ワクワクする未来」**がないからです。

当時の女性が持っていたダイエットへの不満は、もちろん「なかなか痩せられないこと」でしたが、それ以外にも「お金がかかる」「苦しい」「薬などは嫌だ」などがあったと思います。ゆえに「自然のものを」「手軽に飲むだけで」「安く」痩せられるのなら、かなり強いモチベーションになったはず。ただし、常に「失敗し続けている」からこそ、過度な期待はしないというブレーキも同時にあったでしょう。

しかし、烏龍茶には中国由来の健康イメージがあり、油を流すなどの効果も謳われていたの

人生共感図を使った「烏龍茶」の分析

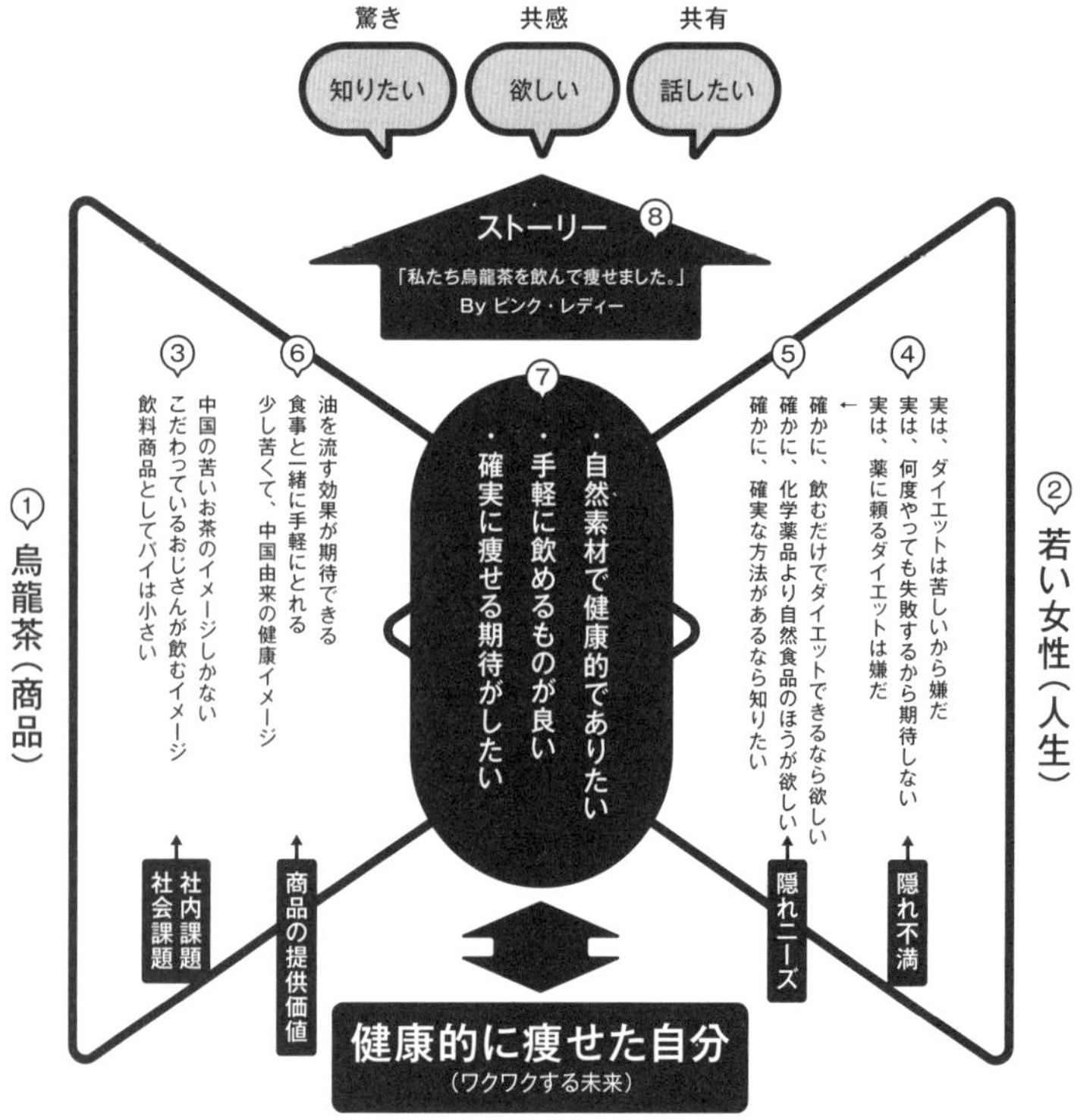
驚き
共感
共有
知りたい
欲しい
話したい
ストーリー ⑧
「私たち烏龍茶を飲んで痩せました。」
By ピンク・レディー
① 烏龍茶（商品）
② 若い女性（人生）
③
中国の苦いお茶のイメージしかない
こだわっているおじさんが飲むイメージ
飲料商品としてパイは小さい
④
実は、ダイエットは苦しいから嫌だ
実は、何度やっても失敗するから期待しない
実は、薬に頼るダイエットは嫌だ
⑤
←
確かに、飲むだけでダイエットできるなら欲しい
確かに、化学薬品より自然食品のほうが欲しい
確かに、確実な方法があるなら知りたい
⑥
油を流す効果が期待できる
食事と一緒に手軽にとれる
少し苦くて、中国由来の健康イメージ
⑦
・自然素材で健康的でありたい
・手軽に飲めるものが良い
・確実に痩せる期待がしたい
社内課題
社会課題
商品の提供価値
隠れニーズ
隠れ不満
健康的に痩せた自分
（ワクワクする未来）

で、**ストーリー開発図の左側（商品性）の納得性も十分。**かつ、当時人気絶頂であったピンク・レディーが**「事実として痩せた」**ことを伝え、かつ、烏龍茶を飲むだけという手軽さと苦労のなさを感じさせたことで、そのブレーキは吹き飛び、「不満の解決×商品価値×ワクワクする未来」が成立したのです。こうして生まれたストーリーは、多くの女性の、

「知りたい！」「欲しい！」「話したい！」という好奇心を刺激し、**「私も健康的に、安く、痩せたい」というムーブメントを生み出したわけです。**

ちなみに、右の図でもわかるように、ストーリーには「ピンク・レディー」も入っています。ストーリーは物語（文章）だと思っている人は、ここに違和感を覚えるようですが、もし、ピンク・レディーが実話として話していなければここまで広がっていないと考えると、そのタレント性も含めて「ストーリー」だと考えられます。前に触れたヘッドフォンブランド「Beats」のストーリーには開発者のドクター・ドレーが要《かなめ》だったり、広告でタレントを使って説得力を増すのも、このタイプのストーリーの応用。つまり、ストーリーは「誰が語るのか」も重要なポイントになるというわけです。ゆえに、常に**「誰が」「何を」「いつ」語るのか？**というポイントも踏まえてストーリーをつくると良いと思います。

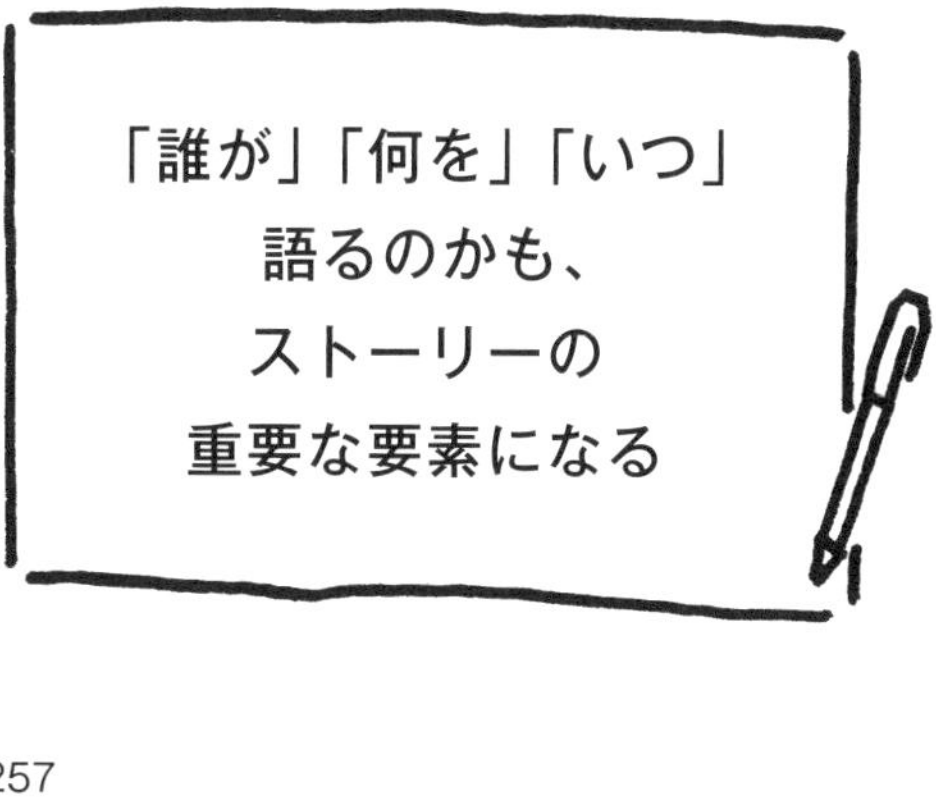
「誰が」「何を」「いつ」
語るのかも、
ストーリーの
重要な要素になる

さて、この烏龍茶の件で再度強調したいのは、このス

トーリーが人生の不満やニーズだけではなく、「商品価値」と強く結びついているからこそ納得性が高かったということです。よくあることですが、人生側のニーズが見つけられても、商品と結びついていないと、結局、**「なんの商品にでも言えるよね」というストーリーになってしまい、機能しません。**これが、「ストーリーの公式」に「商品価値」が入っている理由。つまり、**商品価値を踏まえたうえで人生の不満を解消し、かつワクワクするものだけが、ストーリーとして機能する**というわけです。

新しい時代における、ストーリーの重要性

２０１８年、**スターバックス**は、「２０２０年末までに世界の全店でプラスチック製の使い捨てストローの提供をやめる」という計画を発表しました。これは、年間10億本以上のプラゴミの廃止になる計算で、同社はこれを皮切りに、これからも持続可能なコーヒービジネスを追求し、ＳＤＧｓに向けた活動をより一層積極的に行うという意思も表明しました。日々の売上減にもつながる危険があることを、具体的なアクションとして実際に行動に移した同社の姿勢には、本当に頭が下がります。

ただ、本書で注目したいのは実はこの企業姿勢ではなく、そのときのプラスチックストローの廃止発表により**スターバックスの売上が上がった**ということです。

もちろん、コーヒーの味は日々向上しているのだと思いますが、突然、劇的に改善されたわけでもありません。また、そのタイミングではまだプラスチックのストローが完全撤廃されたわけでもありません。なのに売上が上がったということは、**この「廃止に向けて努力するストーリー」が、世の中の人をワクワクさせ、購買意欲を掻き立てた**ということになります。**まさに、プロダクトそのものじゃなく、ストーリーが市場を刺激した**わけです。

また、**「い・ろ・は・す」**のヒットにも、新しい時代に向けたストーリーが寄与しています。この「い・ろ・は・す」は、その名の中に「ＬＯＨＡＳ（ロハス）」を含んでいることからもわかるように、環境や健康を意識した商品で、ペットボトルを循環利用する「ボトル to ボトル」の取り組みや、家庭ごみの軽減、輸送時のCO_2排出軽減につながる「しぼれる軽量ボトル」の採用などに取り組み、それらをストーリーとして、広告やＰＲで打ち出したことで、「水」というコモディティ化したジャンルの中から抜け出しました。

これら２つの事例は、まさに、環境への取り組みなどの**新しい価値観を描いたストーリーには、人々の強い賛同を得る力はもちろん、商品を売る力もあるという証明**だと思います。

このように新しい企業行動や価値観の提示が購買を刺激する例は、差別化が難しいサービスやコモディティ化が進んだプロダクトでもよく見られます。これからの時代の「電気」などもそうでしょう。一般の人たちに「電気の違い」はまったくわからないので価格競争になりそうですが、太陽光や風力、バイオマスなどの「再生可能エネルギーだけで発電している」というストーリーがあると、人々はたとえ高価でもそれを積極的に使うようになると思います。

世界屈指のスニーカーブランドとなった**「オールバーズ」**も、まさに、ストーリーがコモディティからの脱却に寄与した好例でしょう。オールバーズはデザインの哲学として、いち早く「サスティナビリティ」を据え、環境・社会・経済の3つの観点から持続可能な社会をつくるというストーリーと共に起業しました。この姿勢が、自然を愛する若い世代から圧倒的な支持を集め、過剰なデザインと機能競争で疲弊していたスニーカー業界から、一線を画すブランドになったのです。新しい時代には、このように哲学や思想をもって新しい課題を解決する（現代の鬼を退治する）ビジョンやストーリーこそが、多くの人の心を動かし商品を売る力となっていくと思います。

マーケティングの神様であるデービッド・アーカー氏も、著書の『Creating Signature Stories（邦題：ストーリーで伝えるブランド）』の中で言及しているように、これからの時代は、

「プロダクトだけではなく、企業のブランドコミュニケーションにも、ストーリーが関係する」ようになっていくと思います。オールバーズやアップル、スターバックスなどの例でもわかるように、ストーリーは商品やサービスだけではなく、それらを生み出すブランドへの尊敬を集め、**企業価値の向上にも寄与します。**最近のように**企業やブランドへの尊敬がそのまま売上に反映される時代には、ストーリーの開発と発信がいかに重要か**をわかっていただけると思います。

では、どういうストーリーがブランドの価値を向上させるのでしょう？

これについても、アーカー氏の答えは明確。「ブランドもプロダクトもストーリーを使ってユーザーとエンゲージするべきで、その核となるのが、**『心を動かすストーリー（シグネチャーストーリー）』**だ」ということです。

つまり、ビジネスで大切なのは結局、「心を動かす」という、ちょっと古めかしいことなのです。本書でも何度も「心を動かす」ことをテーマとして話してきましたが、マーケティングやブランドビジネスの神様も、結局は**人と向き合い、人の心を動かすことを考えるしかない**……という結論に達していることは、人生をベースに心を動かすことを目指す僕たちにとっても、心強いことだと言えます。

ストーリーには、必要な要素がある

さて、ここまでにいくつかの例を挙げながら「ストーリーのつくり方」をお話ししてきましたが、実際にストーリーをつくってみると、なかなか強く心を動かすストーリーにならないな……と、苦労することがあると思います。そんなときには、ある「要素」を埋め込むと、より心が動くようなストーリーになるのでここでお話ししましょう。

この「要素」のことを、僕は**「共感タグ」**と呼んでいます。

「共感タグ」は、カンタンに言えば「『感→動』を生む言葉」。さらに言えば、「驚き（知りたい！）」「共感（欲しい！）」「共有（話したい！）」という心を動かす三大好奇心を掻き立てる言葉でもあります。実は、この「共感タグ」をストーリーに埋め込む方法はカンタン。よくある言葉やありきたりのアイデアを、「（もっと）知りたい」「（これは）欲しい」「（誰かに）話したい」と思えるような、「興味が湧く言葉」に変えようとトライするだけで良いのです。難しく考える必要はありません、ただ、**「こう言われたら、もっと興味が湧くかも」**という意識で言葉を換えるだけで良いと思います。

世の中を見回すと、私たちは、興味の湧く言葉に心を動かされています。「昔から使っているタレ」という意味でも、「100年注ぎ足して使っている秘伝のタレ」と言われれば興味が湧くし、「すごく売れている化粧品」も「1秒に1本売れている化粧品」と言われれば誰かに言いたくなる。共感タグが入っているストーリーは世界中にあって、日々、私たちの心を動かしているので、街を見渡して、共感タグを探すこともストーリーをつくる練習になります。

先ほど、広告の「キャッチコピー」も一種のストーリーだと言いましたが、それはキャッチコピーにも、この「共感タグ」が入っているからです。たとえば、「吸引力の変わらない、ただひとつの掃除機（ダイソン）」には、「知りたい」につながるタグが入っていますし、「地図に残る仕事（大成建設）」などは、働く人の誇りを掻き立て「話したい」と思えるタグが埋め込まれています。僕がもっとも好きなスローガンである「国民所得倍増計画（池田

感動の引き金となる「共感タグ」を探れ！

勇人内閣）」には「所得倍増」という夢のような共感タグが付いて、三大好奇心のすべてを刺激しています。これがもし「所得増加計画」とか「所得を増やそう運動」では、人の心は踊らなかったでしょう。やはり「所得倍増」という**具体的な言葉**が起点となって、未来のワクワクする生活（ビジョン）をイメージできたからこそ、人々は必死に働き、こぞって買い物をしたのです。

他にも、強烈な共感タグが付いたことで、ブームが生まれたこともあります。2018年の初頭に起こったビットコインバブル（第一期）です。このブームのきっかけのひとつは、「ビットコインやって、数秒で1億儲けたやつがいるらしい」というような噂が飛び交ったからでした。これが「ビットコインは儲かる」だったとしたら共感されないし、話も広がりません。つまり「数秒で1億」という射幸心を掻き立てるキャッチーなタグが付いたから、ストーリー化され、多くの人を動かしたわけです。

共感タグは、「知りたい！」「欲しい！」「話したい！」と思えるワードであり、かつ、強く印象に残り、人の心を掻き立てるものです。ゆえに、ワクワク、誇り、憧れ、愛している、射幸心、焦燥感、負けたくない……などなど、**人生の真実や人の不満や本音、強い感情のそばにあり、かつ「強く共感する言葉」**を探すことが、共感タグを探すことになります。つまり、**ありきたりの言葉ではなく、人の心が動く「発見」**をしなければいけません。そのためにも、「どう言われれば驚き、共感し、誰かに話したくなるか」を考えて、言葉を見つけようとしてください。

もちろん、最初は見つからなくても仕方がありません。料理の素材のようにスーパーに並んでいたり、お金を出せば買えるわけではなく、共感タグは発見するまで努力するしかありません。でも、共感タグが入った企画や提案になれば、驚くほど人が動き出します。だからとにかく、**今まで何気なく使っていた普通の言葉を、「知りたい！」「欲しい！」「話したい！」と思える言葉に換える**努力をしてください。そうすれば、今よりももっと、人の心を動かせるようになるでしょう。

心を動かす
「共感タグ」は、
人々の本音の中にある

何が、共感タグをつくるのか？

さて、つくる方法や意識はわかったとして、実際どんな言葉が共感タグになるのか？　それが気になりますよね。

そこでここからは、共感タグの発見につながるヒントをお話ししていきたいと思います。

まず、第5章の最初にも話しましたが、**人は言い方ひとつで、心が動いたり、動かなかったりすると理解してください。**同じ「会える」というテーマでも、「身近にいるアイドル」では庶民的すぎて心がキュンとしませんが、「会いに行けるアイドル」となると、普段は会えない人に会える喜びにワクワクします。たとえ「いきあたりばったりなプロジェクト」であっても、「臨機応変に対応するプロジェクト」と言えば前向きになります。先ほどの「100年注ぎ足して……」や「1秒に1本」もしかり。言葉が換わるだけでワクワクして、商品が欲しくなる物語が生まれるのです。

共感タグを付ける作業は、このように人の心を動かす言葉を見つける作業とも言えます。まさに、心を動かす言葉を見つけ、それを普通のアイデアに加えると、劇的に心が動き、欲しくなるアイデアへと変わるのです。この「共感タグ」の考え方を習得すれば、ビジネスをより面白くしたり、広告やプロジェクトのメッセージをつくったりするときに、より相手が共感できる言葉を選べるようになります。

では次に、どういう言葉が共感タグになるのかについて、いくつかのポイントを挙げて考えてみましょう。

まず、**「ファクトを出す」**。知らなかった「事実」は、何より強い共感タグになります。たとえば、「年間４０００個のアイスクリームを食べる人が選んだアイス」と聞けば、さぞやすごいアイスなんだろうと興味が湧きますし、「世界一に選ばれたビール」と聞けば、一度は飲んでみたいと願うようになる。ゆえにストーリーを考えるなら、まず「ファクト」を共感タグにしようと試みるべきです。

次に、**「より具体的な行動」**を示すこと。たとえば、「近くにいる」よりも「会いに行ける」、「早帰り」よりも「午後3時終わり」のほうがより心を動かします。２０１８年に起きた北海道胆振東部地震の際につくったポスターでも、「節電をお願いします」ではなく**「3本のコンセントを抜きましょう」という具体的な行動**を書いたことで、多くの人が節電の行動を起こしました。「どうやれば良いかわからないお願い」ではなく、「こうしてください」という具体的な提案のほうがより強いストーリーとなるのです。

さらに、**「切望する」**言葉も大切。「所得が増える」よりも「所得倍増」のほうが切望されるし、「自由になれる」よりも「自由になってお金持ちになれる」のほうが人を突き動かします。

また**「数字を使う」**のも、真実味が増し、知りたい欲求も満たせます。「長年」よりも「１００年」、「たくさん」よりも「１秒に１本」のほうが、すごそうだと思えるからこそ、強いストーリーとなるのです。

最後に、**「比較をする」**ことも大切なポイント。「神奈川はとても住みたい県」より「住みたい都道府県の第一位は神奈川」のほうが納得感も興味も高くなるでしょう。

さらに、比較の中でも第三者が比較して推奨してくれると、より強いストーリーになります。たとえば、ザ・プレミアム・モルツのキャッチコピーだった「最高金賞のビール」も、「すごく美味しい」ではなく「モンドセレクションの最高金賞をとるほど、すごく美味しい」という第三者の推奨があったからこそ、強く興味を惹きました。まさに、「比較して推奨する」強い共感タグがあったからこそ、人々が行動を変えた事例だと思います。

ここに挙げたいくつかのポイントは、共感タグを生む言葉の考え方の一例にすぎませんが、まずはこれらに倣って共感タグを考え、それをストーリーに入れ込んでみてください。きっと、より強く心を動かし、より広まるアイデアが生み出せると思います。

さらに共感を強める方法を探る

さて、共感タグを生むためのポイントをいくつかご紹介しましたが、さらに、もう2つお話をさせてください。それは、長年「共感タグ」を考えてきた僕が見つけた、より強い共感タグを付けるために必要な2つの視点、**「体験」と「体感」**です。これらの視点があると、プレゼンなどのように、共感や説得が必要なときに効果がありますので、ぜひ頭に入れてください。

では、ひとつめの視点、「体験」からお話ししましょう。
まずは、次の2つの文章を読み、どちらが心に残るか考えてください。

①**「最近東京では新しいビルがどんどん建っています」**
②**「先日、豊洲の街を二時間歩いたんですが、東京の新しい街にはビルがどんどん建ってるんですよね」**

おそらくほとんどの方が②を選ぶと思います。理由は、①が一般的な話であるのに対して、②は**「実体験」**だからです。この場合の共感タグは実際に「2時間歩いた」という数字ですが、それがさらに、「リアルな実体験」として語られることで、よりイメージしやすくなり、「本当にそうなんだ」という共感が生まれるのです。
さらに、その実体験がプレゼン相手との**「共通の体験」だと共感度はさらに強力**になります。

たとえば、「このあいだ社長と見たアレですけど……」と言えば、一瞬で共通のイメージが想起され、強い説得力を生みます。そしてもし、プレゼン相手と同郷だったなんて幸運があったときには、「あの古いレストラン知ってます?」のような会話でいきなり親密になることもできます。

そのような個人の体験じゃなくても、世代や時代としての「共通の体験」を通じて、強い共感タグを生むこともできます。たとえば「ちょうど三億円事件のあった時代の流行を、再現しました」と言うと、「1968年当時の流行を再現してみました」と言うよりも、当時を思い出しやすく、人に話しやすくもなるでしょう。他にも、流行した曲やモノ、ドラマのワンシーンなども、強い共感タグとなり得ます。もちろんですが、2020年の新型コロナウイルスの流行で生まれた共通の体験記憶も、将来的には強力な「共感タグ」となるでしょう。「身近な人に会いにいく旅の企画です」よりも、「コロナ禍のときに芽生えた『あの人に会いたい』という思いを叶える身近な旅の企画です」と言ったほうが、より強い共感を生むのです。

このように、普通の言葉を、実体験や記憶とつながる言葉に換えると、「共感タグ」として強く人の心を動かします。なので、「良いストーリーをつくろう」と思ったときは、先ほどの5つの視点に加え、実体験を入れ込むことも大切。提案や企画にある普通の言葉を、実体験にするだけでも、良いストーリーとなってアイデアが広まるようになります。ぜひ、今日、手にしている会議資料やプレゼン書類に目を通し、その中にある言葉を換えてみてください。きっと、「知りたい！欲しい！話したい！」という感情を掻き立てる良いストーリーになり、これまで以上に心を動かすはずです。

「体感」記憶は、最強の「共感タグ」になる

強い共感タグを生む、**最後のポイントは「体感」**です。

たとえば、うまそうなラーメンの写真を見ればヨダレが出るし、怖い目にあった場所に近づくと皮膚がゾワゾワするように、脳には、実際に「体感」した記憶が強く残り、「話」を聞いただけでもその感覚が呼び起こされるようになります。

「体感」には他にも、温度や湿度、味や香り、光や音、恐怖やドキドキ、冷たい熱いなどの皮膚感覚、愛おしい、恋しいなどの感情がありますが、それらはいずれも、言葉を聞いただけで人の心を動かす強い共感タグになります。「体感」は、体験に比べて感情の揺れが大きく、まさに「心を突き動かす」ような衝動を生むので、共感タグとしては最強。ゆえにこの「体感記

憶」を呼び起こす共感タグを付けられれば、ストーリーとしても最強のものが生み出せます。

僕が大好きな本、**『アイデアのちから』**（チップ・ハース／ダン・ハース著）の中にも、この「体感記憶」について触れた内容がありました。

少し長いですが、まずは読んでみてください。

私たちの友人の友人の話だ。仮に彼をデーブと呼ぼう。デーブはよく出張に行く。このあいだも、顧客との重要な打ち合わせのためアトランティックシティに出向いた。仕事を終え、帰りの飛行機まで時間があったので、地元のバーで一杯飲むことにした。

ちょうど一杯飲み終えたとき、魅力的な女性が近づいてきた。

「もう一杯いかが？　ごちそうするわ」

ちょっと驚いたが悪い気はしない。「いいね」と答えた。女性はバーコーナーに行き、飲み物を二杯持ってきた。一杯は自分がとり、一杯をデーブに差し出す。デーブはお礼を言うと、グラスに口をつけた。記憶はそこで終わり。

いや正確には、目を覚ますまでの記憶が飛んでいるのだ。目覚めたとき、デーブはホテルの風呂の中で氷水に浸かっていた。頭が混乱している。

デーブは慌ててあたりを見回した。ここはどこだ？　いったいなぜ、こんなところにいるんだろう？　そのとき、一枚のメモに気づいた。

「動くな。救急車を呼べ」

風呂のそばの小さなテーブルの上に、携帯電話が置かれていた。デーブは、かじかんだ指で不器用に九一一番をプッシュした。交換手は奇妙なことに、彼が置かれた状況を熟知しているようだった。

「いいですか、ゆっくりと気をつけながら、背中に手を回してみてください。腰のあたりからチューブが出ていませんか？」

デーブは不安に駆られながら、腰のあたりを手探りした。確かに、チューブが突き出ている。

交換手は言った。

「落ち着いて聞いてください。あなたは腎臓を一つ取られたのです。この町で暗躍する臓器狩り組織の犯行ですね。今、救急車がそちらに向かっています。動かずに待っていてください」

これは都市伝説のひとつのようですが、驚くべきことに、多くの人が、**一度聞くだけで話を覚え、しかも数時間たっても内容を話せる**のです。これがもし退屈な報告書だったり、つまらないプレゼンの内容だったりしたらどうでしょう？　こんなに長い話、きっと覚えていられません。

では、この臓器泥棒の話はどうして覚えられるのでしょうか？

それは、この話の随所に、体感イメージを伴った共感タグが入っていて、それが鮮明な「体感記憶」となって脳裏に焼き付くからです。ゆえに時間がたっても、皮膚感覚やビジュアルイメージとして呼び起こされるのです。美しい女性も、氷水も、背中のチューブを触った触感も、かじかんだ指も、まさにリアルなほど鮮明に見え、感じたはずです。

これが「体感記憶」の力。そしてこれが最強の「共感タグ」の効果です。体感記憶を刺激する共感タグがあれば、どんな内容でも、相手の心を突き動かすでしょう。そして圧倒的なスピードで広がっていきます。まさに、アイデアを拡散させるためのターボエンジンの働きをするのです。

ちなみに、この体感記憶を「共感タグ」としてふんだんに使っているのが、**スタジオジブリ**です。「となりのトトロ」に出てくる、雨のシーン、川のシーン、野菜を食べるシーンなどは、人の記憶の中にある、音、冷たさ、味わいなどを鮮明に想起させ、「ああ懐かしい」「あの頃は良かった」という感情を強く掻き立てます。若い世代にとっては、自分のリアルな記憶じゃないのに、懐かしいと思える。まさに、あの映像の中で輝いている「体感の共感タグ」が、人の本能を刺激しているのでしょう。もはや神業です。

でもそれに感服しているだけじゃだめ。僕らがあのジブリの映像から学ぶべきは、記憶や経験の中に潜む「体感」を抜き出し、提示する力です。

人の中には必ず、体感記憶があります。もちろん、あなたの扱う商品やサービスの周りにもそれはある。だからこそ、その商品独特の「体感記憶」を探り、それを共感タグとして認識し、

共感タグをつくるポイント

1 ファクトを出す
2 より具体的な行動にする
3 切望に近い言葉にする
4 数字を使う
5 比較をする（できれば第三者推奨）
6 実体験を語る
7 体感記憶を使う

ストーリーに入れれば、ジブリレベルの共感を生み出すことも可能だということです。

共感タグは、身近なところにある

もちろんですが、そういう「映画のようなシーン」を企画書にも入れようとか、痛い・怖いといった体感記憶を話すべきだと言っているわけではありません。それこそ、間違ったストーリーの解釈です。そうではなく、「体感」を伴って、人間の**五感に訴える言葉を使うと、相手のイメージが増幅され、強く心を動かすことができるということです。**

実は、自動販売機に書かれた**「あったか〜い」**という言葉もその「体感記憶」を使った「共感タグ」です。これが「温かい」と書かれているだけでは、情報は伝達しますが**五感に訴える「体感記憶」にはなりません。**「あったか〜い」と書くことで、「過去にそう叫んだ記憶」や「あのときの情景」が蘇り、より実感として「あったかく」感じ、そして強く「欲しく」なるのです。同じように、「うまさ」と「うまい」は、たった一字違いですが、「共感タグ」としてはかなり違う言葉になります。前者はただの名詞。後者は食べた人の実感の言葉なので、体感記憶を呼び起こす共感タグになるのです。

10年ほど前のことですが、ザ・プレミアム・モルツのマイレージキャンペーン（シールを貼ることで誰もがプレゼントをもらえるキャンペーン）で、**「絶対もらえるキャンペーン」**というタイトルを提案したことがあります。それ以前に他社で使われていたのは「必ずもらえるキャンペーン」でした。この「必ず」と「絶対」の違いは、ほんの少しに思えますが、結果的には大きく差がつきました。

それは**「絶対もらえる」のほうが口語的で「口に出して言いやすく」**「体感」としても心地よいのに対し、「必ず」という言葉はちょっとだけ企業的でカタく「言いたくない」言葉というわけです。このように、口に出しやすい言葉か否かというだけでも、心を動かすかどうかが決まりますし、ほんの小さな変化だけでも、大きな共感タグの発見につながり、結果的に強力なストーリーとなって商品の拡販につながったりするのです。

そこで、僕からのお願いです。企画や提案、ビジョンやコンセプトをつくっているときに、何度かこうつぶやいてください。**「この内容、共感タグが付いているかな？」**それをチームの合言葉にすれば、強いストーリーのプレゼンができるはずです。

新型ストーリー、「ナラティブ」について知ろう

さて、ここまで、「ストーリー」をテーマに、その重要性やつくり方について話してきましたが、世の中には、ストーリーに対して懐疑的な意見を言う人もいます。２０１７年の年末、ジョン・ウィンザー氏がForbes誌の中で[※]「２０１７年は『ストーリー』型マーケティング終焉の年に」という記事を発表しましたし、他にも多くの人たちが「ストーリー」に代わるものを求めているのも事実です。

その代替となる考えのひとつが、**「ナラティブ」**でしょう。これは「語る」という意味を持つワードで、ユーザーが、視聴者・消費者のように受け身ではなく、発信者・主体者として積極的に語り、アクションを起こすきっかけとなる物語を指しています。

ストーリーが、主に企業側からの価値提案で「欲しくなる」ことに寄与するのに対して、**ナラティブは、主に使う側の興味を増幅することで「話題を増幅・拡散する」ことに寄与する**と考えて良いでしょう。まさにＳＮＳ時代に効果を発揮するのがナラティブです。

たとえば「世界最高峰のスイス製レンズ技術をはじめて採用したカメラ」というメッセージのように、「企業発信」かつ「価値がある」と思わせるのが「ストーリー」だとすれば、「わが

※ https://forbesjapan.com/articles/detail/19051

子の運動会でかわいいシーンを絶対逃さない10のポイント」のように**「コミュニティで盛り上がるネタ」を内包しているのが「ナラティブ」である、**という解釈で良いかと思います。

ナラティブとは、居酒屋で「語れるネタ」と覚えよう

さらに僕は、**居酒屋で話題になるようなネタ**であれば、より素晴らしい「ナラティブ」になると思っています。居酒屋での会話と考えれば、「最新の連写性能」よりも「子どもの笑顔を撮り逃さない連写性能」のほうがママ友たちは積極的に話題にするだろうし、「二重まぶたが超くっきりするアイライナー」よりも「フォロワーが一日で一万人増えたアイライナー」のほうが若者は食いつくでしょう。ある興味でつながっているコミュニティ内で話題になるには、それなりに深い知識や、知らなかった情報が良いのは当然として、さらに、居酒屋のようにワイワイした状況で、日常のネタとして話せるぐらい、ベタでカンタンなことのほうが良いというわけです。こう考えれば、広告が発信する、企業からのスローガンやキャッチコピーでは、ナラティブに

はならないとわかるでしょう。でも逆に、この感覚がわかれば、**企業として言いたいことを、「居酒屋で語られるネタに変えよう」**と思えるようになるので、今の時代にコミュニティ内で話題になるネタを、企業から「ナラティブ的に」発信できるようにもなると思います。

ところで、先日、ある飲食店経営者の方から、「今の時代は、ひとつのコーヒーショップでも、美味しいコーヒーが欲しい人と、映える写真が撮りたい人、ただぼんやりしたい人たちが同居する。だから、その誰かに限定するのではなく、**どの人の興味にもヒットするように『ナラティブ』を複数用意**して店づくりすると、流行るんですよ」と聞きました。すでに「ナラティブ」は実際のビジネスに入り込み、活用されていることに少し驚きましたが、僕がそのとき気づいたのは、**ナラティブは、言語である必要はない**ということでした。ナラティブとは「ネタ」であると先ほど話しましたが、それは「リモートワークがめちゃくちゃやりやすい」とか「パフェが映えまくっ

興味も趣味も多様な時代に
人の心を動かすには、
多様なナラティブを
用意すればいい

てる」とか「店員さんが天使すぎる」のような「体験」や「感覚」でも良いわけです。とにかく、そこに集う人々の心を動かし、誰かに話しそうなネタであればＯＫ！　そんなネタを複数用意してある店は、きっと複数の人の心を動かし、流行るのだと思います。

先にも述べたように現代のビジネスには、スモールコミュニティやＳＮＳをベースにしているものも多いので、コミュニティごとに盛り上がり、拡散される「ナラティブ」を置くことは効果的だと思います。もっと言えば、現代のビジネスでは、ターゲットとなるコミュニティに効果的なナラティブをいくつ置けるかが、商品の話題化と売上に密接に関わるのだと思います。さらに今は、誰もが「主体的に行動したい時代」ですから、企業が押し付ける「ストーリー」よりも、「ナラティブ」のほうが効果的に思えます。

ちなみに「ナラティブ」なんて新しい言葉が出てきたけど、さっきまでの「ストーリー」への考察はどうなるの？　と心配される方もいると思いますが、大丈夫。居酒屋で話題にしたくなるということを強く意識するだけで、あとはこれまでに紹介した「ストーリー」のつくり方や「共感タグ」の考え方まで、すべてナラティブに応用できます。

さて、こうやって話をすると、「これからの時代は、すべて『ナラティブ』を使うべきなのか？」と問いたくなりますが、実はそうでもありません。

アーカー氏が、前述の本で言及しているように**「ストーリーは結局ユーザーとエンゲージするためのものだから、ユーザー主体のナラティブもまた、その手法のひとつと考えられる」**わけです。つまりナラティブはストーリーの一手法であり、どちらも大切だということです。

僕の結論も同じで、心を動かすことができるならどちらを使ってもいいと考えています。ゆえに、「ストーリー型マーケティングの終焉」という説はちょっと極論すぎ。結局は、状況に応じて、より「心を動かす」ほうを選択すれば良いというわけです。たとえば、**D2C商品のプロモーションなど、短期的にコミュニティで話題になるなら、「ナラティブ」が有利ですが、長期的なブランディングならおそらく「ストーリー」のほうが有利でしょう。**ゆえに、どちらかが廃れるということはないし、ストーリーはこれからも企業活動にとって、もっとも重要なもののひとつであり続けると思います。

過去から現代までの事例を紐解いても、売れたものや広まったもの、そして尊敬されているものの背景には、間違いなくストーリーが関与しています。ビジネスをドライブするには人の心を動かす必要があり、その原動力がストーリーだと考えれば当然のことでしょう。ただ、時代の進化に合わせてメディアや暮らしが進化したので、ストーリーも進化しなければいけなくなった。その進化型のひとつが「ナラティブ」だということです。

間違えてはならないのは、どちらが新しいか、ではなく、どちらが強く心を動かすかが唯一の判断基準であるということ。そのビジネスにおいて、どちらが「人生の本音に近く、強く心を動せるか」を見極める必要があるということです。

その話は、いま、多くの人の心を動かすか？

成功し続けているブランドには、必ず「多くの人の心を動かした強いストーリー」があります。そしてそのストーリーには、多数の強力な「共感タグ」が機能していて、それらが時間を超えてたくさんの人の心を動かし続けているのです。

たとえば、キリスト教で語られる「馬小屋での受胎やゴルゴダの丘での処刑、そして復活」の話は世界でもっとも有名なストーリーのひとつですが、その中には、貧困や階級制度で苦しんでいた人々の希望としての「受胎や復活」、さらには、悪政への怒りを象徴する「処刑」など、強い共感タグがしっかりと埋め込まれていますし、その怒りと希望が、時代を超えて共感を生み、今も語り継がれているのです。

また、ルイ・ヴィトンのストーリーの中にも、強い共感タグが付いています。「そもそも旅行かばんのメーカーだから、壊れにくくて軽いバッグをつくれる」という話には、当時、船旅で手荒に扱われていたという不満や重たいバッグへの不満を背景に、それを解決する「壊れにくい」という機能や「軽い」というメリット、さらには「旅行かばんメーカー」という出自などの共感タグがちりばめられています。その上に様々な「有名人が愛した」という伝説的な共感タグも積み重なって、世界屈指のストーリーとなり、今も、高価なバッグを世界で売る力となっているわけです。

ただ、これまでに成功しているブランドのほとんどは、そのストーリーを、既存のやり方で世の中に届けています。つまり、**「企業側が用意した、1つのストーリーを何度も繰り返し使い、様々な接点で伝える」**というクラシカルな手法です。

アーカー氏が、「ストーリーは、何度も語られ取り上げられていくにつれ、真実味、けん引力、影響力を増していき、最終的には売上や利益、市場での位置といった成果指標を押し上げるほど意義深いものである」と解説しているように、これまでに輝かしいブランドをつくってきた「ストーリー」の考え方は、基本的に「企業から、1つの話を、繰り返し使うことで、購入意欲を上げる」ことが前提となっていたわけです。

これに対し、先ほどお話しした**「ナラティブ」は、「コミュニティ内で話題になる話を、複数、**

ストーリーとナラティブの違いとは？

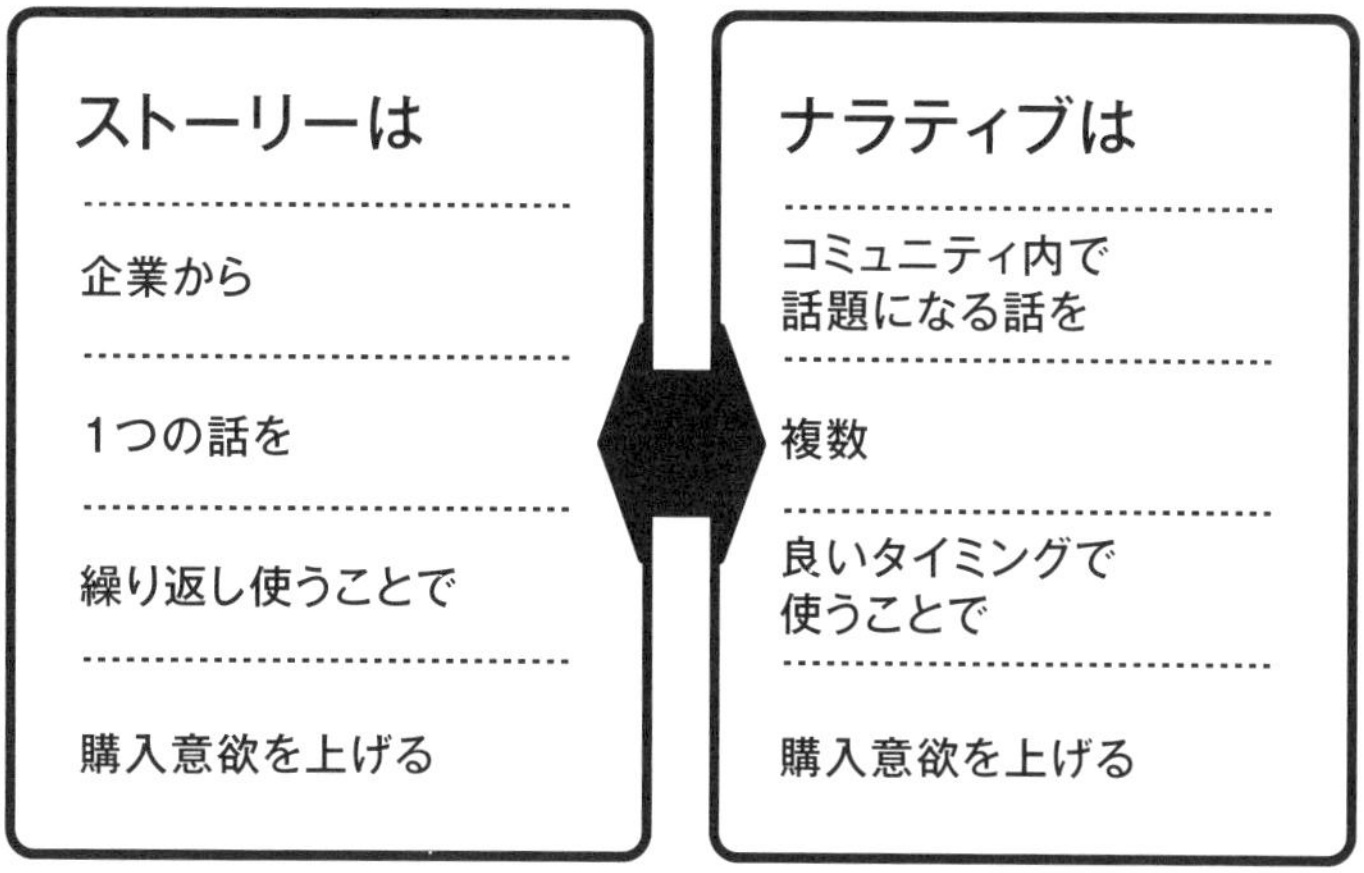

ストーリーは	ナラティブは
企業から	コミュニティ内で話題になる話を
1つの話を	複数
繰り返し使うことで	良いタイミングで使うことで
購入意欲を上げる	購入意欲を上げる

良いタイミングで使うことで、購入意欲を上げる」ものだと僕は定義しています。

先ほどの「カメラ」の例で言えば、「運動会の時期に、子育てコミュニティをめがけて、我が子をきれいに撮影するネタをたくさん投げ込み、興味関心を増幅し、結果、カメラの購入意欲を上げる」というのが「ナラティブ」の使い方です。わが子以外をぼかして撮る方法や、走っている姿をかっこよく撮る方法などが機能や技術と結びついて提案されたら……確かに、多くの親の心を動かし、そのカメラの売上も増えそうですよね。

このように「ナラティブ」は複数用意されるのが一般的ですが、その一つでもヒットすれば、その話題はまたたくまに拡散し、子どもの運動会を撮りたい親のコミュニティに広まり

ストーリーは、
「企業から、1つの話を、繰り返し使うことで、
購入意欲を上げる」

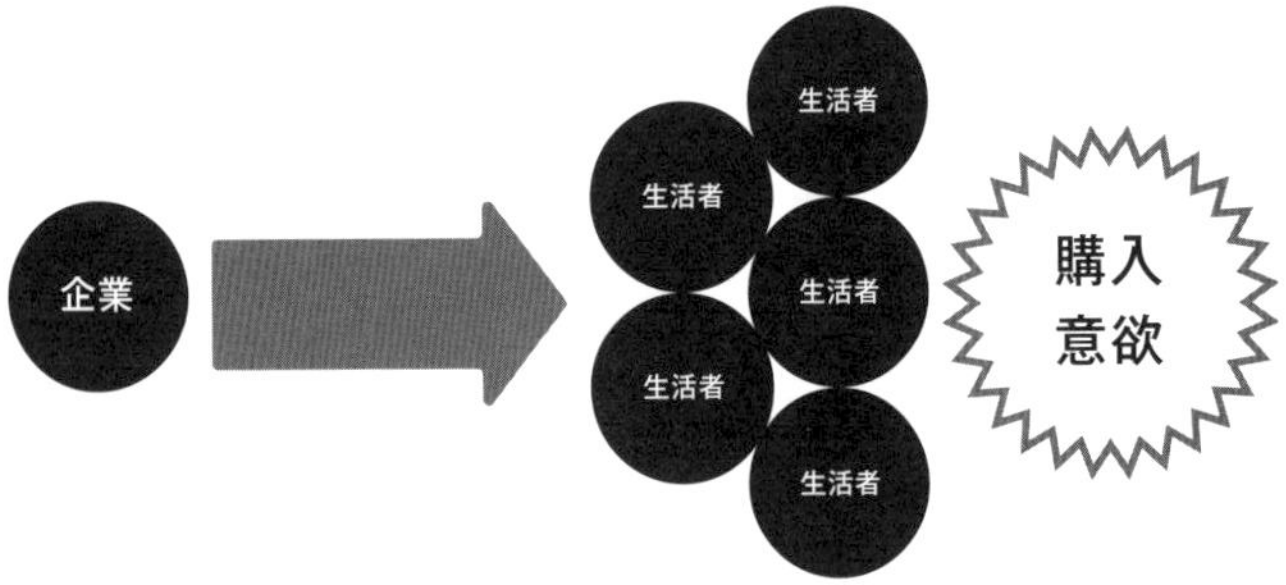

ナラティブは、
「コミュニティ内で話題になる話を、複数、
良いタイミングで使うことで、購入意欲を上げる」

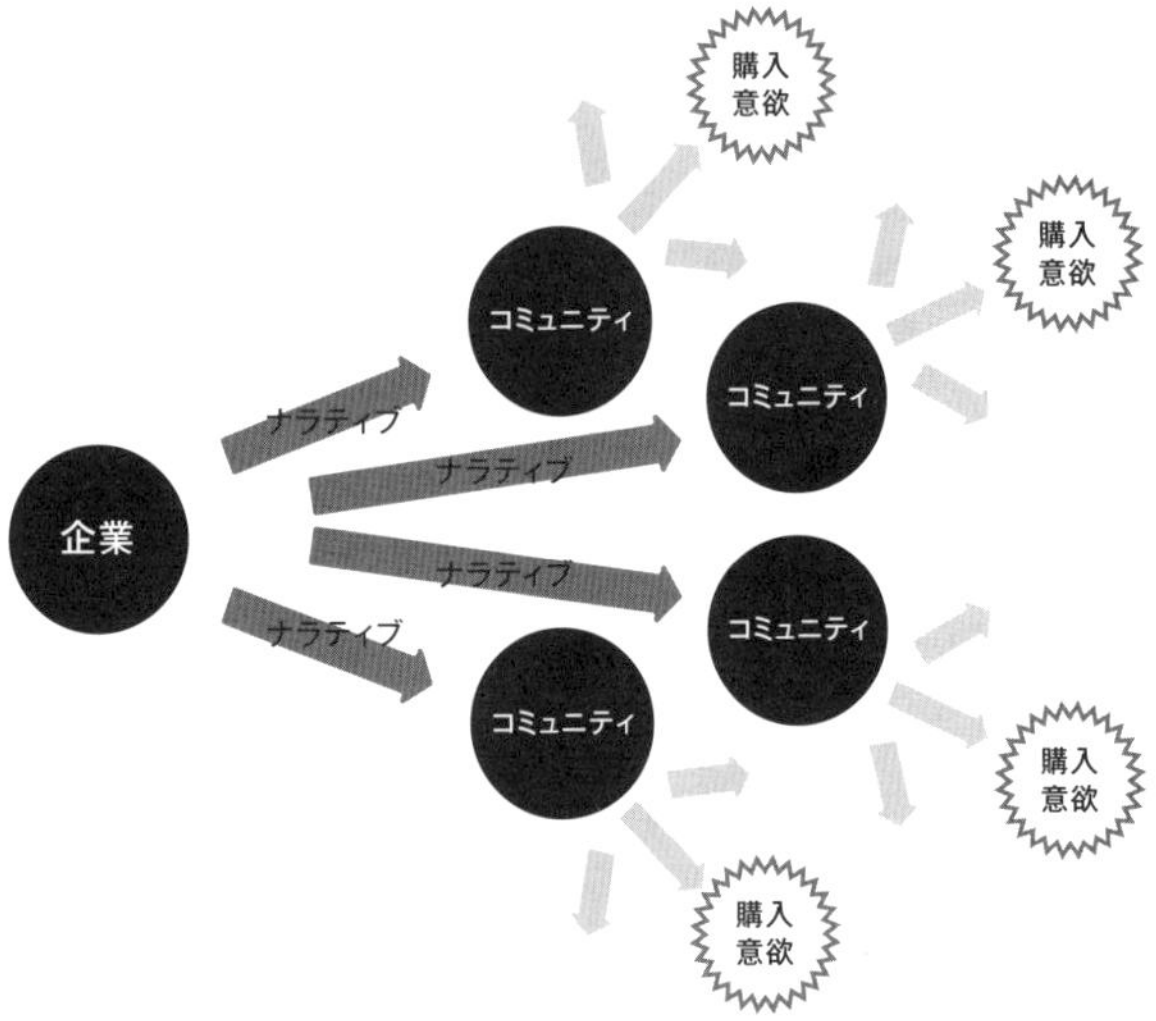

ます。しかも高い熱量で、多くの費用をかけずに広まるのですから、ＳＮＳの時代にビジネスをする企業としては使わない手はないわけです。

一方で、先ほど取り上げた成功例のように、時代にかかわらず（これからの時代であっても）、**人の心を強烈に動かすグレートストーリーは生まれます**し、そのストーリーが長年続く影響力はすごいものです。

ゆえに、やはり、ストーリーとナラティブの良さを知り、臨機応変に使い分けをするのがベストだというわけです。

新しいメディアで拡散するストーリーもある

ここで、いったん既存のストーリーの効果に話を戻し、最近の案件から、グレートストーリーを持った二つの事例をご紹介しましょう。

一つは、吉祥寺で立ち上げたハンバーグレストラン**「挽肉と米」**。そしてもう一つは、池袋を起点に圧倒的な存在感で人を集める本屋**「天狼院書店」**です。

「挽肉と米」は、僕の会社（POOL INC.）がコンセプト開発し、経営に参画しているハンバーグ店ですが、コロナ禍の２０２０年6月に立ち上がったにもかかわらず、すぐに行列のできる人気店となりました。

この店のコンセプトは、前にも触れたように、「**挽きたて**の和牛でつくり、炭火で**焼きたて**を出し、**炊きたて**のご飯に乗せて食べる」という**「三たて」**。人生共感図にのっとり、ハンバーグにまつわる本音であった、「つくり置きは美味しくない」や「炭火で焼きたてが食べられるハンバーグ店は少ない」という不満、さらに、「実は炊きたてのご飯に乗せて肉汁と一緒に食べたい」という切なるニーズを見つけ、それらを満たしたコンセプトを生み出したわけです。

実際のお店も、カウンターのデザインから釜の配置、肉の仕入れまでをこのコンセプトに忠実につくり、本当に、毎朝お店でお肉を挽き（挽きたて）、お客さまの目の前にある炭火グリルでハンバーグを焼き（焼きたて）、焼き場から数秒で食べる場に運び（焼きたて）、４つの羽釜で20分おきに炊きあがるご飯（炊きたて）に乗せて食べるという、オリジナルな食体験を生み出しました。

さらに、僕たちはＳＮＳの時代に合わせて、つやつやの炊きたてご飯と肉汁がたっぷり出ているハンバーグという、「体感記憶」満点のひとつのビジュアルを、InstagramやTikTokで拡散するように仕掛けました。（左下の写真）。飲食店が流行るのは、もちろん、どこよりも「おいしい」ことが大前提。でもそれに加えて、ブレないコンセプトや心を動かすストーリーも重要だし、その広げ方も重要だというわけです。

　一般的に、ストーリーが広まると、多くの人がそのストーリーを話題にしつつ、各自で体験を話すのが普通ですが、今回は面白いことに、このビジュアルと同じビジュアルを撮影し、拡散するお客様が爆発的に増えたのが特徴的でした。それはまるで、憧れのキャラクターのコスプレをするように、真似ることで楽しむムーブメント。まさにSNS時代の新しい拡散の仕方だと言えるでしょう。ちなみに「挽肉と米」からは、料理写真として、ほぼひとつのビジュアルしか出していませんから、ある意味、クラシカルなストーリーの展開と言えますが、**ひとつのパワフルなストーリー（ビジュアル）があれば、新しい時代のメディアでも自己拡散し、コミュニティが話題にすることで、さらに広がる可能性がある**ということでしょう。

　言うなれば、**ストーリーのナラティブ化**とも言えますが、それこそがこれからの時代に必要なストーリーの一

「挽肉と米」

つの考え方なのかもしれません。そのためには、インスタやTik Tokに拡散される「ビジュアル」をストーリーとして規定するのも必要なのだと思います。

さて、もうひとつのグレートストーリーをご紹介しましょう。それは、東京・池袋にある「天狼院書店」の**「秘本」**です。この秘本は、まさに小さなグレートストーリーとしての好例だと思います。

人を魅了し続ける「秘本」のストーリーは、「タイトル、秘密です。返品、できません。他の人には教えないでください」というルールと、真っ黒で中が見えないパッケージにあります。SNSやネットでみんなが自由に発言しあう時代にあって、それと真逆に突き進むような不自由なルールと、中を見てはいけないと言わんばかりのビジュアル。これが、（皮肉にも）SNSを通じて話題を呼び、小さい書店ながら強烈な情報拡散力を生み出したのです。

何でも言えるし、何でも見ることのできる現代の自由を、あえて不満と捉え、それを逆転する発想。人の中にある「秘密を知りたい」という願望を叶える企画。さらには、「言いたいけど言えない。悶々とする」気持ち良さを巧みに突く手法です。秘密だし、言えないし……という制限が人の心を動かし続け、何年たっても価値が失われない、まさに**小さなグレートストーリー**だと言えるでしょう。

そしてまた、その広げ方も秀逸です。急がず、騒がず、でも着実にファンを増やしていく……。そのためにSNSをあえて巧みに使わず、ほぼ書店からのシンプルな発信を起点にすることで、周りの人たちが、**秘密結社のように「ふふふ」と笑いながら楽しみ、広げていく**……。大企業とは真逆にある、素晴らしいストーリーテリングだと思います。

こうして2つの新しいストーリーの事例を見ると、今の時代に大切なことがわかる気がします。まず、一気に多くの人を動かそうとするのではなく、**あくまで相手（お客様や世の中）の心のペースに合わせること。**そして「よければどうぞ」という思いで、**自発的な行動を促し、**無理強いせずに、**友だちになっていくようにス**

東京・池袋にある天狼院書店の「秘本」

トーリーを発信すること。その2つを大切にすることで、息が長く、しかも広がるブランドになっていけるのです。

本当のグレートストーリーとは、その言葉のニュアンスとは違い、とても優しく、真摯で、ずっと付き合っていける物語だと思います。そしてその中にある共感タグも、これまでの大企業が求めていたようなスピードやパワーがあるものではなく、あくまで使う人やコミュニティが望むような、地に足の着いたものだと言えるでしょう。

「ストーリー」の進化型、「サーキュラー・ストーリー」

さてここまで、ストーリーとナラティブについてその内容に踏み込んで話をしてきましたが、ここで僕の「そもそも思考」がむくむくと頭をもたげてきました。

それは、「そもそもなぜ、ストーリーは必要なのか?」という問いです。

もちろん、先ほどから話しているように、ストーリーもナラティブも、同じく「商品が欲しくなる物語」なのですが、さらに一歩下がって、では「そもそもなぜ、企業は『商品が欲しくなる物語』を必要とするのか？」という問いを考えると、ひとつの答えが生まれました。それは、**「商品だけでは、『欲しい！』という情報が伝わりづらいから」**です。

でも、またここで思います。じゃあ、たとえば先に取り上げた「Beats」や「パチパチしないポカポカニット」、「プレミアムフライデー」のように、そもそも**「欲しくなる情報」を機能として入れ込んだ開発**をするのが良いのではないか？　たとえば、隠れ不満の解消を押し出した名前や機能、隠れニーズを満たすデザインやストーリーなどを内包した商品やサービスを開発すれば、わざわざ費用をかけてプロモーション活動（広告やPRなど）をしなくても興味が拡散するぞ……、いや待てよ、そもそもその「欲しくなりそうな情報（ヒント）」をどうやって集めるんだろう？　リアルなユーザーたちから隠れ不満や隠れニーズを聞ければいいんだけど……そのためには、やっぱり調査するしかないか？　それにもお金がかかるぞ。……なんとかして、その商品に興味を持ちそうで、より「欲しくなる」商品をつくるためのヒントをくれるコミュニティにアクセスする方法はないかな？　もしそのコミュニティにアクセスできるなら、市場開拓にもつながるし、開発コストも下がるし、そこで生まれるアイデアを元に一緒に新商品を開発できるぞ！　でも、そんな奇跡みたいな方法考えつくかな……？　と考えに考えたのです。

そして思いついたのが、**既存のストーリーやナラティブの良さを活かしつつ、欲しくなる商**

品のアイデアを持っているコミュニティを発見し、そこにアクセスすることも可能で、かつ、商品開発をドライブできて、市場へのアプローチまで内包しているエコなストーリー……、名付けて、**「サーキュラー・ストーリー」**です。

サーキュラー・ストーリーの言葉の起源は、**サーキュラー・エコノミー（循環型経済）**にあります。未来に向けて必要な「循環」という発想。これを用いたストーリーがあれば、無駄なマーケティングや開発コストを減らして、かつ商品や情報をアップサイクルできると思ったのです。

サーキュラー・ストーリーの仕組みは至ってカンタン。ストーリーとナラティブを使い、それらを循環させて商品開発に使うのです。わかりやすく説明してみましょう。

まず始めに、企業が、商品と共に「ストーリー」を世の中に投げ（広告やＰＲ）、その内容に反応した人々やコミュニティをピックアップ。そのコミュニティで盛り上がったナラティブ（話題）を収集します。それを企業にフィードバックして、さらなる開発に使用し、進化した商品を再度、「ナラティブ入りストーリー」と共に世に出す。そしてさらに、世の中の新しいナラティブを拾う……というふうにストーリーの循環を生みながら、商品開発を行うわけです。

先ほどの「挽肉と米」を例にすれば、まず、「三たて」のストーリーでお店やメニューをつくり、世の中に広めた後、お客様側で生まれたナラティブ（たとえばレモンと合わせて食べたい！など）を拾って、新たな商品開発につなげ、新しく「挽肉と米とレモン」という店やメニューを考案する……ということを繰り返すわけです。

これまでは、費用をたくさんかけて市場ニーズを調査し、時間をかけて開発していましたが、このサーキュラー・ストーリーの考え方は、**世の中で商品開発を行うような感覚に近い**と思います。最近、良く聞くようになった「リビング・ラボ」は主に社会課題の解決を目指しますが、その考え方を商品開発に応用したと考えるといいかもしれません。このサーキュラー・ストーリーが機能すれば、商品愛にあふれた人たちの「生の声」をフィードバックして開発を行い、商品愛にあふれた（ナラティブ満載の）ストーリーにして市場に戻すという循環が、低コストでできます。それが実現すれば、大きな費用も使わずに、「商品が欲しくなるストーリー」を育てることができます。まさにストーリーのエコシステム（生態系）が生まれるのです。

D2C時代には、生活者の中にある「生ニーズ」こそが宝の山です。その情報収集が可能になり、同時にその伝達までもSNSやコミュニティを通じてやってしまおうというわけですから、効果は絶大です。前にふれた「虫眼鏡アプローチ」のように、小さなコミュニティこそが、すごいストーリーを開発できるかもしれないし、圧倒的に進化するためのナラティブを持っているかもしれません。それを最大限利用するのが、このサーキュラー・ストーリー。まさに新しい時代の考え方だと思います。

さて、概念ばかりで難しくなったので、カンタンな事例を出して説明をしてみます。たとえば、赤ちゃん用のオムツで「サーキュラー・ストーリー」を使うと、次のようになります。

①「もれない新技術」が開発された
②ストーリーの公式を使って、心を動かす「もれないストーリー」を生み出す
③ターゲット（コミュニティ）に届くよう、低予算でデジタル広告などを展開
④コミュニティで盛り上がったナラティブ（寝返りで漏れるときの対処方法など）を拾う
⑤重要なナラティブを、メーカーの開発にフィードバック
⑥コミュニティとメーカーで対話し、さらなる商品開発へつなげる
⑦商品を「寝返り時でも漏れないギャザー」へと技術革新
⑧赤ちゃん大好きコミュニティとコラボした「寝返り時でも漏れないギャザー」という新ストーリーを開発
⑨世の中に再提案し、また、コミュニティが話題にするナラティブを拾う
⑩それを繰り返し続け、商品をアップデートし続ける

赤ちゃん用のオムツをテーマにした、サーキュラー・ストーリー例

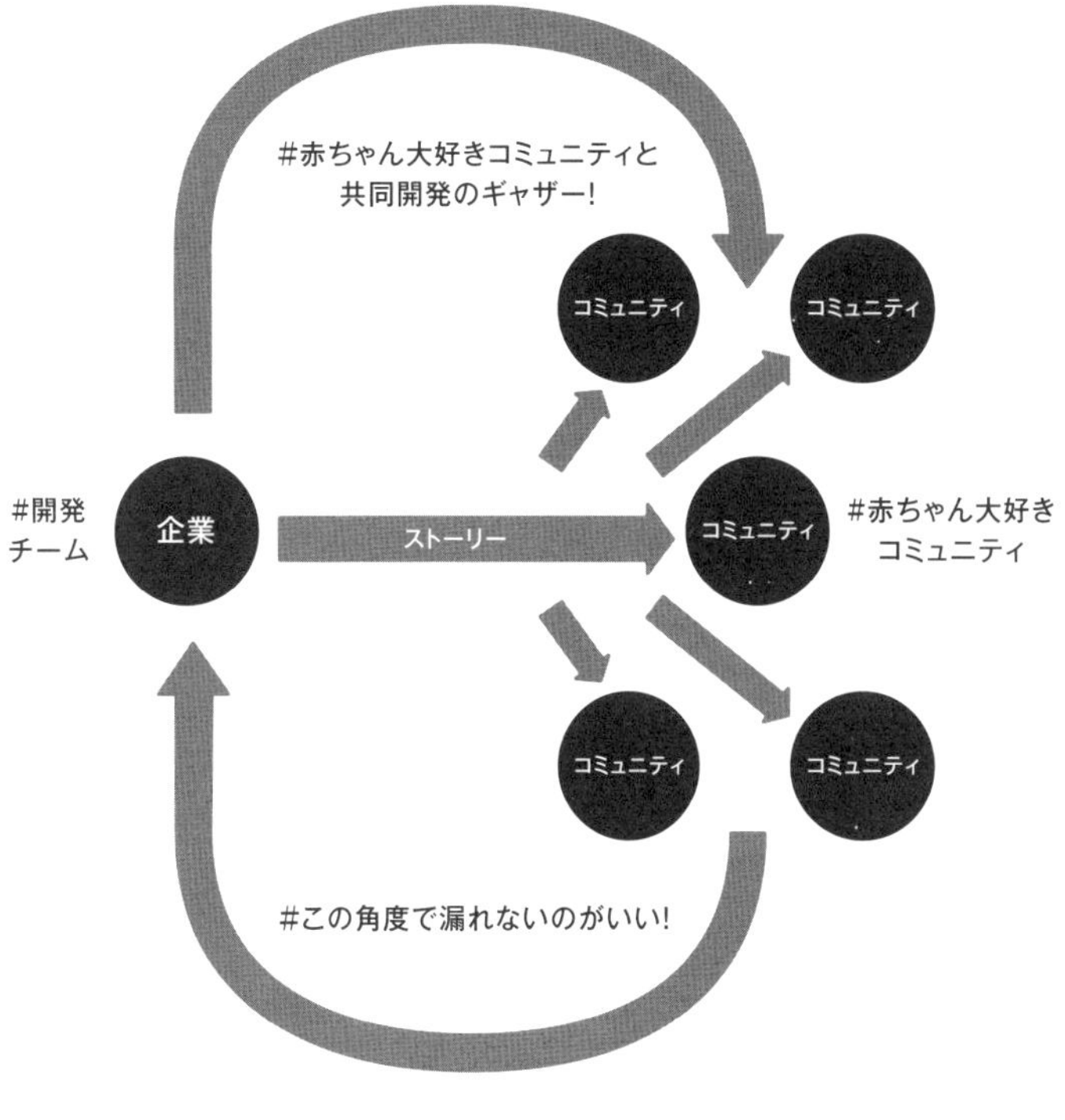

これがサーキュラー・ストーリーの考え方です。

サーキュラー・ストーリーの画期的な点は、普段から行っている広告コミュニケーション（プロモーションやＰＲ）を起点として、ＳＮＳやコミュニティ内でのナラティブを拾い、開発へ回すこと。これならば、広告も、開発も、費用の無駄がなく効果的に行えるようになります。もちろん企業内の技術革新への起点にもなるし、コミュニティと共同で開発することで、そのまま新たなストーリーも生める。まさに、一石∞《むげん》鳥という感じです。

「サーキュラー・ストーリー」は、成長のエコシステムにもなる

このように、サーキュラー・ストーリーは「ストーリー」と「ナラティブ」の良さが同居し、かつ企業と世の中を情報が循環するタイプなので、その役割や定義も、いわゆるストーリーとは違うものになっています。そこで、両者の違いを整理してみました。

サーキュラー・ストーリーで大切なのは、企業とユーザーが「絆」をつくれることと、その

際の**「主導権」が、企業側だけでなく、ユーザーやコミュニティ側にもある**ということです。

これは、ナラティブの発想がより進化したものと言えるでしょう。⑧にあるように、コミュニティが企業と共同で「開発者」になることも重要です。SNSの時代には、企業が発売する商品や発信するメッセージはユーザー（コミュニティ）が拡散しないと広まりません。ゆえに、ユーザーは消費者でありつつ、**ファンとして「二次発信者」になることが最善になります**が、サーキュラー・ストーリーでは、まさに、ファンが企業とつながりつつ、二次発信者としての役割を果たすようになります。

これからの時代、世の中のニーズはさらに多様化しますが、企業内だけの開発では世の中との接点が持ちにくいため、本当に必要なものを生むことが難しくなります。だから、できるだけ企業の外で商品を愛してくれる人と接触し、そこで生まれるアイデアを大切にすべきなのですが、先に述べたように、企業がそういう人やコミュニティと接触するには、これまでは調査費用をかけて探すしかありませんでした。でも、このサーキュラー・ストーリーでは無駄な費用もかからず、かつ対話もできるようになるので、サスティナブルに企業とコミュニティがつながれるわけです。

そうして対話が生まれれば、企業に新しい血が流れはじめ、世の中とリアルにつながりながら生まれ変わっていきます。コミュニティで生まれたアイデアが企業にフィードバックされれ

既存のストーリーからサーキュラー・ストーリーへ

既存のストーリー	サーキュラー・ストーリー
ストーリーは企業のもの	ストーリーはコミュニティ（ユーザー）と企業のもの
グレートストーリーが必要	コミュニティで盛り上がるきっかけのストーリーが必要
ひとつのストーリーを言い続ける	循環することでストーリー自体が進化する
ユーザーへ一方的に伝える	企業とユーザーで循環し、共有する
ストーリーは不変	ストーリーは成長する
企業は発信者である	企業は対話（コラボ）の相手となる
マーケティングのために使う	開発やコミュニケーションにも使う
企業の存在意義を強固にする	企業の変革を推進する

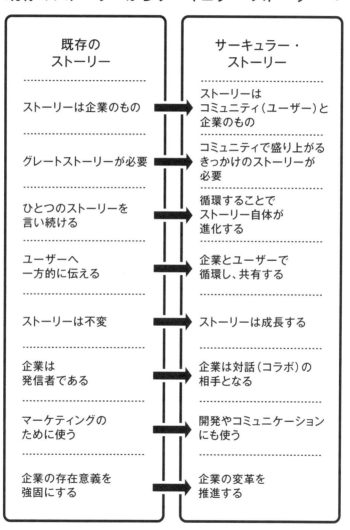

ば、企業も成長し、さらにその成長がコミュニティのモチベーションとなり、コミュニティも活性化していく。それはまさに、ＳＮＳ時代において、**コミュニティと企業が双方、成長し、双方にメリットを与える成長のエコシステム**であると言えるでしょう。

さてこれで、第5章を終わります。この章では、これまでのすべてを、さらに「伝わる」ようにする「ストーリー」について深く話しましたが、理解は深まったでしょうか？　様々な考え方、言葉が出てきました。それぞれ大切ですが、まずはすべて覚えようとせず、理解できることから実践してください。それだけでも十分、思考が深まり、「伝わる」企画・提案ができるようになります。

プレゼンサイドストーリー⑤
13歳の記憶が、永遠に心を動かす

世の中の意識を探り、共感を生むために使っている、僕のオリジナルの調査手法、**「リメンバー・サーティーン（人間一生「13歳」説）」**を紹介しましょう。

13歳といえば中学2年生。いわゆる「チューニ」です。このもっとも多感な時期に「どういうものを好きだったか？」を聞くことで、年齢や地域ごとに存在する、隠れた記憶や興味にアクセスすることができるようになります。僕はそこから「共感タグ」を探り、強いストーリーを生むことが良くあります。

手法をお話ししましょう。たとえば、30代の男性をターゲットにするとき、通常は30代の男性を集め、何が好きで何が嫌いか？　週末は何をしているのか？　など、「今の気持ち」を調べていくのですが、これでは「隠れ不満」「隠れニーズ」に行き着きにくいところがあります。

そこで僕がこだわるのが**「13歳だったときのことを聞く」**ことです。

「13歳のときにいちばん好きだったのは何か？」「どこに住み、どの中学に通っていたか？」「テレビは何を観ていたか？」「そのころ何が流行っていたか？」「音楽は何を聴いてたか？」などを聞くのです。それらを聞いていくと、それまでとは打って変わって、相手はイキイキと話し始め、その人の本心や内面がハッキリとわかってくるのです。

13歳くらいの原体験は人格に重要な影響を与えると言います。その頃に好きだった食べものはずっと好きだし、その頃に聴いていた音楽もずっと好きなはず。だから、その人を理解しようと思ったら「今好きな音楽」と同様に「13歳の頃に聴いていた音楽」も調べたほうが良いのです。グラフィックデザインであっても、インベーダーゲームやパックマンが流行った時代の人なら、クールで美しいものよりも、ガチャガチャした粗い画像のほうが「わぁ懐かしい！」と関心を引ける確率は上がります。

平成の頃、テレビCMの音楽が、昭和のテレビやラジオの音楽ばかりになったことがありました。サントリーの金麦は「オールナイトニッポン」の曲だったし、ホンダのFITは「なるほど・ザ・ワールド」。僕も以前、サントリーの「リピュア」という飲料のCMで「ひょっこりひょうたん島」を使ったことがありました。これは実は、そのお酒やクルマなどを買う人々が、13歳時代あたりにその曲をよく聴いていて、懐かしい、うれしい、と思うからなのです。

このように、**リメンバー・サーティーンという手法は、まさに、人々の中に眠る「共感タグ」を引っ張り出す技術**でもあります。若いときに体感した記憶は人々にとってとても大切なもの。そして行動を変えるほどの強いモチベーションになるものなのです。

第6章

「愛される」プレゼンをつくる

未来への提案は「愛されたもの」勝ち

「効率」から「愛着」へ

僕はこの10年ほど、企画・提案から、アイデア開発のすべてを、ある言葉に即して考えています。

それが、**「効率から愛着へ」**です。

僕は今、この言葉をテーマに、国レベルのコミュニケーション戦略から街づくり、小さなプロモーション企画から会議での些細な話まですべてを考えていますし、これから数十年は、この「愛着」が世界のテーマになると思っています。この章のテーマである「愛されるプレゼン」をつくるにも、もちろんこの「効率」から「愛着」へという言葉が重要となります。

ここ数年、「伝える」や「話す」などのコミュニケーション関連の本が多数出ましたが、その内容のほとんどは、「いかに効率的に話して伝えるか？」のＴＩＰＳ（助言・ヒント・秘訣）集だったと思います。もちろんそれはそれで大切なので、本書内でも、言うべきことを端的にまとめたり、相手にとってわかりやすいロジックをつくるなど、効率的なコミュニケーションへ向けた様々な手法もご紹介したわけです。ただ、僕はなんでもかんでも「効率的に伝える」

ほうが良いと考えるコミュニケーションには反対です。なぜなら**非効率であっても、「愛着」を大切にしてコミュニケーションするのが、未来のあり方だと思っている**からです。

話を少し飛躍させて、ＡＩの話をしましょう。

いま人工知能（ＡＩ）の技術は驚くほどの速度で進化しています。すでに医療や交通、物流、広告などすべての領域と結びついて、見えないところで私たちの日常に浸透していますし、今後もすごいスピードでＡＩの社会実装化が進むでしょう。

そして近い将来、ＡＩが世界に浸透するにつれて、すべてが情報として集約され、日常の様々なことについて、間違いか間違いじゃないかを正しく判断してくれる、いわば「間違わない未来」がやってくると思います。それはある意味で「正しい未来」だと思いますが、僕は「間違わない未来」や「正しい未来」の他にも、**「失敗できる未来」や「懐かしい未来」、「バカだと笑える未来」なども同時に生まれるべきだと思っています。**危険が伴わない範囲で、人の意思が尊重され、失敗もできて、懐かしいねえ〜と酒を飲み、バカだな〜と笑えるほど面白いことが生まれていく。そんな未来がいいと思っています。

あるとき、連続起業家である孫泰蔵《そんたいぞう》さんが「正確にインプットして、間違わないことをこれまでの教育は評価してきた。でもそれはＡＩの得意分野。つまり、これまでの教育システムで生まれた能力のほとんどが、ＡＩに置き換わるということだと思う。だから、これから人がやっていくべきことは、面白いことを情熱的に追求することだ。やりたいからやる。面白いから追求する。それが大切。やってみて失敗して、それでも頑張って頑張って、いつか成功するというのが、きっと人生の本質になると思う」と話されていました。僕も心から同感です。

つまり、これからＡＩが本格的に暮らしに入り込むほどに、ＡＩに関与できない、情熱や切望が重要となり、その人間くさい行動が生む「愛すべき未来」を求めるようになると思うのです。

そして、そうやって未来を見るならば、企業の未来を左右するプレゼンの中でも、ＡＩ的な効率主義じゃなく、**人間らしい情熱や思いがある「愛すべき未来」**

正しい未来だけじゃなく、
懐かしい未来や
バカだと笑える未来、
失敗できる未来も
あるほうがきっと楽しい

に向かうための提案をすべきではないかと、僕は思うのです。

2020年、人類は新型コロナウイルスを経験し、すべての活動を、命を守り、命を大切にするほうへとシフトしはじめました。僕はこれを**「命へのシフト」**と呼んでいますが、これからはSDGsへの活動とも相まって、企業活動が「命へのシフト」に動いていくのは確実でしょう。もしも、これまでのように、マス・マーケティングや資材の集中投下による大量廃棄、大規模イベントや大型の都市構想、一極集中した働き方など、効率化でお金を生んできた経済が一部戻ったとしても、命を大切にして、**緑、水、風を集め、自然の摂理を取り込むデザインなど、愛着の持てる方法で経済を進める**考えが重要になるのは確実だと思います。

では、そういう時代にどういう提案をするべきか？

僕はその**キーワードこそが「愛着」**だと思っています。これまでの成功例を踏襲せず、そもそも思考で「命に近い答え」を目指し、ゆっくりとした時間軸で愛されるものを提案する。それが、これからのビジネスの根幹になると思うのです。

僕は、**これから起こるすべての進化が、「愛すべきか、愛すべきじゃないか」、「愛着が持てるか、持てないか」で判別されると思います。**もちろんコミュニケーションも愛着があるものが浸透していくでしょうし、いつの日か、愛着の持てるモノ・コトで満たされた世界になっていくと思っています。実は、それが僕のビジョンです。

そのプレゼンに、「愛着」は入っているか？

さて、先ほども触れましたが、未来ではきっと、人間の作業がどんどんＡＩに置き換わっていくでしょう。ただ僕は、それを悲しいことではなく、人間がより人間らしく生きるためのきっかけだと確心しています。そしてそれゆえに、人間らしい領域を今よりももっと大切にしていくべきだと思うのです。

では、その人間らしい領域とはいったい何でしょうか？　よく言われるのは「クリエイティビティ」の領域です。ＡＩは過去を学ぶことで正しい判断をするので、未来を生み出す領域は、人間のものだ、という理屈です。

でも、もはやアートや工芸、音楽や詩ですら、ＡＩが生み出せるようになっています。これまでの歴史で人類が良いと評価してきたすべての音楽や絵画を習得したＡＩは、それらを混ぜ合わせたような、素晴らしく「正しい絵」を描くでしょう。僕の仕事であるコピーライターも、残念ながらすぐにとって代わられるかもしれません。

　ただし、その絵画やコピーを見て、人が「感↓動」するかどうかはわかりません。それは「人間のほうが感性では勝《まさ》っているから」という感情論ではなく、事実として、ＡＩは人の感情までは制御できないからです。ＡＩは、人間の外にあるほぼすべての情報を制御したり、優良なコンテンツをクリエイトできても、それを見聞きし、**感じることで生まれる人間の中の感情や行動は制御できません。**「いやいや、もはやＡＩには『恋』を誘発することも可能ですよ（二次元の彼女のＡＩが相手の気持ちを計算してやりとりすると人は恋に落ちるらしい）」という意見を聞いたこともありますが、それでも、ＡＩが脳をハックするまでは、人の内部で生まれる情熱や想像などを制御することは不可能だと僕は思います。

　たとえば「どうしようもなく好きだ」「意味もなく泣いてしまった」「失敗するとわかっていてもチャレンジした」というような、非効率・非論理的な行動は、予測はできても、制御することは難しいでしょう。ゆえに、先ほどの結論である、非効率で人間くさい部分こそがきっと人間の領域になると思うのです。

　そしてその中でも、僕が大切だと思うのは、**人間的な「愛情」、そして「愛着」です。**「誰にもわかってもらえないけど俺はこの居酒屋が好き」とか「壊れているのにずっと持っていたい時計だ」とか「あいつ嫌いだけど憎めないよね」とか「なぜかわからないけど、この場所にはずっといたくなる」とか……。理屈や効率を超えて「愛すべきものごと」だけが生き残っていくと思います。そして、歴史や文化など、ＡＩが制御できない「時間の積み重ね」を大切にする「愛着の時代」が来ると思います。

先ほど、未来を生み出すプレゼンなら、愛着の持てる未来を提案すべきだと話しましたが、それはまさに、これからの時代に、「愛情」「愛着」が大切になるからです。ＡＩがほぼすべてのビジネスに波及すると理解したうえで、あえて効率的で正しい未来とは対極にある、「愛すべき未来」を提案できるか。「理由はないけど、これが好きなんだよね」という感情を生み出せるかどうかが、これからのプレゼンの勝負ポイントとなるでしょう。

ちなみに、僕はＡＩ批判がしたいわけではありません。

実のところ、僕はＡＩ関連の会社のブランディングを行ってきましたし、ＡＩへの興味は尽きないほどです。ただこれからの時代は、ＡＩなどの効率化の反動で、世の中が「愛着」を求める時代になることを皆さんにも知って欲しいのです。

愛着という言葉で表現できるモノやコトを、最先端として考える時代はすぐに来ます。もちろん生産性の向上には、ＡＩをベースにした効率化が必要ですが、それでも経済的な効率が人間的な幸福を超えてはいけません。なぜなら、**未来を幸せにするためには、人間こそが幸せにならないといけない**からです。これからは、人と人、人と地球、人とＡＩの関係を良くする提案をすべきだし、プレゼンもその方向へと変わっていくべきだと思います。**効率を踏まえつつも、愛すべきことを目指すプレゼンこそが、新しいプレゼンのやり方**だと思うのです。

「日々の提案や、営業トークでそんなに大げさな……」と思われるかもしれません。ただ、より混迷を深めるこれからのビジネスに対してどういう提案をすべきかを考えると、やはり、**人間の暮らしの根幹にある、「人」「命」「自然」という本質に戻るしかない**し、そのためには人として「愛すべき」ことを提案するしかないと思うのです。

とはいえ、これからも人は効率や便利さを追いかけるでしょう。ＧＡＦＡに代表されるＩＴ系ビジネスが、他の産業に比べて、「効率」という点で世の中を席巻したように、これからも様々な種類の「効率系サービス」が勃興し、世の中はどんどん効率的になっていくでしょう。ただし、効率がよく便利なだけのサービスは、「愛着」までは感じられない。そして、それは、先ほどの観点からも、新しい時代のビジネスとしてマイナス要因になると思います。

また別の観点で言えば、愛着側のほうが、これからは「儲かる」と言えるかもしれません。

いわゆるＳＤＧｓは、よく課題とか義務と考える人がいますが、**ＳＤＧｓの本質は、巨大なお金が集まる市場です。**あの17のゴールと１６９のターゲットは、いわゆる**世界中のビジネスのビジョンであり、「これから多くの資本が流れ込むから新しいビジネスを起こしてね！」というストーリーでもある**のです。そしてそれぞれのテーマのキーワードとなるのが、「愛着」だと僕は思っています。**ＳＤＧｓのすべてのゴールについて「愛着」が持てるように考えれば、どんな会社でも、どんな部署でも、ＳＤＧｓに向けたアイデアを生み出せるようになります。**そしてそれは、未来の大きな市場にコミットすることにもなるのです。

SDGsとは、
お金の集まる領域のこと。
「愛着」をテーマに
未来のビジネスをつくろう。

ビジネスに愛着を生む、ウェルビーイングという視点

さて、ここ最近、**「ウェルビーイング（心と体が幸福な状態）」**という言葉が注目されています。効率的か否かではなく、幸福か否かをテーマにした考え方で、様々な企業がビジョンやコンセプトとして掲げるようになりました。僕が立ち上げに関わった、東京都立川市の「GREEN SPRINGS（グリーンスプリングス）」という街でも、5年前から「ウエルビーイング・タウン」を掲げて開発を進めてきました（第3章のコンセプトの解説で触れた「SORANO

東京都立川市の「GREEN SPRINGS」

ホテルの最上階にあるインフィニティプール

HOTEL」はこの街の中にあります）。2020年の春に開業を迎えましたが、開放的でクリーンで幸せなイメージの街としてマスコミで話題になり、コロナ禍であっても人の笑顔が耐えず、愛される街になりました。

この街は、これまでの街開発の常識であった、**ヒト・モノ・カネの集積ではなく、水・緑・風を集積した街です。**空は広く、大きなバルコニーを持ち、ホテルの屋上にインフィニティプールまである開放的な空間。だからこそ、人々は本能的に、幸せな場所と感じ取ったのだと思います。コロナ禍のずっと前からこの街の開発を始めたにもかかわらず、結果的にコロナ禍でも耐えうるコンセプトに行き着いたのは、いわゆる既存の街開発・施設開発ではなく、**「そもそも街はどうあるべきか？」という問いかけ**から始め、ＳＤＧｓを愛着というテーマで考えていたからに他なりません。やはり、新しい時代の提案は、効率よりも愛着をベースとして、「そもそも思考」で考えるべきだと思います。

きっとこれからは、このように人間的な気持ちよさに立脚した、愛着の持てる開発が、街だけではなく、人が生きるすべての領域で重要になります。だからこそ僕は、未来を提案するすべてのプレゼンで**「それで愛着は持てるのか？」と問うのです。**

プレゼンは、ラブレターでありプロポーズだと言われます。それは、プレゼンが人と人とのつながりを生むもので、自分の気持ちを相手にわかってもらうものだからです。その上で**さらに長期で付き合っていこうとするなら、やはり、愛すべき未来が提案されるほうが良いでしょう。**「効率的なプロポーズ」が味気ないように「効率的なプレゼン」も味気ない。だからどんなプレゼンであっても、短期的、効率的な儲けを追うものではなく、「長期的に」愛着が生まれるアイデアを提案すべきなのです。

もちろん、ビジネスは儲けなければいけません。企業が存続しなければ、愛着などとも言っていられないでしょう。でも、これからの時代、その儲けにつながることが、短期的な効率ではなく長期的な愛着をベースにするほうへと変わっていくと思います。マスからコミュニティへ、消費から継続へ、と世の中の意識が変わっていくのだから、ビジネスも、短く大きな波よりも、小さくてもロングテールに続く波のほうが効果的であることは

新しいビジネスは、
マスから、コミュニティへ
消費から、継続へ
短期から、ロングテールへ
売れるから、愛されるへ

明らかでしょう。これからは、明日の儲けより、長い儲けを考える時代です。まさに、売れるよりも、愛されることを大切にする時代だと考えています。

ところで、このロングテール・ビジネスが新しい方法かといえば、実はそうでもありません。「ブランドビジネス」では、短期よりもロングテールを考え、上顧客をつくるサービスやCSR活動を行うことで、まさに「長い儲け」をつくっていますし、カスタマーサービスやメンテナンスの充実、さらには「文化の育成」という観点で、長期目線のビジネスをして尊敬されているブランドはたくさんあります。

たとえば、食品メーカーは、「食育」をすることで正しい食文化を根付かせる活動をしていますし、クルマメーカーは、交通マナーやクルマに乗る楽しさを子どもに届けることで、クルマに乗ることそのものへの興味関心を引き上げる努力をしています。その中でも僕が好きなのは、サントリーの活動。お酒を飲むことのマナーを教えたり（開高健さんや山口瞳さんによる成人式の日の広告は有名）、お酒の文化そのものに「愛着」を生む活動を続け、世の中から尊敬を集めているからです。このようなロングテールな発想は、決して明日の儲けを目指していません。逆に、「長い儲け」を目指し、自分たちの企業を愛してくれる人を耕しているわけです。

正直に言って、**これからのビジネスは、人々からの尊敬が集まるか否かが勝負です。そのほうが、長期にわたり愛され、長く売れるビジネスがつくれるからです。**ＩＴビジネスのように今の時代を代表するような企業であっても、人の心に向き合い、「愛着」を生む努力をして、「尊敬」を集めるべき。そしてその「尊敬」はきっと、人生の不満を解消してくれる「効率」と、人間臭い「愛着」の間にあるものだと思います。

効率と愛着のあいだ

僕はよく、効率と愛着を対比して話していますが、だからといって、意味なく非効率にしても、愛着は生まれないと思っています。無駄に高級な素材や余計な機能がたくさんあっても愛着は生まれにくいし、誰にも相手にされないでしょう。

ではどこに「愛着」が生まれるのでしょうか？

その答えは、**「本質の追求から生まれた非効率」**にあると考えています。たとえば、おいしさという本質を追求するがために徹底的に手間をかける寿司屋は世界中から愛されるし、使うときの気持ちよさという本質を追求するために、機械を使わずに手作業で作り続けるブラシ屋には、海外ブランドからひっきりなしにオーダーが入る。このように、非効率なまでの本質の追求により生まれた愛着を世の中は求めています。そしてこれからの未来では、それが全世界的に求められるようになると思うのです。

とはいえ、非効率を求めても、便利なものを捨てろとは思いません。

たとえば、昭和30年代の日本はとても幸福度が高く、愛着の持てる時代だと思いますが、だからといって今、非効率を求めて「三丁目の夕日」のライフスタイルを実現しても時代に置いていかれて破綻します。やっぱりパソコンにはスピードが欲しい、スマホは常につながっていてほしい、欲しいものは明日届くし、クルマは自動で、キャッシュレスがうれしい……というように、今の人々が求める効率は追い求めるべきでしょう。それは暮らしの「不満」を解消し、幸せにするひとつの答えだし、進化を生む力となるからです。

ただし、暮らしを幸せにする効率を求めつつも、同時に、どうすれば愛着を持てるかを追求することが重要になります。便利なものは便利なので廃れることはないでしょう。アマゾンもマクドナルドもコンビニも「存在している世界」のほうがいい。ただその**便利さや効率性を保ったまま、愛される存在になるにはどうすればいいのか？　その問いこそがこれからの時代に大切になる**のです。

理想的なのは、螺旋《らせん》階段のように1回転してひとつ上のステージに上がっている状態です。「すごく便利になったのに、前にも増して愛着が持てる！」という理想に向かって、機能やデザインやストーリーを生み出していくのが、これからのビジネスの本流になるでしょう。ゆえに、これからの企画・提案は、**効率と愛着のあいだを行き来しながら本質を追求する姿勢**が問われます。新しい時代になり、仕事がどんどん効率的になっている時代だからこそ、少し未来を見て、愛着をテーマとした企画や提案をしていくべきだと思います。

その考えを実践して、見事に「効率」と「愛着」のあいだを歩いているのがアップルです。商品はもちろん、パッケージからお店のデザイン、スタッフのトークやサービス、WEBの内容やCM、はたまたパッケージの箱に入っている小さな文字に至るまですべてが、「愛着」へのこだわりであふれています。この効率の時代に「なんでそんなにデザインに必死になっているのか？」「そんな過剰なパッケージはいらないだろ」と思う人もいるかもしれません。でも、その小さなこだわりの一つひとつが、「僕らの生み出した大切な製品を末長く愛してください」「使い続けてくれるあなたを愛しています」という姿勢として伝わり、使う人々の「愛着」となって心を掴んでいます。この考え方こそが、新しい時代には必要なのだと思います。

愛着の持てるビジョンを提示しよう

でも、今の時代はまだまだ「効率信者」が多く、「無駄なものはとにかく削ぎ落とせ」と高らかに宣言するような人もたくさんいます。でも、果たして効率を追い求めていった先に幸せはあるのでしょうか？

効率的な生活を送っていても、たまにはハメを外したいし、無茶なこともしたい。それが本当の幸せだと思います。そしてそれを見据えて提案をすることが、幸せな未来をつくることだと思うのです。

この話をしていつも思い出すのは、僕のコピーライターの師匠、小霜《こしも》和也《かずや》さんの言葉です。小霜さんはプレイステーションの立ち上げをはじめ、数々のヒット作を世に出した人で、僕の考え方の原型をつくってくれた恩師。そして僕が本当の天才だと思っている人でもあります。その小霜さんと一緒に新宿のお祭りの横を通り過ぎることがありました。そこで小霜さんは僕にこう尋ねました。

「あの屋台でもっと商品を売るためにはどうする？」

僕はいいアイデアを思いついて、意気揚々と答えました。

**「効率」だけを求めるのではなく、
「愛着」も忘れないことが大切！**

「隣より100円安いと書いて売るのはどうですか？」

それを聞いた小霜さんは笑って言いました。

「なるほど。確かにそれは売れそうだけど。でもそんなメッセージを書いた店ばかりになったら、祭りがつまらなくなって人が来なくなってしまう。だから俺たちは広告をつくるときに、効率的に目標を達成する方法と同時に、人がワクワクしたり幸せになるようなことをしなきゃいけない。売ることも大切だけど、祭りに人が来たくなるようにすることも大切なんだよ……」。

まさに、効率だけを追いかけず、愛着の持てることを考えなさい。もっと広い視野で何をすべきか、自分の頭で考えるべきだよという示唆だと思います。これは今も**「屋台理論」**として、僕の心の真ん中にある教えで、僕の今の仕事を支えています。

相手の意見にどう反論すべきか？

さて、ここから少し視点を変えて、プレゼンに愛着を生むために大切な、３つの「タイミング」の話をしたいと思います。

まず最初に話すのは、ちょっと意外かもしれませんが**「返答」**のタイミングです。

プレゼンは心を動かすための提案ですが、往々にして、心が逆の方向に動くことがあります。丁寧に話したつもりでもわかりにくかったり、小さなことで心象を悪くしてしまったり、「わかってない！」と怒りを買ったりもするでしょう。でもそれは仕方がないこと。太鼓持ちプレゼンではなく、しっかり相手の未来を見据えたプレゼンをする以上、**怒りを買うこともあるし、反対意見や鋭い質問も来るのが当たり前**でしょう。ゆえに、相手の意見や否定にどう対応するかはプレゼンの必須技術というわけです。

実は、**プレゼンで最も重要なテーマのひとつが、この、「相手意見への返答」**だと僕は思っています。たとえ、どんなにいいプレゼンをしても、反対意見が来て返せなければ、そこでアウト。いや、プレゼンだけじゃなく、相手の意見にしっかり返答できなければ、これからの人生もアウトかもしれません。逆に、その返答の仕方によっては、プレゼンにより愛着を持ってもらえる上に、深く信頼される関係へと発展できる可能性も生まれます。ゆえに、「返答」の方法を知ることは、プレゼンにも人生にもとても大切なことだと僕は思うのです。

でも残念ながら、「相手意見への返答方法」について言及した本やサイトはあまり見当たりません（これは由々しき問題です）。そこでここに、僕なりにまとめた、返答への5つのポイント「返答の五ヶ条」を挙げてみました。

実は、この返答の五ヶ条を意識するだけで、自分なりの返答ができるようになったり、返答を利用してより深い提案ができたり、さらには、強く信頼されるきっかけになったりします。早速その方法を見ていきましょう。

①相手をプロとして扱え

プレゼン相手はその道のプロです。社内の上司であろうと、社外の担当者であろうと、さらに言えば一年目の若者であったとしても、相手はその内容に関してのプロであり、尊敬すべき人だと考えるべき。自分が考え抜いたアイデアに対して「違う」とか「こうすべきでは？」と言われることは、誰にとってもうれしいことではありませんが、「プロからの意見」として捉えれば、自分の中に取り込んで、新しいことを見つける可能性に変えられます。

②飲み込んでから、話せ

相手の意見に、間髪を容れずに「それは違います！」と返すのはご法度です。それがどんな内容でも、批判にとられるからです。でも、ただ「黙る」のも良くありません。それも「納得してない」「腹が立っている」ととられる可能性があるからです。大切なのは、まずは相手の意見を飲み込むこと、そして、うなずくことです。「なるほど……」という言葉を発しても良いでしょう。そうしながら、自分なりの返答、反論、アイデアを考えればいいと思います。まずは、相手からの反論を突っぱねず、飲み込んで考えることが大切です。

③正論で反論するな

「返答」において大切なのは、仲間感です。そしてその仲間感をぶち壊すのが、「正論で反論する」ことだと僕は思います。よく若い人が「ビジネスとしてそれは間違いだと思います」とか「それでは最初の話と違います！」のように、理路整然と正論をぶちかましたりしますが、多くの場合、みんな「正論はわかっていて困っている」ので、逆に「わかってくれてないなあ……」という意識を生んでしまいます。相手が、社内事情も踏まえて悩みながら質問したことを正論で突っぱねるのは、仲間ではないと宣言するようなもの。必要なのは、正論はわかった上であえて悩みをぶつけてきたと考え、違う観点の答えを一緒に探してみることです。

④視点を、上下左右にずらせ

これが返答において、僕が最も重要視しているポイントです。大切なのは、相手の意見に対して返答する場合に、**視点を「ずらすこと」です。まずは、視点を上にふる。たとえば「ビジョン」や「企業理念」、また「社会課題」を引き合いに出してみる**のです。「そのご質問ですが、御社のビジョンから考えると……」「最近の社会課題を視点にすると……」というように、議論の意識をさらに上に引き上げることで、論旨が整理されると共に、より高い視点から提案内容への共感を得ることができます。

次に、**視点を「下」にふる。これは「課題に立ち返る」ということ**です。プレゼンや会議が進むと、往々にして最初の課題が見えなくなることがあります。そこで課題に立ち返りつつ、再度、この課題の解決としてこの提案がある、ということを話すと納得を得られることが多いはずです。

最後は、**視点を左右にずらしてみること。これは「顧客や社員の本音、これまでの事例など、違う視点からの意見を伝える」**ことですが、これにより、こちらからの返答が、世の中を広く見た議論のきっかけになります。友人や家族などN＝1の実話（後で触れる「自話」）を話しても良いでしょう。そうすれば、相手を否定せずに、より深い議論に持ち込み、新しいアイデアを見つけるきっかけにもなります。

⑤考えを深めて、追加提案せよ

最後は、**意見を受け止め、考えて、再提案するという姿勢**です。相手の意見に対して、どれだけうまく返答しても、そのままでは「反論」した印象を残すことになります。大切なのは、相手の意見に対して真摯に対応し、議論を深めること。そのためにも考えを深め、軽い提案で良いので再度話しに行くのが大切です。プレゼン前にはわからなかった相手の本音や「隠れ不満」に対応した案を提案できる良い機会だと捉えてください。

以上、返答の五ヶ条をお話ししましたが、このように正しい「返答」の仕方を常に意識すると、相手の反対意見にドギマギすることなく、逆に、相手の意見や質問を利用して、より深くこちらの意図を届けることができるようになります。つまり、プレゼンの後でやってくる、相手からの質問や反対意見などは、こちらのプレゼンの意図を**「再度、丁寧に話ができるチャンス」と考えるべきで、そのためにも、あらかじめしっかりと準備しておくほうが良いということです。**広告代理店ではこのプロセスを「仮想Ｑ＆Ａ」と呼び、プレゼンの前に練習して、想定問答集を作成することもあります。ただ、その問答集だけに頼ると、想定以外の質問や反論が来たときに慌てますので、ここで話したようなポイントを踏まえて自分で考えられるようにしておくようにしましょう。

相手からの質問は
「説明のきっかけ」
相手からの否定は
「深く話せるチャンス」

「自慢話」ではなく「自話」をしよう

さて、プレゼンに愛着を生むために大切な「タイミング」の2つめは、「自分の話」をするときです。

プレゼンはＡＩやロボットが情報をやりとりするのではなく、**人と人が気持ちを確かめ合う**

コミュニケーションです。だから、どんなにいい提案でも「嫌いな人とは仕事がしたくないから採用しない」ということは起こります。それが人情というものでしょう。だからこそ、**プレゼンにおいて、「人として愛されること」はとても大切なこと。**そしてそれゆえに**「愛されながら自分を押す」**方法も大切になるわけです。ただこういう話をすると、「じゃあ、とにかく自分をアピールしよう」として、「自慢話」をする人もいるのですが、プレゼンでの「自慢話」はできるだけ控えたほうが良いと思います。自分に関する「必要な情報」を知ってもらうなら良いとしても、「どうだ、すごいでしょ！」という話は、逆に壁をつくる可能性があるからです。マウントをとってくる相手とは「一緒に働きたい」とは思えません。たとえ無意識でも、自慢しすぎると、心は離れていくと考えてください。

では「愛されながら押す」ために、何を話すべきなのか？

その答えは、自慢話をやめて「自話（じばなし）」をすることです。

「自慢話」から「慢」を取った「自話」とは、**相手の知らない自分の話**のことです。「え、結局、プレゼンで自分の話なんかしていいの？」と思った人もいるでしょう。でも「自話」はとても効果的。使い方を間違わなければプレゼンの流れも損なわずに、自分を知ってもらい、相手からの共感を生むきっかけにもなります。つまり「返答」と同じく、「自話」も、プレゼンに愛着を生む効果的なタイミングというわけです。

先ほども触れた、師匠の小霜和也さんは、「自話」の天才でもありました。特にプレイステーションのプレゼンでの「自話」は素晴らしいもので、今もその話がしっかりと記憶に残っています。

当時のプレイステーションは、1年間に50本以上のCMを作り出していたクライアントで、テレビCMの年間キャンペーン提案は、数十億の予算がかかった超重要プレゼンでした。でもそのプレゼンの席で、しかも提案がうまくいかず緊張感が漂っていたときに、突然、小霜さんが「自話」を始めたのです。

「あのちょっといいですか？　実は、昨日うちの女房とメシ食ってて、子どもの友だちの家でプレステやった話になったんですけど……」。

営業担当も僕も、さすがにびっくりしました。その場の緊張感に似合わない、ひどく間の抜けた、プライベートな話だったからです。

でも、その場にいたクライアントの反応は違いました。むしろ笑顔で「それで奥さまはなん

「自話」は、
より愛されるための
きっかけであり、
空気を変える武器になる

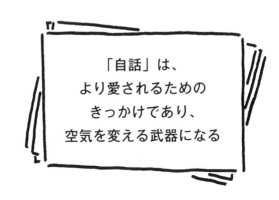

て言ってました？」と聞くのです。小霜さんは続けて話しました。「女房が言うには、最近プレステってなんか嫌な感じになってるよ。子どもは目が悪くなりそうだし、勉強はしないし。まわりの人はプレステ禁止とかにしてるんだって」と。

その瞬間、そこまでの空気は一変し、そこからクライアントと「今、家庭内で、プレステがやるべきこと」についての活発な議論へと進みました。まさに小霜さんの言葉から、リアルな世の中とつながった、リアルな議論が始まったのです。

N＝1の強さ

その瞬間に、僕は「そうか」と思いました。

もちろん、N数（マーケットの調査データなどで使われるターゲット数）は多いほうが、調査の信頼度は上がります。でも、数字にはどこか血が通っていなくて、それだけではリアルじゃない。それに対し、小霜さんが話した「自話」は、あくまで個人の話だし、調査データとしてはあまり意味がないN＝1の情報だけど、強く興味をひく。つまり、**普段は知ることのできない個人情報が、生で語られたときの面白みや興味はとても大きいということです。**

この体験から、僕は架空の集団を相手にした調査や、数字だけの動向を鵜呑みにせず、あくまでターゲット一人ひとりの本音を信頼するようになりました。さらに、プレゼンで話がこじれそうになると、小霜さんを真似して「自話」をするようにもなり、今では、プレゼンに愛着を生み出す強力な武器として「自話」を使うようになっています。「自話」は、相手の気持ちを惹きつけたり、流れを変えたりするのにとても効果的なのです。

ただし、プレゼンでの自話には、3つの注意点があります。

まずひとつ目は**「テーマ」**。仕事となんの関係もない「自話」をしてもプレゼン相手は納得してくれません。一般論ではなく、自分しか知らない体験から生まれた示唆こそが「自話」の真骨頂。その上で、プレゼンの中身や、今話題になっているテーマに合わせて「自話」ができるようになればあなたもプレゼンのプロになれます。

2つ目は**「タイミング」**。**自話をするタイミングは、冒頭の「つかみ」か、「膠着《こうちゃく》状態」のときがいい**と思います。本題に入る前のアイスブレイクに自話を使えば、とても効果的ですし、膠着状態に入って意見が出ないときや流れを変えたいときなどでも状況を打破してくれます。

3つ目は、先ほどの**「返答」**。これもタイミングのひとつではありますが、相手からの質問や意見に対して、「自分の経験では……」という自話の返答は効果的です。すでにたくさんのマーケティングデータで満腹であっても、自話は別腹。あなたが、自分の経験から話す反論は、本心でこのアイデアを考えていることを伝えるチャンスとしても機能します。上記の3つの注意点を踏まえつつ、ぜひ、皆さんも自分なりの自話を使ってみてください。

ところで、このときのプレゼン後に生まれたキャンペーンは、「よい子とよいおとなの。Play Station」というものでした。子どもたちに「ゲームのやりすぎ気をつけよう」「ちゃんとかたづけよう」などのゲームのマナーを教える広告となり、これをきっかけに、プレステに対する親の気持ちが前向きになりました。もしあの自話がなければ、プレステが親からの賛同を得るのが遅れたかもしれません。その意味でも、プレイステーションにとっても、僕にとっても、とても重要な「自話」だったのです。

いい話をしようと意気込まない

では、プレゼンでどういう「自話」をすればいいのでしょうか?

まずは、地元の話や、自分の家族、友人など、**自分のコミュニティまわりの話を用意するこ**

とから始めてみましょう。そしてタイミングが来たら話してみるのです。このとき、「話さないで終わっても良い」と思うのが大切。そうした準備があれば、いつか話せるようになります。

たとえば「このお茶をどうやって売るか」という会議をしているとします。その中で「マーケティング的にこの数値は……」という話だけで終わらず、自話として**「でも、地元の友だちはこのままだと飲まないって言うんですよね」**と言ったほうが、相手は食いついてきます。自分が知らない生の情報だからです。こうした情報のほうが、リアルで実感値が高いから貴重なのです。

肩に力を入れる必要はありません。オチのある話をしようとか、難しいことを語ろうとしてはいけません。それより、自分の実家の話や地元の友だちの話から、提案のテーマに絡められれば相手の表情は変わります。それだけで、その自話は「共感タグ」となって、相手の心を強く動かすのです。


たとえば、僕はこんな自話をしたことがあります。「この前行った居酒屋がすごく良かったんですよ。ヨボヨボのおばあちゃんが一人でやってるから、料理が出てくるのがものすごく遅いんだけど、みんな文句も言わずにニコニコ笑ってるんですよね」。

これは、ほっこりするけどよくある話です。ただ、ここからテーマとつなげることが大切。**「そ**

れで、御社が今からつくるサービスの話ですが、どうやったらああいうお店みたいな気持ちになれるかが大切だと思うんです。そこから考えませんか?」。こう言ったことで、みんな同じイメージ(共感タグ)を持ったままプレゼンを聞いてくれて、結果的に良いディスカッションへとつながったのです。このように、**「自話+テーマへのつなぎ」をセットで考えると、より効果的な自話ができると思います。**

でもどうして「自話」にパワーがあるのでしょうか?

それは、自話が、リアルな自分の体験、本当に思ったこと、感じたことだからです。そしてそこには**企画・提案で大切なターゲットとなる人々の本音があり、商品やサービスを良くするきっかけがあるから**です。これはまさに共感タグの「実体験」の効果と同じですし、また、「人生共感図」の考え方とも同じです。一般論ではなく、あくまで「人生に近い本音」があることで、一気にリアルなアイデアに近づけるわけです。そのあたりに落ちているような他愛もない話でも、プレゼンのテーマとつながれば、難しいだけの理屈よりはるかに聞き手の心を動かします。

とはいえ、「プレゼンでは余計な話をしてはいけない」と思い込んでいる人はたくさんいますし、僕もよく「いったりきたりする話はプレゼンのぜい肉だ」と話しています。でも、自話は余計な話ではありません。**タイミングに合わせて、提案にかかわるリアルなストーリーやターゲットマインド、その背後の感覚への気づきを伝える手段なのです。**「自話」でリアルなイメージや感覚が伝わると、みんなの頭の中に共通のイメージ（共感タグ）が生まれ、そこから話をスタートすることができるので、結果的に効率よくプレゼンを進めることができます。一見くだらなくて、無駄に思える話でもいい。過去にミスをしてしまった話もいいでしょう。それらが提案の内容につながっていけば、良い「自話」になります。

プレゼンでは、「クライアントにとって有益なことを話さねば」「真面目に話さねば」「頭よく見せねば」と肩に力が入る人も多いのですが、すべて逆です。いい話をしようとすればするほど、緊張して話せなくなります。また、聞き手側の立場に立てばわかるように、難しくて緊張する話は聞きたくないけど、その人の本音や普段の話は聞きたいのです。だから無理にいい話をする必要はないと覚えましょう。まず深呼吸して、あなただけの「自話」をすればいいのです。

3つの「じばなし」を極める

さて、自話についてここまで話してきましたが、実は、「じばなし」には、3つのタイプがあります。

ひとつ目は、さきほどから話している「自話」。

これは自分が実際に経験した話です。すでに触れましたが、家族や友人の話、意見でもいいですし、自分が体験した話、自分の思ったことなどでもいいでしょう。大切なのは、自分の実体験であること。共感タグのときも話したように、人の心を動かすために大切なのは「体験」だからです。さらに自話の後に「テーマへのつなぎ」を意識することも重要。できるだけ、「自話＋つなぎ」というセットで考えてみてください。

2つ目は「時話」。時流にのった話のことです。

たとえば「うちの母親が Tik Tok にハマってるんですが、その母親が、年配の人にもこういうコミュニケーションがうけるのよねと言うんですよ」というように、時流に乗った「自話」のことです。ただ、一般的な話題はあまり意味がありません。誰も知らないあなた自身の体験談であり、かつ、時流に乗った話だけが「時話」だと思ってください。

3つ目が「地話」。地元の話です。

過去の地元の話でもいいですが、できれば最近の両親の話や、親戚の話、地元に住んでいる友人などの話が良いでしょう。そこには、都会では見つけられない、面白い発見があるからです。都会育ちで田舎を知らない人は、好きな地域の話ができればいいと思います。旅の話でも、誰かに聞いたリアルな話でもいい。今は、地域に光が当たる時代。自分だけの話として地域の話がされるのはとても興味深いわけです。

できれば、これら3つの「じばなし」を意識して、日々暮らしてみてください。そして、恐れずにプレゼンの冒頭や膠着時に使ってみてください。そうすれば、あなたのプレゼンが今よりもっと共感されるようになるはずです。

自話、時話、地話を
用意しておけば、
プレゼンもスピーチも
怖いものなし

インプットした情報を「じばなし」にするために

プレゼンに有効な3つの「じばなし（自話、時話、地話）」をするためには、自分の体験や地元の友人からの情報はもちろん、ニュースや流行りなどのインプットも必要になります。インプットは仕事のアイデアの源泉でもあるし、ビジネスのきっかけにもなるのですが、「じばなし」の糧にもなるので、できるだけ積極的にインプットするように心がけてください。

ただ、物知り顔のおじさんが「とにかくいっぱいインプットをしなさい！」なんて話をよくしますが、あれは半分、間違いだということも理解してください。

というのも、**インプットはアウトプットとセットではじめて完成する**からです。

この本の「はじめに」でも話しましたが、アウトプットなしにインプットばかりをしても、扱えない情報が増え、すぐに忘れてしまいます。だから、聞いた話をすぐに誰かに話したり、仕入れた情報をすぐに企画にしてみたり、トレンドをすぐにアイデアに変えてみたりすることが大切なのです。人に話す機会がなければYouTubeでもFacebookでもnoteでもいいから、とにかく吐き出してください。

聞いたことを自分の外に出してみようとすると、**聞いた話の意味を考えることになり、結果的に自分の中での理解が深まります。**そうすれば新しい情報は頭に住みつき、血肉となり、臨機応変に「自話」として活用できるようになるのです。というわけで、僕は「面白い話を聞いたらすぐに誰かに話す！」をこの20年ほど実践しているのです。

よく、「小西さんはどのようにインプットするのですか？　コツを教えてください」と聞かれますが、特別なことは一切していません。実は、本もあまり読まないし、映画もあまり見ない。代わりにネットを閲覧したり、ラジオを聞いたり、ニュースサイトを眺めたり、同僚や友人と話したりするだけです。でもそれでもいいと思います。なぜなら、普通の暮らしの中に「自話」のネタはたくさん転がっているからです。

でも**普通はみんな、そのネタを仕入れても、アウトプットしないからすぐに忘れてしまいます。**実はそこが決定的な問題。情報をたくさん知っている人とそうでない人

**情報のインプットは、
アウトプットで完成する。
面白い話を聞いたら、
すぐに話そう**

は、そこで分かれます。たとえば誰かとご飯を食べていて、面白い話を聞いたとしても、おそらく次の日の朝にはすっかり忘れてしまうでしょう。ところが、そのことをすぐにアウトプットすれば忘れません。メモするだけでももちろんいいのですが、誰かに話したり、SNSで書くほうがより忘れづらくなります。

実は、情報感度が高い人は、そうしてアウトプットすることで、自分の中に面白い情報を貯めています。情報感度の高低は、実は、**情報のインプット量よりも、アウトプット量が大きく関与しているの**です。また、仕入れた話をどんどん話すようにしていると、面白そうな人に思えるので、他の人も面白い話をしてくれるようになります。情報感度の好循環は、そうして生まれるのです。

仕事の仲間をつくる3つのポイント

さて、プレゼンに愛着を生むために大切な3つの「タイミング」のうち2つは終わりました。最後の3つ目のタイミングは「事前」。すなわちプレゼンの前にあります。テーマは、プレゼンを取り巻く人々との「愛着」のつくり方。すなわち**「仲間化」**についてです。

皆さんもご存知の通り、プレゼンには時間の制限があり、プレゼンでできることは限られています。ゆえに、提案内容を話すのが精一杯で、知らない相手と仲良くなる時間はほとんどありません。でも、**プレゼンの事前段階なら時間はたっぷりとあります。**ゆえにそこを有意義に使えるかどうかで、プレゼンの成否が決まることもあるのです。

最初にも話しましたが、相手はプレゼンを聞いていないので、できるだけプレゼン前に相手の心を開き、「もっと話を聞きたい」「相談したい」「悩みを聞いてほしい」と思ってもらえるようになっていれば最高です。そしてそのためにも、プレゼンの準備期間内に相手の「不満」や「ニーズ」を聞いておく努力をすべきです。

「何を当たり前のことを」と言われそうですが、その基本中の基本をやることこそが、プレゼンに愛着を生むための最善の策だと思います。そしてその基本の中で、僕が心がけているポイントが、**「共感」「言い当て」「問いかけ」**です。

この３つのポイントを大切にしたプロジェクトが、２０１９年12月に開業した、京都の**GOOD NATURE STATION**／グッドネイチャーステーション（ホテル・レストラン・商業の複合施設）の開発でした。

僕はまさにここで、「仲間化」がいかに大切かを実感しました。実は、僕のチームがこの案件に参加したのは、プロジェクトが終盤に差し掛かった開業1年前。施設開発としては非常に遅く、「今からでは何もできないのでは？」と思えるほどのタイミングでした。まずプロジェクトに入ってみてわかったのは、以前につくられたビジョンやコンセプトが機能不全になっていて、それぞれの部署がバラバラに進んでいるということでした。各チーム内には「これ以上、全容が見えないまま進むのは難しい」「このままでは開業に間に合わない」という危機感があり、プロジェクトに関わる全員が不安を抱えている状況でもありました。

すでに開業まで1年しかなく、最速でプロジェクトを進めるべき状況でしたが、僕たちはあえて焦らず、新たなビジョン、コンセプト、プランのプレゼンまでに1カ月の期間をとり、その間に**プロジェクトのメンバー一人ひとりにヒアリングを徹底しました。**社長から新入社員まで、丁寧に、時間をとってじっくり話を聞くことで、何が滞っていて、何を必要としているのかを把握したのです。

プロジェクトが滞ったときに解決する3ステップ。

①ヒアリング

②不満の抽出

③課題化

なぜそうしたのか？　それは、プロジェクトが滞っているときに、無理にバイパスをつくって一時的に改善しても、結果的にカラダ全体が動かないことが多いからです。大切なのは、プロジェクトを健康なカラダにすること。そのためには、**まずヒアリングして、**どこがダメで、どうすればいいのかなど、**一人ひとりの中にある「不満」を徹底的に知り、プロジェクトの不全を抽出して、課題化することが大切。**だからこそ僕らは、大切な1カ月間を不満の抽出と課題の設定に充てたのです。

「その場のプロ」を大切にする

それはまさに、「課題→未来→実現案」を再度作り直すために、そもそも思考からはじめ、すべての種となる不満を取り出し、課題を再定義するプロセスでした。これができたのも、「ビジョンの策定には、まず不満から」という意識が僕らに根付いていたから。時間がなかったにもかかわらず、このプロジェクトが成功したのは、このプレゼンのロジックがあったからです。

さて、このように重要な意味がある「不満の抽出」ですが、それをやる際にも注意点があります。それは、今回のように外部から参加するときや社内の他部署と仕事をするときに絶対に必要なこと。**「相手がプロであることを認識し、尊敬して進む」という意識を持つことです。**

企業やプロジェクトの「外」から見ると、「中」のことについていろいろと言いたいことが見えてきますが、まずはそれを飲み込んでヒアリングを行うことが大切です。あくまでその領域では**「相手がプロ」**だと意識し、プロ同士として接することから信頼が生まれ、相手の「プロとしてのモチベーション」も上がります。どんなプロジェクトも、関係者のモチベーションが上がらなければ失敗に終わるのです。

僕はよく地方自治体の方から依頼を受け、街の再生や地域のPRを頼まれることがありますが、**「その街のプロ」がキーマンとして存在しない場合は仕事を受けないことにしています。**その街のプロジェクトは、「その街のプロ」である住人や商売をされている人がいないと回りません。外部から偉そうに意見を言っても、たとえその街のお役所が動いたとしても、街の人が動かなければ何も動かないのです。

このように、僕は常に、「その場のプロ」から話を聞き、そのプロの不満から課題を見つけ、そのプロとともにプロジェクトを動かすようにしています。それはもちろん、このグッドネイチャーステーションでも踏襲し、クライアントの皆さんをプロとして尊敬し、プロから意見を聞くという姿勢でヒアリングに臨んだのです。

そうした意識のもとでヒアリングがスタートしたのですが、まず気をつけたのが、先ほどの3つのポイント（共感・言い当て・問いかけ）のひとつ、**「共感」**です。

ヒアリングに際しては、なによりも、話の内容に本心から共感することが大切です。現状の否定から入らず考え方や進め方を受け入れる。そして咀嚼《そしゃく》して、一緒に進むという意識です。外から見ると動いていないように見えても、中の現場では一人ひとりががんばっています。なのに、いきなり「このプロジェクトはこのままでは進みませんよ」などと突っぱねてしまっては、一気に心が離れてしまいます。逆に**「なるほど、そういうことをされていたんですね。それは難しいな……」**という本音の共感から入れば、心の障壁が下がり、同志として課題を見つけられます。

間違ってはいけないのは、これは**テクニックじゃなく姿勢**だということです。相手をプロとして尊敬する意識があれば、心から「なるほど」と思えるでしょう。本当に相手のためになる提案をするなら、一度状況を飲み込み、課題を整理しつつ、プロたちの行動を待つことも大切なのです。

次のステップとして、今後の仕事をしていくためにも「頼りになる」「わかってる」と思ってもらう必要があります。そこで**「言い当て」**が大切になります。現状をただ聞くわけでも、否定するわけでもなく「言い当てる」のです。

たとえば、相手が「ここが、うまくいってないんですよ」と相談してきたときも、「それはやっちゃいけないことですね」と否定するのではなく「なるほど、そう考えたのですね。ちなみにこれは、○○ホテルを参考にしましたか？」と具体的に聞くのです。すると「そうそう！　そうなんですよ！　いいと思うんですけどね」とか「え、違いますよ。似てます？」のように、**相手の考えの支流が自分につながります。**すると感覚的な「仲間」ではなく、**「いろいろわかっている」プロの仕事仲間となる**のです。もちろんそのためには、その業界や仕事のことを知っていることが大切。つまり事前の勉強や知識を得ていることが前提になるのですが、絆を生むためにはその努力はしておくべきでしょう。

そして最後に大切になるのが、**「問いかけ」**です。「それなら、こういうプロモーションを企画してみませんか」「こういう商品を企画するとして、アイデアはありませんか？」と意見を求めるのです。ポイントは、**押し付けではなく「問い」であること。**問いかけられると相手は自分ごととして考え始めます。うまくいけば自分と相手のスタンスが同化しますし、ごり押しせず問いかける人だという認識になります。これで、同じ方向に進む準備ができるわけです。

相手にとっての「自分ごと」になっているか

相手の立場に立って考えてみれば、外部の人にいきなり否定されたり、頭ごなしにやり方を指定されたら、「お前らに何がわかる」「なにくそ」と怒りが生まれるのもわかるでしょう。他人のままではどんな提案でも冷めて見るのが普通。まずは自分たちを受け入れてもらってはじめて提案がテーブルに乗るのです。

以前、建築家の谷尻誠《たにじりまこと》さんが話していたのですが、彼は**いい建築をつくる条件として、施主（建築で言うクライアント）と「共犯関係になる」こと**を挙げていました。「共犯」、とてもいい言葉だと思います。もちろん悪いことをするのではないですが、共感の先にある「一緒に企《くわだ》てる感覚」を大切にするのは、とても重要なことだと思います。

僕は、プレゼンテーションの機能（効果）として、「説明→説得→共感」という段階を考えていて、これまでは共感が最高ランクでしたが、この「共犯」こそがその最高峰だと思うようになりました。共犯ならクライアントも同罪（笑）。今までにない面白いことも、一緒に「やらかそう」という企てができそうです。まさに、共感を超えた「共犯関係」を生むことが、プレゼンにとって最も大切なことかもしれません。

プレゼンの効果
（4段階）

説明
↓
説得
↓
共感
↓
共犯

さて、ここまで話してきたように、相手をプロとして尊敬し、「共感」「言い当て」「問いかけ」のステップを踏むことで、相手は感情的に拒否することなく、プロジェクトを良くするアイデアを一緒に考える仲間になれます。つまり、**相手の中でプロジェクトが「自分ごと化」し、「共犯関係」を生むための下地ができる**わけです。それは、難しく、回り道に思えますが、そうすることで未来の実現が近づくので絶対にやるべきだと思います。

僕は、そういう関係を生み出すのも、実は、プレゼンターの仕事だと思っています。事前に、「自分ごと化」と「仲間意識」が生まれていると、プレゼンでの空気はまるで違います。このグッドネイチャーステーションのプロジェクトでは、メンバー全員とのセッションを経て、様々な不満が抽出され、さらにプロとしての意見や貴重なアイデアが多数集まりました。僕らはそこから、人生共感図を使い、ストーリーを加えて、新しいビジョンやコンセプトに昇華し、それを改めて、プロジェクトメンバー全員にプレゼンしたのです。

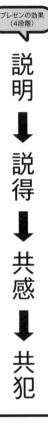

このときに提案したのが、**「GOOD NATURE STATION（ビジョンをそのまま名称にしました）。」というビジョンと、「信じられるものだけを、美味しく、楽しく」**というコンセプトでした。このビジョンとコンセプトでホテルから商業施設までを司り、ストーリーに合わせて商品群や飲食店などを編集し、施設内のデザインや新しい体験を作り出そうと提案したわけです。

その提案時には、社長を含めてみんな「仲間」です。しかも、提案内容は議論した内容をベースにしているうえに、自分たちが出したアイデアまで入っているので、絶賛され、承認されました。そしてたった1年で開業までこぎつけることができたのです。

京都のGOOD NATURE STATION

もしあのとき、1年のうちの1カ月を惜しんで、いきなり僕らがやるべきだと思うことを一方的にプレゼンしていたら、絶対にうまくいっていなかったでしょう。今頃プロジェクトは破綻して、何もできなかったことを悔やんでいたかと思います。

まさに急がば回れ。**丁寧な不満の抽出と、共犯関係づくりの時間がいかに大切か**を教えてくれた1年でした。

コミュニケーションの「押し」と「引き」

いきなりですが、プレゼンでの「うまい話し方」には、2パターンあります。ひとつは「いかにうまく話して相手を説得するか」という「押し」のコミュニケーション。もうひとつは、それとは反対に「いかにうまく相手の言葉を引き出し、一緒に考え、共感してもらうか」という「引き」のコミュニケーションです。

では、プレゼンでどちらを意識すべきかといえば、実は2つめ。つまり引きのコミュニケーションです。これまでの僕の経験では、**プレゼンテーションで負け知らずと言われる人はたいてい「話し上手」というよりも、「聞き上手」でした。**

聞き上手の人は、たとえプレゼンターであったとしても、相手が話し始めると見事な聞き手となり、相手の話を自然と引き出すように変化します。それも尋問のように問い詰めていくのではなく、**話し手が話したいように誘導していく人が多い**のです。

これとは逆に、プレゼンで負ける人に多いのは、話を聞くとすぐに自分の話をし始める人です。「そういえば、僕もこんなことがあったんですけどね」とか「僕の場合はこんなふうにします」など、すぐに話を引き取ってしまうのです。質問するとしても「それでどうなったんですか？」「それはいつですか？」と一問一答のように問い詰めてしまうので、相手は心地いいと思いません。話は続かないし、ちょっと乗り気になってもすぐに冷めてしまいます。

このように、「伝える型の人」や「問い詰め型の人」は、コミュニケーションとしては効率的かもしれないけれど、愛着を持てません（僕は「そもそも思考」のときでもできるだけ問い詰めず、相手の話を聞いて、問を続けます）。よって、長く続く仕事もできないし、心からの

プレゼンでは、
話し上手より
聞き上手が勝ち

信頼も得られないと僕は思います。

逆に、話の引き出し方がうまい人は、「この人とずっと話していたいな」と感じさせてくれます。そうなれば、本音を話してくれたり、不満を共有してくれたりします。その上で、こちらの思いや企画内容をしっかりと話せば、その案に愛着を持ってもらうこともできると思います。考えてみれば当たり前ですが、相手に押し付けられるアイデアよりも、自分も参加したアイデアのほうが思い入れは深くなります。だからこそ提案では「相手の思い」が入る、引きのコミュニケーションが大切になるのです。

「でも、プレゼンの目的は、思いが相手に伝わることなのだから、しっかりと意見を言ったり、アイデアを押し込む必要があるのではないか?」という声が聞こえてきそうですね。もちろん、プレゼンでは「押し」のコミュニケーションも大切です。というかそれがメインです。ただし、少なくとも5:5、もっと言えば、7:3で「引きのコミュニケーション」を意識すべきだと僕は思います。それはなぜか? それは、**「伝える」より「伝わる」ことが大切だから**です。内容がスムーズに相手に届くことはもちろん大切。でもさらに、相手に腹落ちして納得してもらうには、質問や感想、さらには反対意見を出してもらい、その意見をしっかり聞いて、議論し、相手の理解を深めることが重要なのです。ゆえに、先ほどの返答の五ヶ条のような心構えも大切。プレゼンは「押し」が基本だからこそ、あえて、7割の意識で「引き」を重視しておくことでバランスがとれるわけです。

ビジネスマンに足りないのは「聞く力」

とはいえ、僕の知る限り、**プレゼンターの多くは、決めてきたことを曲げようとしません。**自分のアイデアを通すために、手を替え品を替え、言葉巧みに話しながら、ごり押しする人が多いと思います。昭和のビジネスならそういうプレゼンも慣例としてあったのですが、今の時代では嫌われてしまいます。やはり、相手の思いをしっかりと聞き、臨機応変に対応し、でも、しっかりと意見を言うという姿勢が大切。そうすれば結果的に愛されるプレゼンができると思います。

ちなみに僕は、相手の状況や空気によって、プレゼンの内容をその場で変えることがありますし、プレゼンそのものをやめて、後日プレゼンすることもあります。それは**僕の中のプレゼンのコンセプトが、「相手にとって、うれしいプレゼンをすること」であって、「用意してきたプレゼン資料を披露すること」ではない**からです。そしてその意識こそが、相手から愛される秘訣だとも思っています。

さて、ここまで、愛されるプレゼンの「話し方」として、「引きのコミュニケーション」と、その原動力である「聞く力」が大切だと話しましたが、残念ながら、この「聞く力」を評価する動きが今の日本には少ないのが現状です。

一般的に、日本人は欧米人に比べて話し下手だとか、人前で話すのが苦手とか言われますが、それは「話す力」が足りないのではなく、実は、**「聞く力」が足りない**からだと、僕は思います。話す力と聞く力は表裏一体。深く聞き、深く考えるからこそ、深く話せるのです。とはいえ、本書のはじめにも話したように、「言わなくてもわかるよね」文化を大切にしてきた日本では、ストレートに話すことはもちろん、相手のことを深く聞くこともご法度になっていると思います。でも、何度も話してい

✕ 用意してきたプレゼン資料を披露する

◎ 相手にとってうれしいプレゼンをする

るように、プレゼンは「伝わらなければ意味がない」し、相手の本音を知らないと、本当に良い提案はできません。だから、話す力と同様かそれ以上に、相手の本音を聞く力をつけないといけないのです。

とはいえ、本屋に行くと「聞く力」の本はごくわずか。「話す力」に関する本が圧倒的に多いのが事実です。欧米にならって大きな身振り手振りを使って話せという内容はもちろん、いかに相手を丸め込むかのノウハウ本まであります。でも実際のところ、派手なパフォーマンスや理詰めでグイグイと説得する話し方は、一般の日本人にはハードルが高いでしょう（少なくとも僕にはできません）。さらに、これから主流になるリモート会議では、そういう「押し」のコミュニケーションは下火になると思います。なぜなら、効率重視の会議に追われる反動から、みんなが気持ちのいい会話を大切にするようになり、自分ばかり話して、聞く耳を持たないような人は敬遠されることになるからです。ゆえに新しい時代に「愛されるプレゼン」を目指すには、やはり「引き」のコミュニケーションを重要視しておくべき。相手にとって心地良く、「その人に寄り添ってもいいや」と思えること、さらに、話している時間が好きになれて、長い時間一緒にいてもいいと思える人こそが、選ばれる時代なのです。

「選びたくなる人」になろう

さて、本書も終わりに近づいてきたので、プレゼンの決定的な勝ち方についてお話ししたいと思います。

それは、中身でも、提案方法でもなく、**個人への期待値で勝つという方法**です。

実は僕には、かつて一度だけ「完敗した」と思ったプレゼンがあります。いつもはこちらの案の完成度や強い思いが伝わらなかったという悔しさはあっても、中身では勝っていたと思えるのですが、その時は、もう「手も足もでない完敗」だと思いました。

そのプレゼンは、いわゆる競合プレゼン（複数の代理店が提案して1社が選ばれるスタイル）でしたが、こちらは考え抜いた「面白い」案を複数持ってプレゼンに臨み、かなりいい手応えを得ました。でも、結果的に競合相手だったある人の提案に負けました。

その人が、プレゼンに来なかったのに、です。

僕のチームと戦ったのは、当時、ヒットCMを次々に手掛け、国内外の賞を総なめにしていた超有名クリエイターでしたが、さすがにプレゼンに来ないのはありえないことです。でも当日はそのありえないことが起こり、その代わりにビデオレターのようなものが流されたようです。僕が後で聞いた内容はこうです。「今回、理由があってお伺いできないのですが、私が全力をもってやらせていただきます。私の過去の作品はこれです」とこれまでの作品がバーッと流れて「よろしくお願いします」と言うわけです。向こうの案はゼロです。でも、僕らは負けたのです。

後ほどその話を聞いたとき、悔しいのを通り越して、「たしかに、そんなビデオ見せられたら、俺もその人に頼むかも」と思ってしまいました。もちろんこれは、その人のこれまでの実績があってのことだし、とにかく面白いＣＭを作りたい！　というクライアントの意思もあったからかもしれません。だから、この手法をマネしてもプレゼンはうまくいかないでしょう。

ただ言いたいのは、**人で選ばれるようになれば無敵**だ、ということです。ここまで来るともはや、プレゼンの心得でもメソッドでもなく、一人の人間としての生き方や歴史に関わることなので、「こうするといい」という方法は伝えられないのですが、できる限り、**「選びたくなる人」**になってほしいと思います。先輩や上司のやり方に倣って仕事をしているだけでは、がんばっても「選んでもいい人」止まりです。それを超えて「選びたくなる人」になるためには、**相手が信頼するに足る基本ができたうえで、期待値を上げる「実績」を積むこと**が重要。欲を言えば、さらに、一緒にいたくなる「愛着」を生めれば最高です。

ではどうすればいいのか？　もちろん、今の仕事を徹底的に追求して、「成果」を上げるのも良いでしょう。でも、もし、あなたがまだ若いなら、いつもの仕事だけじゃなく、面白いイベントを起こしてみるとか、小さなコミュニティを運営してみるとか、徹底的に趣味を追求してみるとか……、なんでもいいから動き出して、それを世の中に発信するといいでしょう。上司や同僚、さらに得意先の目に留まれば、関連する仕事に呼ばれたり、新しい企画が生まれるかもしれません。

もし、あなたがすでにたっぷりと人生経験をしている人なら、まったく新しい興味や趣味に没頭するのもいいでしょう。仕事でも仕事以外でも、何かにチャレンジすれば、新しい人とつながります。そうすれば、自分の領域も広がるし、相手から認めてもらえることも増えます。特に最近は、趣味や興味に特化して追求した「偏愛」が

「選びたくなる人」に
なるにはどうすればいい？
その問いが
あなたを変える。

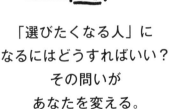

注目を集める時代。いつもとはまったく違う領域で、なにかに特化した「もうひとりの自分」が動き出せば、きっと「選びたくなる人」になれると思います。

僕は、このように、本業から飛び出た活動を「越境」と呼んでいますが、この**越境こそが、期待値を生み出す力**になります。僕も、本来はコピーライターですが、街を開発したり、演劇をつくってみたり、ハンバーグ店のオーナーになってみたりと、まるで違うことをしています。そして、**新しい領域に出る度に、まわりからの期待値が上がっていると感じます。新しい世界は、新しい自分を生み、新しい価値を生むからです。**

時代は副業や複業の時代。まだ会社内でそれらが認められていない人でも、きっとすぐにそういう働き方になります。そのときに備え、今から興味のあるコミュニティに入っても良いでしょう。そうすることで、情報は増え、視野は広がり、自話のネタも豊富になって、面白く期待できる人になると思います。それこそが、仕事で「選びたくなる人」になる第一歩です。

不満にワクワクすれば、仕事も人生も上向く

さて本当に最後となりましたので、僕が企画や提案に対して持っている哲学をお話しして締めくくりたいと思います。

それは、**不満にワクワクしよう**、ということです。

なんども話したように、不満はすべてを生む種です。より良い未来を願うから、現状に不満は生まれます。ゆえに、不満と未来は一対です。不満にワクワクするようになれば、もちろん未来にワクワクできるし、もっと面白い未来を妄想したくなります。世の中を見回し、そこにある不満にワクワクするようになれば、きっと、新しいアイデアが生まれ、クライアントや上司の心を動かし、周りを巻き込み、世の中を動かし、未来をつくれるのです。

僕は常に、ワクワクしながら仕事をするようにしています。周りから見ると変なおじさんかもしれませんが、ニヤニヤしながら未来を妄想します。社会や会社の不満と向き合いながら、世の中の課題をあぶり出し、ビジョンを妄想し、コンセプトをひねり出し、プランを練る。その間、ずっとワクワクし続けています。相手の立場でそのプランを実行したことを想像して、

笑ったりもします。そして、その気持ちをそのまま、わかりやすく提案することが、プレゼンのすべてだと思っているのです。

この話を最後にしたのは、この「不満にワクワクする」という考えがとても大切だからです。不満にワクワクすることができれば、現状に絶望することも、課題を悲観することもありません。すべて未来をつくる種だと思い、ワクワクできるからです。僕には、テクノロジーで世の中を革新することも、大きな企業をつくってたくさんの人を幸せにすることもできませんが、言葉で世の中を良くする仕組みをつくることはできると思っています。

今回、プレゼンの本を書こうと思ったのは、**プレゼンがすべての仕事、すべての暮らしに関係し、しかも言葉を使って、幸せにする仕組みそのものだと思ったから**です。どんな仕事、どんな暮らしにも、不満はあります。でもそれを、ワクワクする未来につなげるのが、プレゼンであり、皆さんの仕事です。

ぜひ、不満にワクワクする気持ちで、現状を見つめ、そしてワクワクする未来を創るプレゼンをしてください。

プレゼンサイドストーリー⑥
「なんすか力」を持とう

よく子どもでもわかるように話しなさい、と言う人がいますが、それは本当に大切なことです。大人なら「察する」ことや「言わずもがな」なことが、子どもにはまったく通じません。大人の事情は、すべて「なんで?」と言われますし、ロジックは「つまんない」と言われます。でも僕は、子どもはとても理解力があり、ものごとの本質を突ける力があると思っています。そしてこの、「なんで?」「つまんない」の反応を、大人へのプレゼンでも意識します。大人は、仕事だから、聞いている「フリ」をしてくれているだけかもしれないし、まったくわかっていないかもしれない。そう考えることで、自分のプレゼンに越えるべきハードルをつくっているのです。

僕は、いつも自分のプレゼンを子ども目線で見て、「なにこれ?」「なんで?」という思いで検証します。**難しいワードには「なにこれ?」、ロジックの破綻は「なんで?」という自問自答を繰り返す**のです。そして見つけた問題の箇所はすべてカンタンな日本語と、カンタンなロジックで置き換えていきます。「矢印チェック」でもお話ししましたが、そうすることでアイデアは核心に近づき、プレゼンがさらにわかりやすく変わっていき、そして、すべてがカンタンに伝わるようになるのです。

僕はこのように**「なにこれ？　なんで」と問い続ける力を「なんすか力」**と呼んでいます。

「なんすか力」は、普段なら見過ごすような、小さな疑問や小さなロジックのほころびに注意を払い、いったん立ち止まって、「それってなんすかね？」と問いただすことで、新しい答えを見つける力です。

第2章で触れた、「そもそも思考」と「なんすか力」があれば、普段見つからない改善のポイントが見つかるようになります。たとえば、目をそらしていたけど進化させるべき「仕事の当たり前」や、あなたのプレゼンの中にある「いつものやり方だから」という無自覚な甘えが浮き彫りになり、**変えるべき課題を見るきっかけになります。**また、この効果はプレゼンに限ったことではなく、暮らし方や生き方にもいい影響を及ぼします。たとえば、SNSで誰かが叩かれている情報を鵜呑みにしたり、ニュースでの情報を信じ切ることなく、どこかで、ふと、「？」と思ったことを見過ごさなくなります。この「なんすか力」は僕にとってとても大切な考え方。そしてプレゼンの大切な指針なのです。

おわりに

オーバー・プランニング・キルズ・マジック

たくさんのことを話してきましたが、最後に、大切なことを2つお話しさせてください。

数年前、海外で見つけたTシャツに素敵な言葉が書いてありました。

その言葉とは「オーバー・プランニング・キルズ・マジック」。


「プランニングしすぎると、魔法がなくなってしまう」というものでした。

僕は、「まさにその通りだ！」と、手をたたきました。プレゼンというのは面白いもので、時間をたっぷりとかけ、手数をかけるほどに駄目になることがあります。逆に、時間がないことで勢いのある企画が生まれたり、入社1年目の若手社員がすごいアイデアを思いついたりすることもよくあります。


僕が最も良いプレゼンと思うのは「シンプル」だと、この本の冒頭でも話しましたが、僕が信念としているのは、プレゼンも企画も、最後に大切になるのは「こねくりまわさないこと」だということです。素材がいい場合、余計な味付けをせず、そのまま味わうのがもっともおい

しいように、ビジネスのプレゼンも、最高の素材を見つけたら、それをそのまま提案すること
で、その良さが伝わることがよくあります。

多くの色数で描かれた大きな絵よりも、一本の手書きの線で描かれた小さな静物画に心惹か
れることがあるように、驚くほどカンタンなロジックでシンプルにプレゼンすると、提案して
いる場で「あ、そう言えば」と思いつきで素晴らしいアイデアが生まれたり、「感→動」が生
まれたりするのです。まさにシンプルな案にある「余白」が、いい意味の「遊び」になり、そ
こにアイデアが集まり、セレンディピティ（偶然の出会い）が生まれるのです。

もちろん準備不足ではいけないのですが、準備のしすぎも、かえって面白さが消えることが
あります。愛されるプレゼンを目指すには、ある程度の「遊び」が必要。この遊びを見極めつ
つ、シンプルなプレゼンをすることが、今も僕の課題なのです。

そしてもうひとつ。とても大切なことを忘れていたのに気づきました。

それは**「ウソはついちゃダメ」**ということです。何を子どもみたいなことを……と思うでしょ
うが、でも、プレゼンに勝つことに夢中になっていると、この基本中の基本を忘れがちになり
ます。うまくプレゼンをすることに没頭するあまり、まわりが見えなくなって、嘘をついてし
まい、失敗していく人たちもたくさん見てきました。

でも、プレゼンが終わっても、人生は続きます。もし、プレゼンで相手をうまくだませたとしても、自分の人生は続いていくし、相手の人生も続いていきます。もし、一緒に考えたチームのメンバーを裏切ってうまくいっても、気持ち悪さが残るだけ。それではプレゼンに勝っても人生に負けることになってしまいます。**人生は続いていく。だから、プレゼンの先の人生にまで心を配る。**これは僕が仕事をするうえで最も大切にしていることです。

ビジネスをしていると、モノを売ることや人を集めることなど、ビジネス上の目的がゴールだと錯覚しがちですが、**「売れる」のは企業としてはゴールでも、買う人間からするとスタート**だと意識する必要があります。

「売れたからOK」ではなく、それを買った人がその後、幸せになることまで想像しプレゼンを組み立てるべきです。派手に宣伝をして、カッコよく見せて、買ってもらっても、そのあとで買った人が不幸になってしまっては意味がない。まさに自分の人生にとっても汚点になると思います。それよりも、地味だけど、それを買ったことによって幸せな気分になれるほうがいい。そのほうが長い目で見て「愛される」わけです。だからこそ、プレゼンだけうまく取り繕っても意味がないのです。

プレゼンは相手の心にちゃんと届けて、目的を達成するためにやるべきものです。そしてその目的が終わっても、そこから相手との関係は続きます。そこにきちんと責任を持つというのが、これからのプレゼン。まさに、プレゼンが終わっても、人生は続く。だからこそ、自分の気持ちに正直に、相手の気持ちに向き合う、愛されるプレゼンを目指すべきだと思います。

２０２１年６月　小西 利行

最後に。

本書を考えるにあたり多大なアイデアを頂いた、孫泰蔵さん、濱口秀司さん、田中安人さんに感謝を申し上げます。さらに、立川のGREEN SPRINGSの開発に当初から関われていた立飛ホールディングスさん、横山友之さん、平賀達也さん、Taku Shimizuさん、共に「挽肉と米」の開発をした山本昇平さん、清宮俊之さん、本書で取り扱ったアイデアをともにつくってくれたPOOLのメンバーの皆さん、制作に加わってもらったすべての人々、そして、遅筆な小西を温かく見守りつつ、最後まで本書のデザインに奔走してくれた、宮内賢治さん、伊東陽菜さん、最後に、編集を担当してくれた米田寛司さんに感謝を。皆さんがいなければ、本書は生まれませんでした。本当にありがとうございました。

『プレゼン思考』キーワード索引

1. プレゼンの「必勝方程式」

すべてのプレゼンの骨格となる考え方。「課題（タスク） → 未来（ビジョン） → 実現案（コンセプト+プラン）／いまこうですが、こうなりましょう、この方法で」という説得スタイル。 **22**

2. 矢印チェック

矢印の順にチェックすることで、ロジックの破綻がわかり、企画を改善する方法。新しいアイデアを生むきっかけにもなる。 **37**

3. 未来が過去をつくる

過去を悔やむより、良い未来をつくることで、過去が良い方向に編集されるという考え方。筆者の行動指針。 **58**

4. そもそも思考

そもそも、なぜ？　と問いただすことで、本質的な課題を発見する方法。人生共感図とセットで考えることで、より効果を発揮する。 **63**

5. パーパス

存在する意義。なぜそれをやっているのか？　の答え。サイモン・シネック氏による『WHYから始めよ!（Start with Why?）』で話題になった言葉。WHAT（何をするか?）、HOW（どうするか?）ではなく、WHYから発想しパーパスを追求することで、企業やビジネスが革新するとされている。 **71**

6. 本質課題

見せかけの課題ではなく、企業やプロジェクトが本当に解決すべき課題のこと。オリエンや過去の成功事例を疑い、「そもそも思考」で考えることで見つかる。人生共感図の中心になる考え方。不満や課題、商品の提供価値をかけ合わせることでも生み出せる。**73**

7. ビジョン

「ワクワクする未来」のこと。私たちはこうありたいという姿。企業、プロジェクトが目指すべき、本質的なゴール。小さな会議体や営業活動など、日々の活動にもあると効果的。仕事に関わるすべての人のやる気の素であり、仕事の行動指針になり、判断基準にもなる。**77**

8. ビジョンへの3ステップ

①内語り　②外語り　③夢語り　を考えることで、正しいビジョンを選び出す方法。ビジョンと向き合う人を「他人事」「無責任」にすることなく、強い共感を生むものを選ぶことができる。**106**

9. 勝負自己紹介

いくつものパターンの勝負自己紹介を持っておき、状況や相手のニーズに合わせて話すことで自分への期待値を上げる手法。自慢話ではなく、自話が効果的。**110**

10. 理解ベース

プレゼン相手やチームメンバー、会議の参加者で共有する、「議論の課題と目的」「使っている言葉の定義」のこと。話のベースとなる理解。 **114**

11. ミッション・ビジョン・バリュー

私たちはこうすべき（ミッション）、私たちはこうありたい（ビジョン）、私たちはこれでがんばる（バリュー）。よく使われる企業活動の基本的な定義。 **117**

12. コンセプト

課題を解決し、ビジョンを実現する方法・戦略のこと。ビジョンをビジネスの「行き先」とすれば、コンセプトは「行く方法」。企画・提案の核になるもの。 **127**

13. 感 → 動

心を動かす仕組み。「感じて動き出す」という行動のプロセス。「感→動」には、驚き＋共感＋共有が鍵となる。ビジョン、コンセプト、ストーリーの開発に必要な考え。 **133**

14.「知りたい！」「欲しい！」「話したい！」

感→動をもたらす動詞。この3つの好奇心をかき立てられれば、人の心を動かせる。驚き、共感、共有の言い換え。企画を考える際の指針となり、ストーリーの判断基準にもなる。 **134**

15. 隠れ不満

世の中を革新するアイデアの根源。不満の中にあってまだ誰も解決していないこと。 **158**

16. 実は……

日常の暮らしや日々の仕事に潜む「隠れ不満」を見つけるキーワード。「実はコレが不満」と言えるものは、すべて「隠れ不満」と言える。 **162**

17. 隠れニーズ

まだ世の中に提示されていないニーズ。これが見つかることで、世の中が共感する革新的な商品や新しい市場が生まれる。隠れ不満と表裏一体。「確かにコレいいかも」と思えるもの。 **174**

18. 人生思考

人生を横において考える思考法。企画・提案などすべてのビジネスの根本の考え方。課題→解決という一般的なプロセスを「課題→人生（ターゲットの生き方）→解決」に変えたもの。 **186**

19. 人生共感図

人生思考を図式化したもの。隠れ不満、隠れニーズ、必勝方程式など、すべての発想に活用できる、オールマイティな思考の設計図。**190**

20. 虫眼鏡アプローチ

小さなビッグマーケットを起点に、レアな興味を世の中に打ち出し、大きな動きを生むマーケティングのアプローチ方法。**209**

21. 小さなビッグマーケット

ニッチな興味で集まっていて、大きな可能性を秘めているコミュニティ。**213**

22. ストーリー

商品が欲しくなる物語。商品に、拡散力と浸透力を生む技術。「知りたい!」「欲しい!」「話したい!」という好奇心を動かすことで、商品をより「売る」ことが可能になる。**230**

23. ストーリーの公式

不満の解決×商品価値×ワクワクする未来=ストーリー。ただの課題解決に終わらず、ワクワクする未来を提示することで、より共感を生み、強い行動力へ変える思考法。**251**

24. 共感タグ

強いストーリーを生むために必要な言葉、ビジュアルなどの要素。タグの種類として、ファクト、具体的な行動、切望、数字、比較、実体験、体感記憶などがある。**262**

25. ナラティブ

ストーリーの一手法。SNS時代の重要な考え方。コミュニティ内で話題になって盛り上がる話を、複数、良いタイミングで使うことで、ブランドの価値を上げる方法。居酒屋で語られる内容が最高レベル。**278**

26. サーキュラー・ストーリー

循環型ストーリー／企業とコミュニティをつなぎ、ストーリー開発、商品開発を行い、企業価値をアップするエコシステム／ストーリーとナラティブの良いとこ取り。**292**

27. リメンバー・サーティン（人間一生「13歳」説）

人間の感情や行動を司るのが13歳頃の記憶であり、それを利用することで、心を動かす共感タグを見つけ、強いストーリーを生み、商品を売る考え方。**302**

28. 効率から愛着へ

コロナ後の世界、AI時代の到来など、新しい時代へ向けた指針、哲学。これまでのビジネスをアップデートし、未来をつくるための根本的な考え方。**306**

29. 屋台理論

効率じゃなく愛着を目指せと示唆する考え方。「隣より100円安い店」のように効率的に客寄せする屋台では、結果、祭りに人が集まらなくなるという学び。**323**

30. 返答の五ヶ条

プレゼン相手からの質問や反対意見を、より理解と共感を生むためのチャンスに変えるポイント。「相手をプロとして扱え」「飲み込んでから、話せ」「正論で反論するな」「視点を、上下左右にずらせ」「考えを深めて、追加提案せよ」の5つがある。**325**

31. 自話(じばなし)

自慢話ではなく、自分のリアルな経験を話すこと。プレゼンでの好感度を上げ、プレゼンの空気を変える技術。**329**

32. 自話、時話、地話

じばなしの3タイプ。それぞれ自分の経験、時代性のある話、地元の話。**338**

33. 共感、言い当て、問いかけ

社外、社内の他部署と仕事をするときに、相手をプロとして接し、仲間になるために必要な行動指針。**343**

34. 説明→説得→共感→共犯

プレゼンテーションの機能（効果）の段階。共犯関係を生むことが、プレゼンの最高の結果。**349**

35. 不満にワクワクしよう

「不満」を嫌がらず、ワクワクするものとして捉えることで、すべてのビジネスを良くしようという意識。世の中を明るく、前向きに考える行動指針。**362**

36. なんすか力

わからないこと、違和感のあることを見逃さず、子どものように「なにこれ?　なんで?」と問いかける力。無自覚な問題に目を向けられる。「そもそも思考」を一緒に使うことで（なにこれ+なんで+そもそも）、より効果を発揮する。**364**

【著者紹介】

小西　利行（こにし・としゆき）

◉——POOL INC. FOUNDER/株式会社GOOD EAT COMPANY CXO/クリエイティブ・ディレクター／コピーライター。

◉——博報堂を経て、2006年POOL INC.設立。CM制作、商品開発から、街づくりや国の戦略構築も行う。

◉——「伊右衛門」「ザ・プレミアム・モルツ」「PlayStation」「モノより思い出。」などヒット作多数。2017年に「プレミアムフライデー」を発案。2019年には京都のホテル「THE THOUSAND KYOTO」「GOOD NATURE STATION」、2020年立川「GREEN SPRINGS」をプロデュース。2021年には「GOOD EAT COMPANY」にてブランディング&クリエイティブディレクションを担当。同社CXOにも就任。2021年開催予定のドバイ万博日本館のCREATIVE ADVISERも担当している。

◉——著書に、『伝わっているか？』（宣伝会議）、『すごいメモ。』（弊社刊）がある。

プレゼン思考《しこう》

2021年 6 月 21 日　第 1 刷発行
2021年 7 月 15 日　第 2 刷発行

著　者——小西　利行
発行者——齊藤　龍男
発行所——株式会社かんき出版
東京都千代田区麴町4-1-4 西脇ビル　〒102-0083
電話　営業部：03(3262)8011㈹　編集部：03(3262)8012㈹
FAX　03(3234)4421　振替　00100-2-62304
https://kanki-pub.co.jp/

印刷所——ベクトル印刷株式会社

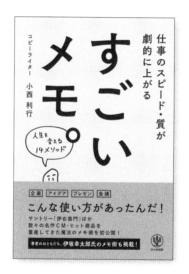